AF499526

www.ingramcontent.com/pod-product-compliance
Ingram Content Group UK Ltd.
Pitfield, Milton Keynes, MK11 3LW, UK
UKHW021651190726
13853UKWH00001B/202

9 789948 439967

السّرديات المُصْطَنَعةُ

نظريةُ موتِ الواقعِ في الرّوايةِ العربيّةِ ما بعد الحداثية

د. خالد علي ياس

السّردياتُ المُصْطَنَعةُ

نظريةُ موتِ الواقعِ في الرّوايةِ العربيّةِ ما بعد الحداثية

إصدارات دائرة الثقافة، حكومة الشارقة 2022 م

الناشر: دائرة الثقافة - حكومة الشارقة - الإمارات العربية المتحدة
الهاتف: 5123333 6 971+
البرّاق: 5123303 6 971+
الموقع الإليكتروني: www.sdc.gov.ae
البريد الإليكتروني: sdc@sdc.gov.ae

الطبعة الأولى 2022

813.00913
ي خ . س
ياس، خالد علي
السرديات المصطنعة : نظرية موت الواقع في الرواية العربية ما بعد الحداثية / خالد علي ياس.-
الشارقة، الإمارات العربية المتحدة : دائرة الثقافة، 2022.
272 ص؛ 21X14 سم.
يشتمل على إرجاعات ببليوجرافية.
1 – القصة العربية – تاريخ ونقد
2 – السرد الأدبي (أدب عربي)
أ – العنوان

ISBN: 9789948439967

إهداءٌ رمزي

(إلى)

مُلْهِم هذا الكتاب

الفيلسوف والسّوسيولوجي الفرنسي

(جان بودريار)

الذي غدتْ أفكارُه أشبه بحادثة موته، فكلتاهما اصطناع للحياة

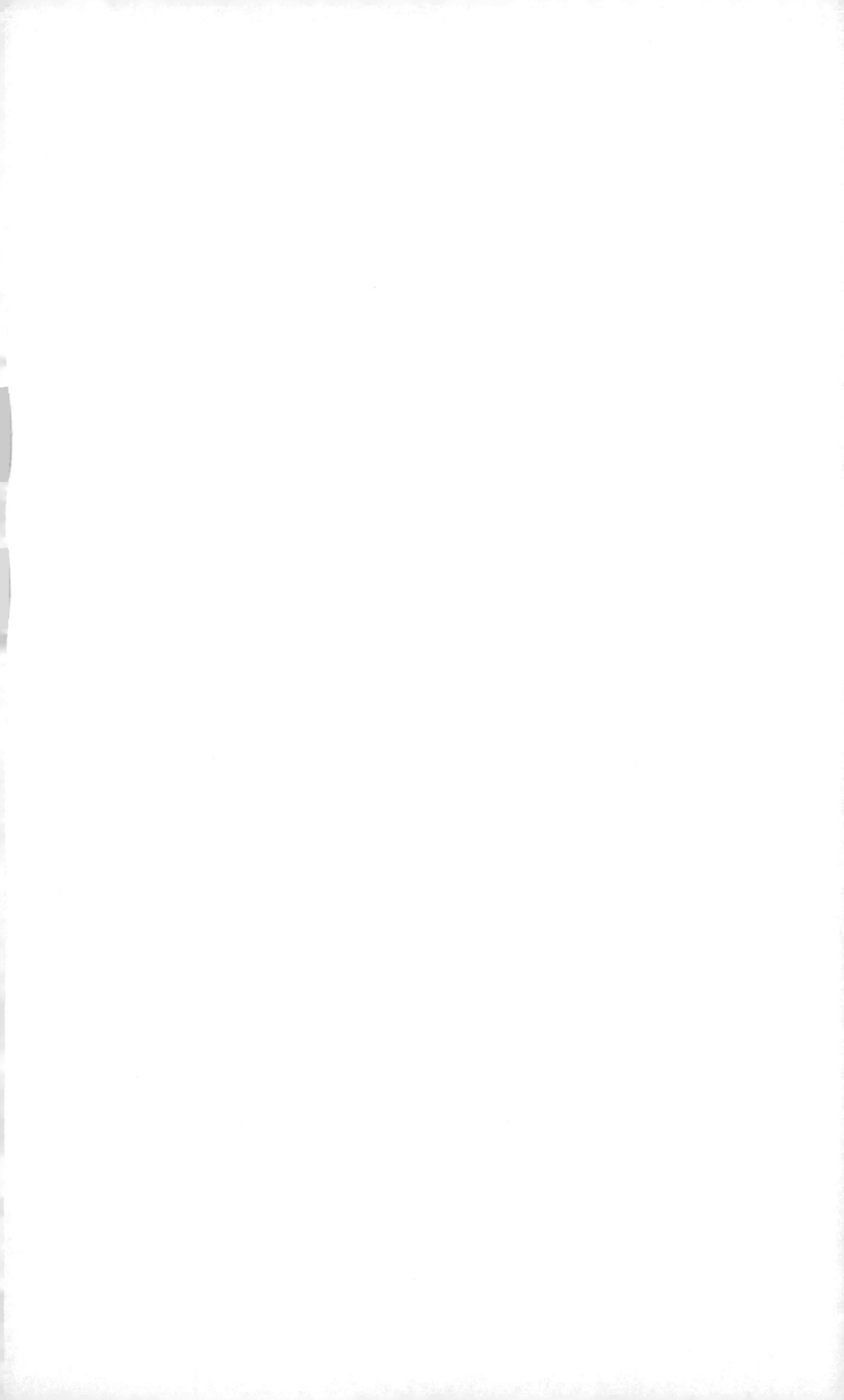

«الكلام عن الحقيقة الواقعية تضليل، فمن تحققٍ ممكنٍ يتحول العالم إلى وهمٍ أساس»

من كتاب: (التبادل المستحيل: جان بودريار).

«يطرح الاصطناع مسألة الفرق بين «الحقيقي» و«المزيف»، بين «الواقع» و«الخيال»... لم يعد من وجود للواقعي ولا الخيالي إلاّ بحدود ضيقة، فكيف يصبح عليه الأمر عندما تميل هذه الحدود إلى الزوال، بما في ذلك المسافة بين الواقع والخيال»

من كتاب: (المصطنع والاصطناع: جان بودريار).

«إننا نعيش لحظة انقلابية تنقلنا من عصر الواقع إلى عصر موته بسبب موت أو نهاية أو تحلل المبدأ المؤسس للواقع... لقد مات ذلك الواقعُ الذي كان الإنسانُ بموجبه يميز بين الكاذب والصادق، الواقعي والخيالي، الحقيقي والزائف، الإلهي والشيطاني، الجميل والقبيح، اليساري والرجعي، ذلك ما يدفع المؤلف إلى القول: لا يتعلق الأمر هنا بالدفاع عن الفكر الجذري، إنّ كل فكرة ندافع عنها مشكوك في أمرها وكل فكرة لا تدافع عن ذاتها بنفسها تستحق الموت»

من كتاب: (الفكر الجذري – أطروحة موت الواقع: جان بودريار).

* ينتقل الرّوائي بمتخيله السّردي لتصور العالم، من مستوى أول مباشر في تحسسه وإدراكه للمكونات الحقيقية لعالم روايته إلى مستوى ثانٍ من التّأمل الذي يوحي له باصطناع هذه المكونات لا تَذكُرُها، وهو بهذا ينتقل خلال ثلاث مراحل من درجة الوعي في الكتابة، (مرحلة الأصل) التي تنتج الحكاية/المتن ضمن شروط الواقع الحقيقي، ثم (مرحلة المحاكاة) التي تتخيل جمالياً قوانين الواقع/المبنى، وصولاً إلى (مرحلة الاصطناع) التي تنتج قوانين فوق واقعية مفترضة، توحي بالقوانين السّابقة لكنّها تمحوها لكي تعيد إنتاجها، وبهذا يموت الواقع الحقيقي مخلفاً افتراضات سردية.

من كتاب: (السّرديات المصطنعة: د. خالد علي ياس).

في البدء:

ما الذي يمنح الوهمَ سمة الحقيقة؟

ماذا يمكن أنْ يحدث لو أنّنا نعيش (الحقيقةَ) في الحياة على أنّها واقعٌ راسخٌ له قوانينه الثابتة المعروفة لنا، ثم نكتشف بعد عهد طويل أنّها مجردُ (وهم زائف)، من نتاج عالم المثل ونحن عنه غافلون؟!!.

لقد وقع مثل هذا فعلاً لأشخاص لا نعرفهم، ولكنْ برؤية افتراضية رمزية، ففي حوارية جدلية من حواريات (أفلاطون)، يواجهنا مشهدٌ افتراضيٌ درامي، يعيد صوغ حكاية أهل الكهف، حيث مجموعةٌ من النّاس تُسجن في كهف مظلم مغلق منذ الصغر، وهم مقيدون ووجوههم معكوسة باتجاه شاشة على الجدار، تعكس صورة أشخاص آخرين بالخارج بتأثير ضوء نار مشتعلة، وهم يحملون عرائس أشبه بعرائس المسرح ويفصل بينهم جدارٌ صغير، وبسبب عدم قدرة هؤلاء النّاس على الالتفات كونهم مقيدين، يتوهمون ظلال هذه العرائس والأشياء المحمولة على أنّها حقيقة (Reality)، وأنّ الأصواتَ التي يسمعونها صادرة عنها، حتى يخرجَ أحدُهم من الكهف ويكشفَ سر الوهم (Illusion) الذي وقعوا فيه، ثم يعود ليخبرهم كاشفاً الزّيف، فيواجه من قبل المسجونين بالرّفض والتّنكيل والسّخرية، فيبدأ حينئذٍ مأزقُ التّجاور بين الحقيقة والوهم، إذ يبدو بشكل لا يقبل الشّك من خلال هذه الحكاية الدّالة، أنّ أفلاطون في كتابه الشّهير (الجمهورية –

الباب السابع) يبين بوقت مبكر مدى التّداخل بين هذين المتجاورين، مؤكداً أنّ الوهم صنيعة الواقع المعيش والعكس صحيح، فالحقيقة غير ماكثة في الظواهر المحسوسة المدركة فعلياً، كونها ليستْ دائمة، بل تحمل الوجه الآخر أيضاً في الوقت ذاته، مما يجعل الوهمَ جوهرَ الواقعي المعيش والحقيقةَ جوهراً لعالم المثل، وحقيقة الأمر أنّ هذا التّساؤل، أصبح مركزياً فيما نحن بصدد مناقشته هنا، كون التّحولات المعرفيّة الكبرى في الثّقافة غدتْ مختلفة، ولا سيما الفنون منها على مختلف أنواعها؛ بسبب انصهارها بشكل مفزع مع وسائل التكنولوجيا والميديا والفكر الصناعي والعلمي، تحت ما يسمى نقدياً بـ (الثقافة الافتراضية)، وهي ثقافة مؤثرة في الإبداع ووسائل إنتاجه بشكل لافت، فقد تغير بتأثيرها الوعي وإدراك الموجودات الجمالية، ولم يعدْ استقبال الفنون بأنواعها ومنها الرّواية كما كان، لا بل وصل التّأثير لمراحل التّفاعل مع النّص جميعاً، من إدراك وإبداع ثم نزوع نقدي، مما فرض على (النّاقد) أنْ يغيرَ أدواته ووعيه وميكانزمات تحسسه للجمال، بحسب هذه الثقافة المعاصرة وما تفرضه من مرجعيات ومعرفة ثقافية خاصة بها، ولكي أكونَ دقيقاً في كلامي، هنا، يجب التّأكيد على أنّ هذه المقاربة لا تطمح بمتابعة وتحليل أثر الميديا ووسائل التّواصل الاجتماعي والصناعي المتطورة بشكلها المباشر المعروف في النّص الرّوائي، بل تطمح لدرجة كتابية أبعد من ذلك؛ كونها تعمل على رصد أثر هذه التّحولات الثّقافية والمعرفيّة في وعي الكتابة الرّوائية ودرجة نزوعها التّفاعلي مع متغيرات ما بعد الحداثة الرّقمية، من خلال تأويل نمطية الخيال والكتابة ومدى مفارقتهما لحقائق الواقع وصوره، بتأثير هذه الوسائل على النّص في إنتاجه

لواقع مغاير أو نسخة مختلفة عن النّسخة الأصل، أي مغادرة الحقيقة ثم خرق الخيال الواقعي الأول لكتابة الحكاية، وصولاً إلى خيال فوق واقعي أشبه بالحياة الافتراضية التي تنتجها أجهزة التّواصل من حواسيب ومحمولات وغيرها، ليكون النّص الرّوائي نفسه قادراً على إنتاج افتراضاته بافتراء جمالي، يتأسس على قوانين جديدة غير التي انطلق منها أصلاً في علاقته البدائية مع واقع إنتاجه، بمعنى التّحول من قوانين الحياة الحقيقية (النّسخة الأولى) مروراً بقوانين الخيال الواقعي المعروف في الأدب (النّسخة الثانية) وصولاً إلى قوانين الواقع الافتراضي (النّسخة الثالثة) التي يُعْلَن بولادتها موتُ النّسخة الأولى.

فالرّوائي المبدع إنْ لم يتلقَ إجابات كافية من النّص، تسد نهمه في تخيل الأشياء وتصورها، يعمل على اصطناعها افتراضياً، مختلقاً لذلك أسباباً وعللاً تتناسب مع طموحه في التّحول والانتقال المعرفي، كون مدركاته الحسية لم تتدربْ على المألوف واليقيني فقط، بل بدأتْ بتكوين عالمها الخاص، على وفق مفاهيم وقوانين تتناسب مع هذا العالم، أي أنّه يعمل على تحويل مدركاته الحسيّة والتّواصلية، من كونها عناصر وعي مُذابة بخارج النّص، إلى عناصر جديدة متفوقة داخل النّص، تعمل على تأسيس قوانين مختلفة، كونها تحاكي الحقيقة ظاهرياً، وتزيّف العالم القديم، بحثاً عن عالم جديد مغاير، وبهذا يكون الرّوائي قادراً على اصطناع عالمه وإنتاج ما يتناسب مع هذا العالم من قوانين جديدة، تتوازى بفضاءاتها المختلفة مع مخياله الخاص، ووعيه في إدراك الأشياء ونظامها، وقدرته على

تزييف الحقائق وإعادة إنتاجها، عن طريق التّحول كتابياً من الواقع المدرك حسياً إلى الواقع المطلق المدرك رؤيوياً، إذ يتكون لديه جهاز إدراكي جديد، يصطنع من خلاله – أي الإدراك – ذاكرة وحواساً ووعياً ورؤية للعالم، والرّوائي هنا ينتقل في متخيله السّردي لتصور العالم من (المستوى الأول) المباشر في تحسسه وإدراكه للمكونات الحقيقية لعالم روايته، إلى (المستوى الثاني) من التّأمل الذي يوحي له باصطناع هذه المكونات لا تَذَكُرُها، وهو بهذا ينتقل في ضمن ثلاث مراحل من درجة الوعي في الكتابة، (مرحلة الأصل) التي تنتج الحكاية (المتن) في ضمن شروط الواقع الحقيقي، ثم (مرحلة المحاكاة) التي تتخيل جمالياً قوانين الواقع (المبنى)، وصولاً إلى (مرحلة الاصطناع) التي تنتج قوانين فوق واقعية مفترضة، توحي بالقوانين السّابقة لكنّها تمحوها لكي تعيد إنتاجها.

لهذا أعتقد أنّ (الرّواية العربيّة ما بعد الحداثية)، أفادتْ كثيراً من الصورة بوصفها المرحلة النّهائية التي وصلتْ إليها أساليب التّعبير البشرية، من منطلق أنّ الكتابة تفترض واقعاً مصوراً رمزياً دالاً على معنى أو حالة معينة، فهي مصدر الاستقبال والتّأويل، وقد حولتِ النّص الكتابي إلى ما يشبه النّص الرّقمي من حيث تلفيق الأحداث وافتراضها بعيداً عن واقعها الأصل، فلا ضفاف للواقعية التي رسختْها الرّواية الكلاسيكية أو رواية الحداثة حتى، لأنّها أُستبدلتْ بأخرى تشبهها ظاهرياً لكنّها تنافيها في المركز، وهذا ما أردتُ التأكيد عليه، من أنّ اصطناع الواقع السّردي هو محاكاة للواقع الحقيقي، ولكنْ ليس عن طريق العالم الرّقمي الافتراضي، بل من خلال الكتابة نفسها،

عندما تتجاوز ذاتها فتكون مضادة لتأريخها، منتجة واقعها الخاص انطلاقاً من وعي كاتبها وإدراكه اللعبة السّردية ومتونها ومعانيها، وهو في حقيقته مشابه للواقع الافتراضي المصطنع بوعي إلكتروني صناعي يستقبله المتلقي بوسائل التكنولوجية المعروفة، وعليه صار لزاماً على هذه المقاربة النّقدية أنْ تجيبَ عن مجموعة من التّساؤلات المعرفيّة، لكي تحدد رؤيتها العلمية ومنهجها المنطلق من المفاهيم السوسيونصية وعلاقتها بمناهج ما بعد الحداثة، في ضمن الحدود التي تمنحها حرية التّحليل والتّأويل: فهل استطاع النّص الرّوائي العربي المعاصر إدراك قوانين الواقع الجديد؟ وما أدواته السّردية في إبداع واقع مغاير؟ وكيف يمكن النّزوع نقدياً لكشف متغيرات هذا الواقع بعد موت وأفول قوانينه المتعارف عليها؟.

ما قَبْلَ المَتْن:

ما السّردياتُ المُصطَنعةُ؟

- مَسَارُ المُصْطَلح.
- نَظَريةُ موت الواقع.
- درجة الكِتَابةِ (مِنْ الإدْرَاكِ إلى النّزوع).

1 – مَسَارُ المُصْطَلح:

مشهور وقديم ذلك المثال، الذي رسخه (أفلاطون) – مصطنع حكاية الكهف[*] – بوقت مبكر، في الفلسفة الميتافيزيقية الغربيّة، في ضمن حديثه على تمثيل الحياة صورياً، مبيناً أنّ فكرة السّرير الخشبي، تكون مجرد فكرة خيالية في ذهن صانعها أولاً، ثم تتحول إلى مادة ملموسة تحاكي المثال المجرد ثانياً، ثم بعدها يمكن استنساخها عن طريق الرّسم ثالثاً، وبهذا يكون رسم السّرير (الصورة)، نسخةً تبتعد مرتين عن الأصل، لتكون نسخة ثالثة مناقضة للواقع أو تمثيل ما هو أصل[1]، ولعل هذا – أعني المستوى الثالث للمحاكاة – ما مثل نواة أولى بسيطة، لوعي فكري أراد الكشف عن جذور الوهم والافتراء داخل حقائق الواقع، ليكون ذلك تمثيلاً عند (أرسطو)، أساسه الإبداع كون المحاكاة لديه، لا تستنسخ الواقع الحقيقي، بل تعمل على انتقاء سمات جمالية خاصة منه، على وفق رؤية تتموضع في الواقعي والمحتمل وقوعه، مما رَسَخَ عند (هيغل) على شكل علاقة للمثال بالطبيعة، وتقديم مثالي للفن، من خلال فكرة المثال وحقيقة الطبيعة، فالفن لديه وسط بين مجرد الوجود الموضوعي (الحقيقة)، ومجرد التّصور الباطن (الوهم)[2].

وحقيقة الأمر أنّ هذه البذرات المعرفيّة الأولية، التي رسختْها الميتافيزيقيا الغربيّة في تربة الفكر الإنساني، لم تذهبْ هباء في إدراك التّداخل الخطير، بين الحقيقة وافتراء الوهم في الإبداع الفني عموماً، فمنذ تلك المرحلة التأسيسية مروراً بمراحل التّحول المعرفي للجمال جميعاً، من الكلاسيكية والرّومانسية والواقعية ثم الرّمزية، إلى الحداثة وصولاً إلى ما بعد الحداثة، بقي هاجس تمثيل الواقع ومدى اختلافه عن المتخيل والوهمي، محط تفكير النّقاد والمفكرين، إلى أنْ ألقى عصر الصناعة وما بعده، إرهاصاته الجمالية في الدول الرأسمالية المتقدمة، وقد تكللتْ بتمظهر عصر الآلة والميديا، وأجهزة العرض والتّواصل عن بعد والعوالم الافتراضية، مما غير ذهنية التّلقي بشكل هائل، في النّزوع لإدراك العلاقة بين عالمي الحقيقة والوهم، فكانتْ الإشارةُ الواعية الأولى للتفكير بالعلاقة الدّينامية بين الأصل والنّسخة، ومفهوم واقع الحقيقة وأسلوب تمثيله فنياً، مع (والتر بنيامين) في مقالته الشهيرة (العمل الفني في عصر إعادة إنتاجه تقنياً)، التي يؤكد فيها على فكرة تقنيات إعادة الإنتاج ومنها التّصوير والسينما، وقدرتها الجذرية على تقويض النّسخة الأصل للصورة الحقيقية، وإبدالها بتمثيل مغاير يعيد نسخها بفنية عالية، وهو ما توسع بشكل كبير فيما بعد مع مفكرين ونقاد، بدؤوا برصد هذه العلاقة، محاولين تحديد الخيوط الخفيّة التي تجمع العالمين الحقيقي/ الواقعي والوهمي/الافتراضي، من خلال دراسة عوالم الميديا والبث الصوري والإعلامي والتكنولوجية بشكل دقيق، وحتى في الدّراسات العلمية البايولوجية، التي استطاعتْ الوصول إلى فكرة استنساخ

كائن حي جديد عن نسخة أصل لكائن، لتبشر بقدرة الإنسان على اصطناع تأريخه ومجتمعه، ولعل على رأس مَنْ تبنوا فكرة اصطناع عالم متخيل في ضوء قوانين العالم الحقيقي، المفكر والسوسيولوجي الفرنسي جان بودريار، ثم تبعه كثيرون في حقول معرفيّة وثقافيّة مختلفة، ولاسيما حقل تكنولوجية الواقع الافتراضي مثل: (جارون لانير) و(وليام غبسون) و(بروس ستيرلنغ) و(هاورد راينغولد) و(ألبرت بورقمان) و(دانيال بورتسين)، وتبعهم في ذلك في ضمن حقل الثقافة والفنون، النّاقد والرّوائي الإيطالي (أمبرتو إيكو)، ثم عالم الاجتماع الشهير (بيير بورديو) ولاسيما في دراساته لعالم التلفاز وقدرته العالية بالتلاعب بعقول المتلقين[**]، كذلك النّاقدة الحداثية (سوزان سونتاغ) وتحديداً في دراستها للصور الفوتوغرافية والمتخيل الوهمي في النُّسخ المنتجة عنها، وهو ما لخصه بأسلوب ذي دلالة على طبيعة حياة الإنسان في مجتمعه المعاصر، الفيلسوفُ الشّهير (هربارت ماركوز) في دراسته الشيقة عن العقلانية التّكنولوجية ومنطق السّيطرة[3].

من وجهة نظر ثانية تعنى بقوانين تخليق وهم الواقع داخل النّص الأدبي بعيداً عن العالم التكنولوجي لكن برؤية تقترب منه – وهذا الأساس المعرفي لهذه المقاربة كما بينتُ – ، يمكن ملاحظة المحاججة ما بعد البنيوية، التي وجَدَتْ من حيث المبدأ، أنّه من المستحيل إجراء أي تمييز مطلق بين الأصل ونسخته، وهو أمر يمكن تحديد جذوره لدى النّاقدين والمفكرين الفرنسيين (لوسيان غولدمان) و(روجيه غارودي)، عندما أكد الأول وهو يتحدث بصدد التّماسك الذي يوفره

المنطق الدّاخلي – البنيوي – للنص، أنّ العوالم الفنتازية للحكايات – الجنيات مثلاً – تبدو طبيعيّة ومعقولة، إذا ما توافرتْ على نمط من القوانين الدّاخليّة الدّقيقة، مما يميزها عن غيرها؛ لأنّ الإبداع لا ينسخ الواقع بل يبدع كائنات حية داخل عالم يماثل عالمنا الحقيقي، لكنّه يتناسب وطبيعة هذه الكائنات، لذلك يرى أنّه من المستحيل مثلاً، أنْ تعيش شخصيات مثل «هاملت» أو «فيدرا»، في مثل هذا العالم، كونها لا تنتمي إلى قوانينه الدّاخلية، بينما وجد الثاني – غارودي – أنّه لا حدود أو ضفاف لقوانين الواقع، لأننا يمكن أنْ نجد مثيلها في أكثر التّجارب الفنية تجريباً وتجريداً؛ لهذا يعيد النّظر في مفهوم الفن الواقعي كاسراً قوانينه المعروفة مبيناً أنّ الفن التّجريدي، قادرٌ على خلق قوانينه الواقعية الخاصة به، على وفق متخيَّله ومنطقه الخاصين به، الأمر الذي تعمق كثيراً عند النّاقد (ت.ي.أبتر)، الذي رصد بوعي واضح، العلاقة الجدليّة بين أدب الفنتازيا وجذره الواقعي في الخطاب الرّوائي والقصصي الحديث، مؤكداً الصلة الوثيقة بين السّرد القصصي الفنتازي، والعالم اليومي المألوف، ففي الوقت الذي وجد فيه أنّ عوالم سردية خاصة، مثل: عالم دستويفسكي وكونراد وأدغار آلن بو وكافكا وبورخس....، تخرق قوانين المنطق المألوف، وجد أيضاً أنّها تؤسس منطقها الخاص، الذي يعكس بصورة معينة قوانين المنطق المألوف لدينا[4].

غير أنّ الوعي الافتراضي بمقصدية خرق قوانين الواقع، والارتقاء إلى مأسسة جادة لقوانين مغايرة، على وفق مدركاتْ ما بعد الحداثية، ترسخ بأسلوب مغاير عند (سوزان سونتاغ) عام (1966)

بما أطلقتْ عليه (الحساسيّة الجديدة)(***)، وتماشياً مع دراستها السّابقة عن الفوتوغراف، وتعني بها فكرة الثقافتين (The two cultures)، والمقصود العلاقة بين ثقافة الثورة الصناعية والثقافة الأدبية، لتغدو حساسية الفنون لديها متمثلة بعلاقتها بالعلم والتكنولوجية، وعليه فقد مازتْ هذه الحساسيّة الرّؤى المتبنية في أدب ما بعد الحداثة، من منطلق افتراض الواقع خلافاً للتميز النّمطي للثقافة، وطمعاً بثقافة كرنفاليّة تجمع المفاهيم العليا بالدنيا، ولا تفرق بين الرّفيع والوضيع والمعاصر والتّأريخي، لإنتاج بنيّة قائمة على تشفير مزدوج، ممثل للتناقضات بين تقنيات العلم والتكنولوجية من جهة، والثقافة عموماً من جهة ثانية، وهو ما وجدتُه راسخاً عند (ماثيو أرنولد) أيضاً، وهنا لا بدّ من عودة إلى مَنْ أشرتُ إليه سابقاً، وأعني (جان بودريار) بوصفه مؤسساً فلسفياً لفكرة اصطناع عالم متخيل في ضوء قوانين العالم الحقيقي، كونه رسخ فعلياً وعملياً مصطلحات دالة على ذلك، بعد أنْ أفاد من كل الإشارات والتّلميحات التي سبقته، ولاسيما مقالة والتر بنيامين، فوعيه بفكرة تأثير العالم الصناعي والافتراضي في قوانين العالم الواقعي، قادته لرؤية مختلفة لعوالم الأدب والفنون والثقافة، معبراً عن ذلك بمفهوم فوق – واقع (Hyper – reality)، أو فوق – فضاء (space – Hyper)، مستثمراً بذلك العالم الافتراضي (Virtual) وقدرته في اصطناع واقعية من نمط مختلف ومغاير لما سبقها من واقعيات، مما ولّدَ تشكيكاً في مشروعيّة نقاء السّرديات السّابقة وقدرتها بالتّعبير عن تحولات الحياة اليومية، وهو ما رَسَخَ في الحقل المعرفي المعاصر، بمصطلح الواقعيّة الافتراضيّة أو المفرطة

«Hyper – Realism»، بوصفها نمطاً معرفيّاً مائزاً لإبداع ما بعد الحداثة[5]، وهو نمطٌ يعنى بعالم الواقع الافتراضي الذي يذيب التّمايز بين قوانين السوسيولوجية والافتراضات الوهميّة المتخيلة، وقد مازته هذه المقاربة باجتراح مصطلح السّرديات المصطنعة (Simulation Narratives) للتعبير عن تحولات سرديات الرّواية العربيّة ما بعد الحداثية، وتحديداً قدرتها على الانتقال من وعي الواقع إلى وعي ما فوق الواقع، مؤسسة بذلك قوانين جديدة، تتناسب مع واقعها الخيالي المفترض، الذي أعلن بالضرورة موت واختفاء الواقع الأصلي الذي انطلقتْ منه الحكاية.

2 – نظرية موت الواقع:

لعل موتَ إله (فريدريك نيتشه)، يمثل أول موت طازج في تأريخ الميتافيزيقية الغربيّة، فمنذ أنْ صرح بمقولته الشّهيرة: (لقد مات الله)، أصبح الموت (Death) إيذاناً معرفيّاً لدق أول مسمار في نعش المركزيات المعرفيّة جميعاً غاية في أفولها، فماتتْ نتيجةً للحداثة بعد ذلك (الأيديولوجيةُ)، ثم تبعها (التأريخُ) و(اليوتوبيا)، ثم مات بأثر ذلك (الإنسانُ) و(المؤلفُ)، وصولاً إلى (موت الواقع) الذي كان من أهم نتاجات أفكار ما بعد الحداثة، وإذا كان المؤلف قد فقد مميزاته التي ضمنها في مراحل ثقافية سابقة، فإنّ الإنسان أصبح – كما يرى ميشيل فوكو – شكلاً معرفيّاً سوف يتلاشى حال تغير هذا الشكل واكتشاف شكل جديد[****]، غير أنّ هذه الإرهاصات المعرفيّة، ذات دلالة واضحة ثقافياً على ما نريد الوصول إليه هنا، من أنّ موت

الواقع أصبح مُسَلّمَة، يمكن مناقشتها ورصد أبعادها فلسفياً وثقافياً في عصر ما بعد الحداثة، ولاسيما في ثقافة المجتمعات الرّأسمالية العابرة لمناهجية ما بعد الصناعة الافتراضية، المجتمعات التي بنيتْ على أفكار تنبأتْ بمثل ذلك مبكراً، كما فعل نيتشه في كتابه الشّهير (أفول الأصنام) عندما شكك في الحواس التي تتحسس العالم الحقيقي، مبيناً أنّ العالم الظاهر هو الحقيقة وأنّ العالم الحقيقي ما هو إلاّ كذب وافتراء، وهنا يأتي دور الفنان في رفع الظاهر فوق الحقيقي، كون الظاهر يمثل الحقيقة مكررة لكنّها نقية ومصححة بشكل مختلف[6]، وهو ما كوّن رأياً معارضاً لفكرة الواقعية الفلسفية، التي بدأتْ المعرفة الإنسانية تشكك بوجودها أصلاً، أي لا وجود لواقع مستقل عن الأشكال التّعبيرية للأفراد، كونها تعمل على تمثيل هذا الواقع بصورة مغايرة، أي انحلال الواقعية بمفهومها الفلسفي الرياضي إلى واقعية احتمالية أقرب إلى الافتراض، كما يتمثل فنياً في نمط (تلفزيون الواقع)، الذي يحوّل العالم الحقيقي لأشخاص فعليين إلى ضرب من الوهم، حين يجمع الحقيقي بالمتخيل، والسّلوك البشري الطبيعي بالتّمثيل، لتختفي بذلك الفواصل بين العالمين الحقيقي والوهمي، ممهدة الأذهان لاستقبال قوانين العالم الجديد، حيث اختفاءُ الحد الفاصل بين حقيقة الوجود وخيال الحقيقة، الأمر الذي فطن له جيداً فيلسوف اللغة (جون ر.سيريل)، حينما أراد إعادة الهيبة للواقع بافتراضه وجود واقع خارج وجودنا، متسائلاً هل لعالم الواقع من وجود؟، مبيناً أنّه من المألوف إنكار وجود واقع مستقل، بمعزل عن أشكال التّعبير الإنساني وتمثيلهم له، تحت مفهوم ما أطلق عليه الصيغ المضادة للواقعية[7].

وعليه فقد حفز هذا الاتجاه المعرفي الفيلسوف (جان بودريار)، على استلهام فكرة موت الواقع فلسفياً، فحين ترد كلمة الموت لديه مقرونة بالواقع، يتأكد من خلالها منظوره التّفاعلي لتأريخ مماثل لما هو حقيقي، مما يولّد جدلاً للصراع بين واقع فعلي وآخر مضاد، ليتكون بذلك واقع مغاير جديد يعمل على نسج صورته المغايرة لصورة الحقيقة، مما يولّد لحظة انقلابية نتيجة تحلل المبدأ المؤسس للواقع، مبدأ المواجهة وجدلية التّطور والتّناقض والنّفي والتّقدم؛ لهذا وجد بودريار أنّ ضرورة انتهاء عصر الواقع نتيجة حتمية، فهو عصر السّرديات الكبرى عصر الأقطاب والأيديولوجيات والمؤسسات والتأريخ، السّرديات التي شكل تجاذبها وتطاحنها المادة الخام للواقع المعاش، لذا يؤكد على أنّ ذلك الواقع قد مات، فهو الواقع الذي كان الإنسان بموجبه يميز بين الكاذب والصادق، والواقعي والخيالي، والحقيقي والزائف، والإلهي والشيطاني، والجميل والقبيح، فالأمر لديه لا يتعلق بالفكر الجذري السلفي، بل بتجاوزه لما يستطيع الدفاع عن نفسه فعلاً، فهو كما يؤكد دائماً تبادل مستحيل أو تبادل رمزي للموت، كون الحديث عن الحقيقة الواقعية تضليل، فمن تحققٍ ممكنٍ يتحول العالم إلى وهم أساس[8]، ويبدو أنّ فكرة موت الواقع مهدتْ لها بشكل كبير فكرةُ موت الأيديولوجية – انهزام الأيديولوجية الاشتراكية الكبرى – ، أو كما يقال مجازياً (هزيمة ماركس وانتصار ميكي ماوس)، كون الأخير رمزاً لأيديولوجية الانتصار الرّأسمالي، الرّأسمالية التي عملتْ بقوة على إنتاج واقعها المغاير، عن طريق تثوير أيديولوجية جديدة مغايرة لسمات السّوق المعرفي، وقد تمظهرتْ بمفاهيم انتصار التكنولوجية والعلم أو

تكنولوجية المعلومات الجديدة، وهو الواقع الذي يحدده (Eagleton Terry) في كتابه المهم (Why Marx Was Right)، بصراع معرفي بين الأيديولوجيتين الاشتراكية والرّأسمالية منذ منتصف السّبعينيات، حيث التّغيراتُ الكبرى في النّظام الغربي، انطلاقاً من اعتماد وسائل الاتصال وتكنولوجية المعلومات وصناعة الخدمات، في إنتاج واقع أيديولوجي مغاير، عملتْ أو رغبتْ في إنهاء العالم القديم، بحثاً عن عولمة نظام جديد مُحطِم لكل اليقينيات السّابقة[(9)].

من هذا المنطلق الذي حددناه لتوضيح طبيعة التّحولات الكبرى في رؤية الواقع، يجب التّأكيد على أنّه لم يَعدْ خفياً على النّاقد المتمرس، الذي يتتبع قضايا الرّواية وتحولاتها البنائية والرّؤيوية، منذُ نشأتها الفنيّة حتى وصولها إلى مرحلة مميزة من النّضوج المعرفي والجمالي؛ أقول: لم يعدْ خفياً عليه إنّها مُنذُ مطلع العصر الصناعي من القرن العشرين، بدأتْ تستقر على نمط من الاتجاه الإنتاجي، المدعوم بدرجة كتابية واعية، تترصد أهم التّحولات في الذّاكرة السّردية المواكبة لإرهاصات الحداثة وما بعدها، بوصف الرّواية إحدى النتاجات المعرفيّة للجمال الأدبي، المعبّر عن سرديات العصر الحديث، مما تمظهر على شكل تجاوب سريع مع مقصديات إنتاجية مدركة لأهمية خرق السّائد واليقيني، بابتكار أنماط مغايرة تتناسب ومركزية الاندفاع بقوة، نحو المفاهيم التّجديدية التي رسختْها المعاصرةُ في ثقافة المجتمعات ما بعد الصناعية، المجتمعات التي كان لها دورٌ واسع في ترسيخ هذه المقصديات في ذاكرة النّصوص الرّوائية المعاصرة، أي، ترسيخ التّحولات المعرفيّة الكبرى في

الإبداع، وإذا كان الجزءُ الأعظم من الأعمال الرّوائية، قد سيق معرفيّاً ومفاهيميّاً في ضمن ما يمكن توصيفه، بحسب طروحات فلسفة ما بعد الحداثة بالسّرديات الكبرى (Grand Narratives)، حيث الانغلاق على رصد أيديولوجيات اجتماعية مثل: التّقدم والتّنوير والثّورة والتّحرر والعدالة وغيرها، وقد تمثل ذلك الواقع المباشر في عوالم كبار الرّوائيين المؤسسين مثل: تولستوي وبلزاك وهوغو.... إلخ، في الوقت الذي كان فيه الجزءُ الآخر مبهوراً بيوتوبياً الذات والانهمام بها، والسّعي الحثيث لإثبات واقعية خاصة بسايكولوجية الفرد، من خلال تبني زمن السّرديات الصغرى (Little Narratives)، حيث التّمتعُ بفردية السّلعة وتأمين جودة عالية للحياة والانعزال بمنأى عن الجماعات[10]، بحثاً عن خصوصية نرجسية في الأداء الحياتي، وهو مسعى حداثي نضج على يد أهم الرّوائيين ممن تبنوا مرحلة التّجديد والمغايرة، مثل: دستويفسكي وكافكا وجيمس جويس ومارسيل بروست وأندريه جيد.... إلخ.

قلتُ إذا كان الجزء الأعظم من الأعمال الرّوائية قد سيق في ضمن النّمطين السّابقين، فإنّه يمكن أنْ نشخص نمطاً ثالثاً منها، يمكن تمثيله تحت ما اقترحته هنا بتسمية اصطلاحية دالة هي السّرديات المُصْطَنَعة (Simulation Narratives)[11]، السّرديات التي خضعتْ لمدار تنسيق المكونات المصطنعة عن النّسخة الأصل، ونقلها إلى النّسخة المُنتَجة بحثاً عن واقع مختلف افتراضي بعد موت الواقع الحقيقي، وقد حاولتْ بذلك القفز، مفارقة الكثير مما سبقها من نتاج، مع أنّها انطلقتْ منه؛ مؤسسة ذاكرتها الخاصة في بناء مقولاتها

وتفوهاتها لتغادر الواقعية المباشرة والحدث التأريخي وأدلجة البطل المطلق بصوره الثقافية كلها، ولتبني على وفق ذلك تقاناتها الخاصة، مع وعيها بمفاهيم راسخة في أرض الرّواية الغربيّة، والموروث القديم والواقع المعاصر، والتّحولات الفكرية الكبرى، والتّغيرات السّياسية ورمزية الحدث ودلالته، التّحولات التي صيّرتْ الفرد / برجوازي الرّواية إلى مجرد خرافة تتشكك إزاءها السّرديات الكبرى أو ما يطلق عليه ليوتار (الميتا – حكايات)، وهو يؤكد غلبة السّرديات الصغرى بوصفها تعبيراً معاصراً عن التّقدم العلمي والتكنولوجي[12]، ويبدو أنّه فات على ليوتار في مفهوم السّرديات الصغرى كونه إذا كان معبراً عن تحولات المجتمع ما بعد الصناعي، فإنه بذلك سيغفل حقبة سردية كاملة عبّرتْ عن ذاتها بوعي الواقع السيكولوجي الخاص برؤية الأشخاص؛ لهذا فضلتُ في هذه المقاربة اجتراح مفهوم السّرديات المصطنعة، للتعبير على تحولات الواقع بل وموته في حقبة ما بعد الحداثة، التي أفرزتْها تحولات مجتمعات الميديا والتكنولوجية الإلكترونية، وجعل السّرديات الصغرى بوصفها تعبيراً عن ذاتية سرديات مرحلة الحداثة، وهذا ما يحقق عملياً كون فكرة موت الواقع (نظرية علمية) لا بدّ للرواية من أنْ تعيها وتتعامل معها، كون النّظرية نسقاً من الأفكار التي تراعى بوصفها تأويلاً لمجموعة من الوقائع أو الظواهر، فهي فرضية يرسخها التّجريب العملي، وتُقتَرَح بوصفها تفسيراً لوقائع معروفة، وبياناً لقوانين عامة أو مبادئ أو أسباب[13]، وهذا ما سيكون مداراً لمنهج هذه المقاربة النّقدية.

ويمكن تشخيص أعمال فنية، أفادتْ كثيراً من مفهوم موت الواقع

واصطناع عالمها المتخيل، بشكل غير واعٍ أو بقصدية ووعي بالعالم الافتراضي، بعيداً عن الحقائق المجردة المباشرة موضوعياً أو ذاتياً، التي تبنّتها باقي الأنماط من السّرديات، كما في ابتداع عالم دزني الشّهير، وفي حقل الفن الرّوائي والقصصي نجد أنّ رواية (فرنكنشتاين) لماري شيللي تعد مثالاً مهماً للروايات الفنتازية العلمية، التي عملتْ على اصطناع واقعها المغاير، من خلال فكرة العبقري المجنون الذي أراد اصطناع نموذج بشري مختلف، أو نسخة مختلفة للروح، كذلك ما يمكن تشخيصه في رواية فنتازية مثل (The Lord of the Rings) للروائي الإنجليزي جون رونالد تولكين، وما فيها من تلاعب في قوانين عوالم متخيلة مصطنعة كأنّها واقعية، وهو ما يحدث من افتراض في قصة بورخس الشّهيرة (المكتبة البابلية) وغيرها الكثير، أما في الفن السّينمي فالأمر يبدو أكثر تمظهراً لاعتمادها على تمثيل الصورة، مما يسمح بإيهام كبير بالمتخيل على أنّه حقيقي، فمن خلال التّلاعب بتمثيل العالم الحقيقي صورياً، أو من خلال اللجوء إلى التّقنيات الفنية المعاصرة مثل الاستوديو الافتراضي، يمكن تحويل وقائع وهمية كثيرة وتصنيعها على أنّها واقع جديد فوق الواقع الحقيقي، من ذلك ما قدمتْه أفلام مثل فيلم (Solaris) للمخرج الرّوسي Andrei Tarkovsky، أو فيلم (القيامة الآن) للمخرج المعروف كوبولا الذي جعله جان بودريار مثالاً على اصطناع الواقع وتزييفه في كتابه المصطنع والاصطناع، كذلك تبعه أفلام تعتمد بشكل كلي على فكرة تزييف الحقيقة بنسخة متخيلة، توهم المتلقي على أنّها الواقع الفعلي، كما في فيلمي، (Wag the Dog) للمخرج Barry Levinson، و(The Truman Show) للمخرج Peter

Weir، الذي اعتمد فيه تماماً على فكرة تلفزيون الحقيقة، ومحاولة تزييف الحدث الحقيقي، لنقل أحداث وهمية مصطنعة للمشاهد بعد قتل الواقع اليومي، غير أنّ أفلاماً سينمية مهمة في هذا المجال مثل (matrix) للأخوين (Wachowski) و(avatar) لمخرجه جيمس كامرون، تمثل وعياً مباشراً للاصطناع، من خلال افتراض يسمح بقتل المجتمع الحقيقي وإنتاج مجتمع جديد مغاير ممثلاً بالمصفوفة في الأول والعالم البدائي في الثاني، وبرؤية مختلفة قدمتْ السينما العالمية أعمالاً أخرى، يحدها الوعي وقصدية قتل الواقع الحقيقي، بجعل الوهم بديلاً له، من خلال استثمار صنعة الكتابة الرّوائية واللجوء إلى شكل الـ (meta – faction)، كما في فيلمي (Ruby Sparks) وهو من إخراج جوناثان دايتون وفاليري فارس، و(Inc heart) لمخرجه أيان سوفتلي، فضلاً عن بعض أعمال المخرج الأمريكي الشهير ستيفن سبيلبيرك الذي يعمل من خلالها بمهارة، على تصنيع قوانين لمراحل تأريخية موغلة في القدم، وتقديمها على أنّها حقيقة فعلية معاصرة، كما في معالجته لعالم الديناصورات المنقرض في العصر الجيروسي، أو تقديمه المختلف لأحداث الحرب العالمية الثانية.

3 – درجة الكِتَابةِ (مِنْ الإدْرَاكِ إلى النّزوع):

يجب التّأكيد هنا مرة أخرى على أنّه، مذ أسستْ (ما بعد الحداثة) أهمَ بناها المعرفيّة، سعتْ – فيما سعتْ إليه – إلى خرق القواعد النّمطيّة الرّاسخة، بحثاً عن رؤية أكثر طليعية وتجديداً، عن طريق ابتكار أساليب جديدة للوعي وإدراك الواقع؛ ولاسيما من خلال

بنية – إسباغ شروط ما بعد الحداثة عليها بوصفها بنية – مفاهيم الخطاب والسّياق والرّؤية بتأثير نزوع واعٍ لقضايا مثل: المعرفة والثّقافة والتّأريخ والتّكنولوجية والنّص، وإذابتها بهارمونية شديدة التّماسك، لإنتاج (مسوّدة) مغايرة/مضادة، تقود الوعي المبدع نحو آليات جادة، لخرق الكلاسيكي والحديث والطّليعي، والتّأسيس لميلاد جديد وحساسية مغايرة، رغبة في صوغ كتابي مغاير، في درجة الوعي من إنتاج السّرد المعاصر، السّرد الذي أدرك الواقع بإمعان، لكنّه لا يحاكيه بل يعمد إلى تأسيس قوانين جديدة، تعمل على ضرورة تجاوزه – وإنْ كانتْ أحياناً منطلقة منه، فيبدو السّرد الرّوائي بسبب ذلك عالماً من الافتراض والتكهن والخيال الميتافيزيقي، على وفق نمط مبتكر حساس للقص المنزاح، نحو درجة من الكتابة القادرة على اختراق الثّابت وهدمه، للوصول إلى المتغير في إنشاء (حساسية جديدة) من الإبداع.

وعليه فقد مرتْ كتابة الرّواية العربيّة – برأيي – بثلاث مراحل/ درجات، أكدتْ من خلالها على أهميتها ووعيها بهويتها تحت مفهوم التذويت، ولعل المرحلة الأولى تتمثل بآلية (إدراك الصنعة الكتابية)، وتتحدد بمرحلة ثقافية مبكرة تبدأ منذ مطلع الأربعينيات وصولاً إلى منتصف السّتينيات، حيث مرحلة ما قبل الحداثة المتمثلة بالمحاكاة والتّأثر ثم ظهور فنية الأسلوب الواقعي المباشر، التي تتناسب مع أبعاد السّرديات الكبرى بمفاهيمها المعرفية جميعاً، بعدها تحولتْ في مرحلتها الثانية نحو آلية مغايرة تحددتْ بطغيان أيديولوجية الشكل وانفراد الهَمّ الذّاتي، مع تحولات مرحلة الحداثة تأثراً بالثّقافة

الغربيّة منذ منتصف السّتينيات وما بعدها، وقد فرضتْ نمطاً خاصاً من التّجريب المضاد لمرحلة الواقعية المباشرة، فحققتْ بذلك قدرة واضحة على (إبداع النّص ووعي الهوية) بأسلوب تعبيري كتابي دال على مفهوم السّرديات الصغرى، أما المرحلة الأكثر أهمية في تأريخ تحولات الرّواية العربيّة، فهي المرحلة الثالثة المرحلة المعاصرة التي نحن بصدد البحث فيها هنا، كونها تنطلق من مفاهيم ما بعد الحداثية، بتشخيص عالٍ ووعي كبير لمهمتها الجمالية، وقد مثلتْ مغايرة واضحة للمرحلتين السّابقتين، من حيث تمثيل الواقع ومحاولة إيجاد واقع جديد، تكون فيه الكتابة دالة على (نزوع واعٍ لواقع مبتكر)، مختلف عن الواقع المعروف عن طريق ابتكار قوانين جمالية جديدة له، تؤدي بالضرورة إلى موت القوانين المتعارف عليها وافتراض أخرى بديلة.

ويبدو هنا أنّ مقولة (أندريه مالرو) الشّهيرة التي يؤكد فيها على أنّ الأديب يبدأ الكتابة محاكياً للأدب ذاته لينتهي بعدها بمحاكاة الحياة، لم تَعدْ صالحة بحسب المرحلة الثالثة من تحولات الرّواية؛ لأنّ الأعمال التي تعي فكرة افتراض واقع مغاير جديد، تتخلى بالضرورة عن المحاكاة الجاهزة، كونها تنتج عالمها الخاص على أديم عوالم قديمة، لربما لا تمسها بصلة، بل تعمل على تذويبها وإعادة تصنيعها من جديد، وقد تمثلتْ التّجارب الرّوائية التي حددتْها هذه المقاربة بوصفها عينات تحليلية للنزوع النّقدي، أقول: تمثلتْ هذه التّجارب (الحساسية المفرطة لتحولات النّص السّردي المعاصر)، من مرحلة ما قبل الحداثة إلى مرحلة ما بعد الحداثية، لأجل الوصول إلى إدراك

متمرس بنمطية الكتابة الرّوائية المنتمية لهذا الصوغ الجمالي، والحق أنّها تجارب مفعمة بهذا الوعي التّجريدي للنص الأدبي المعاصر، على الصعيدين الإنتاجي (الأدبي) والتّحليلي (النقدي) على حَدٍّ سواء، بمعنى أنّها أصبحتْ محاكاة مصطنعة لعالم افتراضي، حيث الوعيُ بإنتاج نمط سردي مضاد يتبنى الأساليب المجددة الباحثة في: الواقع الافتراضي، وما وراء السّرد والتّأريخ والذّاكرة، وإنتاج القص والانتصاص، وتعدد الرّواة وزوايا الحكي ووجهات النّظر، والتّشظي، وتصنيع الخرافة، إلى جنب استلهام الإرهاصات القديمة الموروثة، ذات الطابع التّناسخي مع المدونتين التّأريخيّة والدّينيّة، فتمخض ذلك بظهور (درجة واعية من الكتابة ما بعد التجريبيّة)، تمثلتْ بروايات مختلفة لكتاب عرب مختلفين في الوعي والثقافة والأيديولوجية، وهي درجة تتأتى كما هو واضح، من بنية معرفيّة ذات دلالة جمالية مُنتَجة، من تجاور لمنظومة واعية من الميكانيزمات، حيث (الإدراكُ) أداةٌ لكشف الموقف من العالم، توصل بالضرورة إلى رؤية إنتاجية للنص (الإبداع)، بما فيه من قوانين وأساليب تحكي الوهمَ وتحاكيه، تاركة المجال لظهور مرحلة (النّزوع) التي تمنح قدرة عالية على التّحليل والتّشخيص والتّفكيك، بما يتناسب ومرحلتي الإدراك والإبداع المتلازمتين معاً، للوصول إلى منظومة منسجمة ذات بنيّة دلالية كلية في التّعبير عن تذويتْ تامٍ للكتابة أدباً ونقداً.

وبهذا يمكنني البوح بأنّ هذه المقاربة النّقدية، معنية بتقصي قضية معرفيّة، بدأتْ تتبين في نماذج روائية عربيّة، أخذتْ على عاتقها أهمية الإبداع والنّزوع، نحو نمط سردي خاص بإنتاج المعرفة،

فضلاً عن التّخييل ولذة القراءة، محاولة منها بالتّعبير عن المعاصرة ومواكبة الانتقالات العميقة في التّفكير الحضاري، الذي يسعى تحت هيمنة العالمية إلى ترسيخ مشروع ثقافة الـ (ما بعد) المنتجة بتأثير ما بعد صناعية المجتمعات، والثقافة المؤثرة التي تثير الشك أمام اليقينيات والثوابت جميعاً، بمعنى أنّ (الرّواية الحديثة) استطاعتْ بسبب هذه التّحولات الكبرى – بنائياً ورؤياً ومعرفياً – الوصول إلى مرحلة ما بعد الحداثة (postmodernity) بوصفها مرحلة تأريخية معبرة عن سمات فكرية خاصة، والتّحول جمالياً نحو مرحلة ما بعد الحداثية (postmodernism)، ولكنْ تبقى الإعاقة الكبرى التي تواجه هذه السّرديات في أدبنا الحديث، والمأزق المحيط بالرّوائيين، ممثلة بـ (سمة القطيعة) بين الظروف المعرفيّة والسّوسيولوجية، التي أنتجتْ مثل هذه السّرديات والنّصوص السّردية نفسها، ففي المجتمعات ما بعد الصناعية في العالم الغربي، نضجتْ المعرفة فتحولتْ بعدها إلى هذه العوالم الافتراضية، بوصفها نتيجة طبيعية لما بعد الحداثة ثم ما بعد الحداثية للوصول إلى بعد ما بعد الحداثية، كونها ترسختْ في الفنون والفلسفة والتّفكير والمعرفة عموماً، أما لدينا – أعني في ثقافتنا العربيّة – فلم يتحقق ذلك؛ لأنّه تمَّ على مستوى الوعي الفردي فقط – ذهنية ورؤى المبدع – ولم يرسخْ عن طريق المنظومة السّوسيولوجية المتحولة نحو الازدهار الصناعي والرّقمي، كونها تعيش نكوصاً معرفيّاً واضحاً، وهذا مكمن المأزق الذي لا يمكن التّكهن بتحولاته المعرفيّة في الوقت الحاضر.

إحالات ما قبل المتن:

(*) توقفتُ عند هذه الحكاية في مقدمة الكتاب.

(1) ينظــر: الجمهورية (المحاورات الكاملــة)، أفلاطون، المجلد الأول، نقلها إلى العربية شوقي داود تمراز، الأهلية للنشر والتوزيع (بيروت)، 1994، ص 445.

(2) ينظر: فن الشــعر، أرسطو طاليس، ترجمه وحققه عبد الرحمن بدوي، مكتبة النهضة المصرية (القاهرة)، 1953، ص 26 – 29. دروس في الإســتطيقا (مج1)، غ.ف.ف.هيغـل، ترجمة وتقديم ناجي العونلي، منشــورات الجمل، ط1 – 2014، ص 196 وما بعدها.

(**) لا بــد من الإشــارة هنا إلى دراســة النّاقد العربي د. عبــد الله الغذامي، التي تبنــتْ منهجاً ورؤية قريبين من دراســة بيير بورديو فــي التّحليل الثقافي للظاهرة التكنولوجية، ينظر، الثقافة التلفزيونية – ســقوط النخبة وبروز الشــعبي، المركز الثقافي العربي، ط2 – 2005.

(3) ينظــر فــي ذلك: العمــل الفني في عصر إعــادة إنتاجه تقنياً، والتــر بنيامين، مجلــة نزوى، 2012، الصفحــة (htt://www.nizwa.com). المنتســخة – الطريق إلى دولّي واستشراف المستقبل، جينا كولاتا، ترجمة نجيب الحصادي وأبو القاسم الشتيوي، الإدارة العامة للمعهد والمراكز المهنية العليا، د.ت، ص 91 وما بعدها. المصطنــع والاصطناع، جان بودريار، ترجمــة د. جوزيف عبد الله ومراجعة د. ســعود المولى، مركز دراســات الوحــدة العربية، ط1 – بيــروت، 2008. مفاتيح اصطلاحيــة جديدة (معجم مصطلحات الثقافة والمجتمع)، طوني بينيت وآخرون، ترجمة سعيد الغانمي، مركز دراسات الوحدة العربية، ط1 – بيروت، 2010، ص 106 – 107. (www.wikipedia.com). التلفزيــون وآليات التلاعب بالعقول، بيير بورديو، ترجمة وتقديم درويش الحلوجي، دار كنعان (دمشق)، ط1 – 2004. حول الفوتوغراف، سوزان سونتاغ، ترجمة عباس المفرجي، دار المدى، ط1 – 2013.

الإنسان ذو البعد الواحد، هربارت ماركوز، ترجمة جورج طرابيشي، دار الآداب (بيروت)، ط3 – 1988، ص 181 وما بعدها.

(4) ينظر في ذلك: البنيوية التكوينية والنقد الأدبي، لوسيان كولدمان وآخرون، راجع الترجمة محمد سبيلا، مؤسسة الأبحاث العربيّة، بيروت، ط1 – 1984، ص 24. واقعية بلا ضفاف، روجيه غارودي، ترجمة حليم طوسون، اتحاد الكتاب العرب، سلسلة الكتاب الشهري – نيسان (83)، ص 41 وما بعدها. أدب الفنتازيا مدخل إلى الواقع، ت.ي.أبتر، ترجمة صبار سعدون السعدون، دار المأمون للترجمة والنشر، بغداد – 1989، ص 11 وما بعدها.

(***) أدرك بعض الأدباء والنّقاد العرب مصطلح (الحساسية الجديدة)، على أنّه التّحولات الجمالية والرّؤيوية التي كسبتْها الرّواية العربية نتيجة مسيرتها التأريخية، من مرحلة النّزوع الكلاسيكي للواقع، إلى مرحلة حداثة النّص وذاتيته في التّعامل معه، والحقيقة غير ذلك تماماً؛ لأنّ سونتاغ انطلقتْ في حديثها عن المصطلح من خلال مفهوم الثّقافتين أو علاقة الثقافة العلمية والتكنولوجية بالثّقافة الأدبية كما بينتُ في المتن. ينظر على سبيل المثال لا الحصر، الحساسية الجديدة، إدوار الخراط، مجلة الكرمل، ملف خاص عن الأدب المصري، 1985. القصة العربية والحداثة، د. صبري حافظ، دار الشؤون الثقافية العامة (بغداد)، الموسوعة الصغيرة (347)، ط1 – 1990، ص 31 ما بعدها. ما تخفيه القراءة (دراسات في الرواية والقصة القصيرة)، ياسين النصير، الدار العربية للعلوم ناشرون (بيروت)، ط1 – 2008، ص 227 وما بعدها.

(5) ينظر: ضد التأويل ومقالات أخرى، سوزان سونتاغ، ترجمة نهلة بيضون ومراجعة د. سعود المولى، مركز دراسات الوحدة العربية، بيروت – ط1، 2008، ص 419 وما بعدها. المصطنع والاصطناع، ص 45 وما بعدها.

(****) لقد أخذتْ روايات الخيال العلمي، المؤلفة بوعي مجتمع ما بعد الصناعة ومجتمعات الذكاء الاصطناعي منذ منتصف القرن العشرين، هذه الفكرة مؤسسة فكرة حلول الإنسان الآلي بوصفه نسخة بديلة عن الإنسان الحقيقي، وقد قدمتْ رواية (I, Robot) لمؤلفها (Isaac Asimov)، ذلك بوعي كبير دال على فكرة موت الإنسان وانحلال الواقع.

(6) ينظر في ذلك: أفول الأصنام، فريدريك نيتشه، ترجمة حسان بورقية ومحمد الناجي، أفريقيا الشرق، ط1 – 1996، ص 26 – 31. دليل الناقد الأدبي، د. ميجان الرويلي د. سعد البازعي، المركز الثقافي العربي، ط5 – 2007، ص 241 – 243.

(7) ينظر: ما وراء السـرد – ما وراء الرواية، عباس عبد جاسم، دار الشؤون الثقافيـة العامـة (بغداد)، ط1 – 2005، ص 31 – 32. مدخل إلى سـيمياء الإعلام، جوناثان بيغنل، ترجمة د. محمد شيّا، مجد للدراسات والنشر والتوزيع (بيروت)، ط1 – 2011، ص 171 وما بعدها.

بنـاء الواقع الاجتماعي (من الطبيعة إلى الثقافة)، جون ر.سـيريل، ترجمة وتقديم حسـنة عبد السـميع ومراجعة إسـحاق عبيد، المركز القومي للترجمة (القاهرة)، العدد (1757)، ط1 – 2012، ص 189 وما بعدها.

(8) ينظـر: الفكر الجذري – أطروحة موت الواقـع، جان بودريار، ترجمة منير الحجوجـي، دار نشـر توبقال، ط1 – 2006. التبادل المسـتحيل، جـان بودريار، ترجمة د. جلال بدلة، دار معابر للنشر والتوزيع (دمشق)، ط1 – 2013، ص 13.

(9) ينظـر في ذلـك: Way Marx Was Right: Terry Eagleton, Yala University Press – New Haven and London, 2011,3 – 4.

وينظـر أيضـاً: سوسـيولوجيا الثقافـة (المفاهيم والإشـكاليات.. مـن الحداثة إلى العولمـة)، د. عبد الغني عماد، مركز دراسـات الوحـدة العربية (بيروت)، ط3 – 2016، ص 64 وما بعدها.

(10) لتفاصيل معرفيّة أكثر حول مصطلحي (السّـرديات الكبرى) و(السّـرديات الصغـرى) ينظـر: الوضع ما بعد الحداثي، جان فرانسـوا ليوتـار، ترجمة أحمد حسـان، دار شرقيات للنشر والتوزيع (القاهرة)، ط1 – 1994، ص 23 وما بعدها. أوهام ما بعد الحداثة، تيري إيغلتون، ترجمة ثائر ديب، دار الحوار للنشر والتوزيع (سوريا)، ط1 – 2000، ص 7 وما بعدها.

(11) ينظر: السّرديات المصطنعة، خالد علي ياس، صحيفة القدس العربي، العدد (8261)، 19 أكتوبر – 2015.

(12) ينظر: الوضع ما بعد الحداثي، ص 75.

(13) ينظـر: مفاتيح اصطلاحية جديدة (معجم مصطلحات الثقافة والمجتمع)، ص 692.

المَتْنُ

- الفصـل الأول: الوَاقِعية الافتراضيـة (نحوَ رؤية فوق واقعية)
- الفصـل الثـاني: فنتازيـا التّحـول (كيف أصبـح الواقع خرافة؟)
- الفصـل الثالـث: مـا وراء الحكاية المصطنعـة (بنية محو الواقع)
- الفصل الرّابع: الذّاكـرة المضادة (الزّمن المُصْطَنَع وما وراء السّـرد التّأريخي)

الفصل الأول:

الوَاقِعية الافتراضية

(نحوَ رؤيةٍ فوقَ واقعية)

- مدخل أولي
- اصطناع المتخيل (الواقعُ مدخلٌ إلى الافتراض)
- تعدد الرّواة (السَّعي لتهجين السَّرد)
- الرّوحُ العالمي

- مدخل أولي:

يتجلى الواقع الافتراضي (Virtual Reality) بوصفه نمطاً معرفياً جديداً، يتقصد رفض السّائد والمقنن والرّتيب، للعمل على اصطناع عالم خيالي مغاير في قوانينه التي انتقلتْ من الواقع إلى ما – فوق الواقع؛ بسبب أفول العلاقة بين الدّال والمدلول كون نمط الحياة المعاصر والأجهزة التكنولوجية والإعلام وعوالم السينما والتلفاز وغيرها، عملتْ جميعاً على مشروعية اختفاء أو موت الواقع وتكسير قوانينه المباشرة، أو كما يرى (بودريار) ذوبان للتلفاز في الحياة وذوبان للحياة في التلفاز، مما حفز الكثير من الفنون ومنها الرّواية، على الانتقال إلى فعالية جديدة تغدو السوسيولوجية إثرها مجرد صورة مقدمة، وليستْ السوسيولوجية كما هي بقوانينها المعهودة، صورة أخرى متولدة عن صور مغايرة مذابة في ذاكرة المؤلف، تقترب تارة من الواقع المعاش وتبتعد تارات كثيرة، حتى يتداعى بتأثير ذلك، الاعتيادي والسّائد حد الانمحاء النّهائي، لغرض إعادة صوغ الواقع غاية بمحوه، أي الانتقال بالبنية الذّهنية الواعية، من الدّلالة إلى المدلول وهو ما يركز عليه بودريار تحت مفهوم استهلاك العلامة، حيث الارتباطُ بالوظيفة التّمثيلية للمضمون ومفارقة أصل

الدّلالة المباشرة، بمعنى، نبذ القيمة الاستهلاكية لمكونات العالم والتركيز على القيمة التبادلية للعلامة؛ لهذا يحدد أربعة مستويات لتطور العلامة / الصورة من الواقع الحقيقي إلى الواقع الافتراضي، فهي أولاً انعكاس لحقيقة عميقة، ثم حجب وتشويه لهذه الحقيقة، مما يؤدي إلى حجب ثم غياب الحقيقة العميقة، لتكون في نهاية الأمر مصطنعة بلا علاقة مع أية حقيقة كانت[1].

وعليه يكون تعامل الرّواية مع عالمها المفترض، منطلقاً من أساس متعلق بنسخة واقعية (الأصل)، يعمل المتخيل السّردي فيها على افتراء مغاير لحقيقتها، والعمل على إعادة إنتاج قوانين هذا الواقع، لأجل بروز النّسخة المصطنعة النّهائية وغياب النسخة الأصل، مما جعل الأحداث التي تعالجها الرّواية ما بعد الحداثية التي تنتمي لهذا الفكر، أكثر واقعية وجذب مقارنة بالحقائق، فالبنية السّردية للروايات بمكوناتها جميعاً، من شخصيات وأحداث وزمان ومكان وأسلوب للتمثيل، أكثر قرباً وتأثيراً بالمتلقي من مثيلاتها في الحياة اليومية المعاشة، فهي أشبه بارتباط الأفراد اليوم في أي مجتمع، بخدمات الميديا التي استطاعتْ بنجاح، تكوين عوالم افتراضية خاصة، لكل فرد بمعزل عن أسرته وفئته، كذلك تفعل الرّواية عندما تفترض واقعاً مغايراً، يعيشه القارئ على غرار حياة سابقة حقيقية، تحت عامل الغربة عن الذات، فهرب المؤلف من واقع معين يؤدي إلى تمثيل وافتراء لواقع جديد، يعمل بالضرورة على فصل ذهنية هذا القارئ عن العالم حوله، حيث استهلاكُ الصورة المستنسخة عن واقعه، أهم لديه من استهلاك واقعه الحقيقي بتفاصيله الرّتيبة جميعاً،

ليكون ذلك أنموذجاً جديداً للتخييل الذي تصطنعه الرّواية الواعية بقوانينها وأدواتها، بدلاً من التّخييل السّردي الاعتيادي، الذي تعودنا عليه في أثناء قراءة أية رواية تمزج الحقيقي أو الذّاتي بالمتخيل، وهو أيضاً بدل من التّخييل الذي تصطنعه الوسائل التكنولوجية في ضمن عوالمها الإلكترونية المعروفة.

وبهذا فقد صار ضرورياً إعادة النّظر بشكل مغاير في أثناء تحليل الرّواية العربيّة الحداثية ونقدها، بالتنبه لما رسختْه الحداثة وما أثمرتْ عنها من نتائج لما بعدها، إذ غدا النّصُ مفتوناً بسرد حكايته، للوصول إلى ما وراء الذّاكرة الإنسانية وما وراء الرّواية وما وراء الواقع نفسه، ولم يكتفِ بذلك فقط بل راح يبحث عن واقع جديد مغاير، كسراً للقناعات ويقينيات التّلقي، فسعى بذلك لصناعة واقعه الافتراضي من خلال إعادة صوغ الواقع الحقيقي بغرض إلغائه، محققاً نمطاً من التّبادل المستحيل مع السّرديات الكلاسيكية جميعاً، حيث العودة إلى الذّاكرة الثّقافية للرواية محاولاً تصنيعها من جديد، مذيباً في ضمن ذلك أنماطاً راسخة من الحكاية الشعبية والخرافة والسّيرة وهويّة الأفراد وعنف الحرب وتأريخ الفئات المقموعة، لإنتاج (مسوّدة) من أطراس مغايرة / مضادة، تقود الوعي المبدع نحو آليات جديدة، وتؤسس لدرجة كتابية تتناسب مع الحساسية الجديدة للسرديات، التي تقمصتْ شفرات التّغاير الإجناسية المتشكلة بتأثير التّجدد الهائل في إنتاج المنظومة المعرفية العالمية؛ لهذا فإنّ تدقيق النّظر في مقولات السّرديات المُصطنعة وآليات إنتاجها المفترضة بموت الواقع، لا يعني القفز على المراحل السّابقة، بل يعني بداية كتابية جديدة نظرتْ إلى

متغيرات العصر بوعي مضاعف، محاولة منها للخروج عن المألوف بتنصيص جديد، يعيد صوغ ذاكرة الذّات والمجتمع والواقع والتأريخ والخيال والخرافة، ويحطم التّقانات ويعيد بناءها متأثراً بالبنى الوهمية واليوتوبية، الأمر الذي يمكن رصده إجرائياً في أهم النّصوص التي مثلتْ نمطاً سردياً مضاداً وواعياً بهذه التّحولات الثقافية.

- اصطناعُ المُتخيل (الواقعُ مدخلٌ إلى الافتراض):

منذ بدء ظهور السّرد القَصَصي، لم يهادنْ الواقع بل عمل على إخفائه بنسب متفاوتة، على وفق المرحلة والثّقافة السّائدة حينها، لذا كان تخييلُه إيهاماً للواقع بحثاً عن وجه مضاد، من هنا بدأ التّلاعب المشروع بدلالة الإحالة المرجعية، لافتراء مقصود في إنتاج أحداث الحكايات وأمكنتها وأزمانها وحتى الشّخصيات، فهذا (دون كيخوتة) المُصطَنَع المتفرد لسرفانتس، يخوض مغامرة في ضمن عالم يتوهم واقعه وأحداثه، ليعيش رحلة هي أشبه بالحلم أو الهرب من الواقع، فكيخوتة – كما يرى محمد سناجلة في رواية الواقعية الرّقمية – استجابة عملية لتفكير غير عملي، كون المؤلف مسكوناً بقيم مرحلته الآفلة فكانتْ العودة الافتراضية للماضي حتمية، وهو وهم لا يختلف كثيراً، عن ذلك الذي تولده محكيات بورخس في ذهن قارئه، هكذا هي (المكتبة البابلية) و(تقرير برودي) و(كتاب الرمل)، وغيره مما يزخر به السّرد الغربي الحديث، وقد تبنتْ سردياتنا العربيّة مبكراً ذلك الوهم، فصنعتْ بساطها الطائر على لسان شهرزاد، إلاّ أنّ الرّواية العربيّة الحديثة فعلتْ ما لم تفطن له تلك السّرديات، فقد كانتْ واعية

منذ البدء بتحولات المعرفة الجمالية، نحو التّجديد البنيوي الذي أصاب الهيكليّة السّردية، منذ العقد السّادس من القرن العشرين، وقد تمظهر ذلك جلياً في النّماذج المهمة، التي عُنيتْ بمتغيرات الواقع السّائد، راغبة بكسره مؤكدة أهمية الافتراض في إدراك الحكاية الجديدة، وقد تُرجم هذا الوعي فعلاً على هيْأة نصوص، مهمومة بالتّجريد وخرق الواقع، والبحث في قوانينه عن الوهم والخيال الجامح.

ولعل رواية (أجنحة البركوار) للروائي عباس عبد جاسم[*] واحدة من هذه النّصوص التي تبنتْ هذا الإدراك، فقد بدتْ منذ البدء رغبتها بخرق السّائد، ولاسيما أنّها وشتْ بذلك في (المناص) الذي قدم به المؤلف حكايته بقوله: «هذه رواية متخيّلة، لا أساس لها من الواقع، حدثت في زمن غير معلوم، وفي مكان غير مألوف، وإذا ما حدث أي تشابه أو تطابق بين التخيّل والواقع، إنما هو مجرد تشابه عفوي غير مقصود»[2]، لتكمل بذلك الرّؤية التي نضجتْها روايته السّابقة (السواد الأخضر الصافي)، ولكنْ بتشويق أكثر وباقتراب أعمق من اليومي والاعتيادي، بأسلوب الانتقال من المألوف إلى غير المألوف، لتتسنى له فرصة خرق قوانين الواقع ومحاولة التأسيس لقوانين افتراضية خاصة، وقد تجلى ذلك فعلاً في توهمه لمكان مفترض، له أُسس ومفاهيم وموازين نصيّة رغم المحاكاة الواقعيّة التي تشي بخيانة مشروعة للسرد، أسماه افتراضاً (البركوار) وأطلق على بؤرته ومركز اتخاذ القرار فيه قصداً (الريمشن).

وهو توجه يعيد إلى ذهني ذلك الخيال السّافر الذي رسخه (ماركيز) في الذّاكرة السّردية بابتكاره القرية الخيالية (ماكوندو) في

رائعته الشهيرة (مائة عام من العزلة)، على أسس تشي بالواقع لكنّها تجافيه بقوة؛ فكانت مركزاً لأيديولوجية السّلطة الكولونيالية العالمية، من خلال تتبع سيرة عائلة على مدى أربعة أجيال، لكنّها إعادة لا تؤكد التناص ومشروعيّة النّص الغائب بل (التأثر والإيحاء) مع عالم ماركيز السحري، إذاً يواجه النّص الرّوائي منذ البدء قناعات القارئ، محاولاً كسرَ أُفق توقعه بحيادية الحكاية ومعقوليتها، وذلك باجتهاد الرّاوي الأول فيها (أيوب) في أثناء سرد حكاية طاغوت متسلط يسمى (أدهم الشهواني) يظهر في زمان ومكان غير معلومين، ويتمركز في حصن خيالي لفظاً وواقعاً هو (البركوار)، الذي يمثل مركزاً سلطوياً واستبدادياً يتمظهر فعلياً من خلال بؤرته وقلبه السّياسي (الريمشن)، ذلك المكان المنسوج من ذاكرة الموروث وخياله الجامح المترائي للعيان في نثريات آفلة تتفاعل مع التأريخي والدّيني والميثالوجي والسحري، أقول: المكان الذي خبره عباسٌ جيداً منذ أنْ صاغ وهمه في قصصه (تطريسات) وأعاد تأهيله في السواد الأخضر الصافي إلى جنب افتراضات مثل: (المارستان) و(دليل المرويات)، فكان كما ينبغي له أنْ يكون «بناية مغلقة لذاتها وبذاتها، وقد هُدمتْ عام 1900م لعدم وجود مدخل واضح إليها»[3]، إلاّ أنّ إمبراطورية الشهواني المتسلط في البركوار أعادتْ صوغ البناية في ضمن (تناص داخلي) مع هذه السّرديات السّابقة للمؤلف نفسه، جاعلة له أبواباً ودهاليز وممرات سحريّة وسريّة لا يرمقها إلاّ المقربون؛ وهنا يكمن دور أيوب في هتك أسرار هذه المنظومة الملغزة التي أُنشئتْ بأسلوب يحاكي أشهر الحصون والقلاع لعتات التأريخ ومتسلطيه في مدونتنا العربيّة الزاخرة بذلك، الأمر الذي انعكس وعياً ظاهراً في سرد

الرّاوي الأول، وقد أثث به واقعاً جديداً نتيجة افتراضاته الطامحة إلى توليد وهم بالمكان والزمان معاً، يقول الرّاوي في ذلك: «وقد آثرتُ تكسير التّطابق الحرفي بين السيرة والواقع بخلط الأزمنة بالوقائع، والتّمثيليات المتخيلة بالحقائق الصارمة، كي أتجنبَ فعلاً الواقعية الرثة، حتى لا أثير بلبلة الألسن من حولي»[4].

ويبدو أنّ الرّوائي واعٍ بجذور المعرفة الافتراضيّة في إدراك الواقع أدباً ونقداً، ولاسيما أنّه جعلها في إحدى دراساته النّقديّة أساساً في تحليل رواية (الظّفيرة) لطه حامد الشبيب اعتماداً على ما أطلق عليه بودريار نشوء فوق – الواقع، وعليه، يتمظهرُ في هذه الرّواية وعيٌ معاصرٌ لمفهوم الواقع، إذ إنّنا نستطيع أنْ نتحسسَ واقعاً جديداً قائماً على قوانين افتراضيّة، لكنْ ليس على غرار العالم الرقمي/ التكنولوجي، بل على غرار التّحولات الكبرى في الحياة العصريّة التي فرضتْ قانونها الخاص، ما يسمح للخيال بالجموح بعيداً واستثمار ما توافر له من وهم بوصفه قانوناً بديلاً للواقع؛ فسيرة أيوب وعمله وبحثه الدؤوب عن الأسرار – أسرار البركوار وأسرار الشّهواني – بوصفه الشّاهد الوحيد عن هذا العالم الملغز، بدلالات السّلطة والسّياسة والتّأريخ، ولاسيما سلطتُنا (العتيدة) وتأريخُنا (المبجل)، اللذان أنتجا على مدى قرون واقعاً مليئاً بشخصيات سايكوباثية محبة للمجد الزائف والتّسلط مثل: أدهم الشهواني سلطان البركوار وحاميها، وعبد القادر السفياني أمين البركوار، وأزهر الشيخ أخو الشهواني من جانب أمه ونده العتيد، الذي يشحذ الذّهن معيداً حادثة هاملت عندما تزوجتْ أُمُهُ عمَه طمعاً بالعرش، فالرّواية مشبعةٌ بالوشاية

التي تخون النّص – أحياناً – مفارقة لواقع معروف، وإلاّ ما تفسيرنا مثلاً للإحالات الدّالة على واقع سياسي مضطرب، قريب من واقعنا السّياسي الحديث وشخوصه، ممثلاً بحاكم متسلط وخوف متفشٍ وحروب ومؤامرات واحتفالات أسطورية، يستعرض فيها الزّعيم قوته وكراديسه البشرية المدججة، ودخول فاتحين أغراب عملوا على تغيير الحكم، مما جعل لغة الرّاوي/أيوب لغة منولوجية تخفي أفكاره وبحثه عن الأسرار، بدليل أنّه يشبه عمله في البركوار خلال عشر سنوات بالأسر أو الهجرة القسريّة، فيتولد بذلك نوعٌ من التّعارض بين الفرد وذاته، وبين الفرد والمجتمع، ويتمظهر ذلك في أكثر من موقف ومعنى أدبي تحمله الرّواية، كما في لجوء (أيوب) الدّائم لشرب الجن في أثناء قيامه بالسّرد الافتراضي عن البركوار، بأسلوب يذكرنا بأسلوب جليل القيسي في مجموعته (مملكة الانعكاسات الضوئية)، عندما أراد اختراق الزّمن بذاته المبثوثة داخل العمل، أو من خلال علاقة أيوب بالمنظمة السّريّة المسماة بـ (الأخوية)، إذْ تبدو الشخصية في هذين الموقفين منفصلة عن أي انتماء، وأنّها مجرد ناقلة لما تراه وتفعله كونها جزءاً من النّص فقط، ولا تمثل إلاّ ذاتها منقطعة عن أية مرجعيّة تأريخيّة، فتحول السّرد المستمر من مرجعية الواقع المعروف حدثاً وتأريخاً، على وفق ما أسميتُه (وشايةً) إلى واقعية افتراضيّة، يمثل علامة سيميائية دالة على توقف الزّمن والتّأريخ، مما سهل تداخل الأزمنة المختلفة وأحداثها المفترضة بين الماضي والحاضر والمستقبل، فتحققتْ بذلك أهمية (استراتيجية اللاتعيين) – كما يسميها النّاقد والرّوائي السوري نبيل سليمان في تقديمه للرواية – بجعل البركوار، والريمشن، ونادي الأخوة، والشخصيات، وأفعالها،

واقعاً مفترضاً ذا تأثير أكبر من الواقع المعاش نفسه، على شكل انحرافات وتماهيات تجاه التّأريخين الواقعي والافتراضي معاً، وقد أسهم السردُ المتنوع من وجهات نظر متباينة لرواة مختلفين، بترسيخه وتقديمه على أنّه الصورة الوحيدة للمعنى الخفي، الذي عبّرتْ عنه الكتابة الرّوائيّة، لكنّ هذا الأمر سنكشفه أكثر في الفقرة القادمة المعنية بتهجين السّرد.

ولعل فكرة تمويه الواقع السّياسي الحقيقي ببديل رمزي دال، هي ما سيطر أيضاً على رواية (محنة فينوس) للروائي أحمد خلف، لكنّه استعار تاريخاً أسطورياً قديماً للمكان، لكي يمثل مجازه السّردي، فقد حاول بكرنفالية واضحة خلط الأماكن والطبقات وحتى الأفكار، عندما جعل من فينوس إلهة الحب والجمال في الثّقافة اليونانية القديمة رمزاً دالاً على مدينة بغداد، والنّص هنا واعٍ بتمويهه للواقع كونه يُفتتح بمقولة صريحة لا تعمل من الأحداث الأسطورية كناية فقط، بل تتقصد موت الواقع المُنتج لأيديولوجية التّأليف فيه أيضاً، إذ يوقع مؤلف الرّواية تحت مقولة: «لا جدوى من البحث عن بدائل في واقعنا اليومي، عن أشخاص وأحداث هذا النّص، لأنّه استمد عناصر تأليفه من الخرافة أصلاً»، جاعلاً إياها فاتحة لحكايته ومشوشاً لذهن القارئ، فالمحاكاة السّاخرة طاغية في كلتا الرّوايتين – البركوار وفينوس – ، لكنّها في الرّواية الثانية متحققة بشكل صادم أكثر كونها، تعتمد الكناية الأيديولوجية لواقع مستهلك، يرغب النّص في إبداله برموز أسطورية معبرة عن بعد، أو مفارقة تماماً لتلك الجذور الأيديولوجية، وهذا ما يكوّن خصومة للغة بوصفها تمثيلاً للواقع، كما

يؤكد النّاقد الفرنسي (بيير ماشيري)، في أثناء دراسته المهمة لقضية السّرد والوهم (Illusion and Narrative)، مبيناً أنّ الصورة التي تتوافق تماماً مع الأصل لا تمثل صورة، وما يبقى منها محدد بحكم اختلافها عمّا يشبهها[5].

وهذا ما يمكن تحديده فعلاً في الرّواية، فصور دالة على واقع معلوم زمكانياً مثل: وصف النّخيل، تحذير الآباء صغارهم من شتم الآلهة، الحاجة المالية والجوع والسرقات، نهب مؤسسات الدولة، مشاهد القتل والانتقام (ص 9،18، 23، 47، 96، 100)، تشي بأنّ ثمة واقعاً مدسوساً خلف اللغة السّردية الواصفة، أو الصورة السلبية لأخرى إيجابية مختفية بالضرورة جمالياً، لكننا حينما نلاحظ استهلال الرّواية التي يبدؤها الرّاوي بجملة صريحة يقول فيها: «سأروي ما أعرفه عن الذي حصل وما جرى، وما عرفته ليس بالأمر الهين أو قليل الشأن، لكنني أدرك ألا فائدة من هذا كله، ما لم تباركه الآلهة (آلهة الأولمب)... على أية حال، مهما كشفتُ من وقائع وتفاصيل لن يأسى عليها أحد من أبناء المعمورة، لأنّ ما سأحكيه سيظنه القاصي والداني ما هو إلاّ محض خرافة أو مجرد حكاية للسلوى، أو تلهية الصغار عمّا شاهدوه بأعينهم الدامعة، بلى، حكاية مبعثها غضب الآلهة واختلافهم مع بعضهم...»[6]، نعلم أنّها بوصفها نصاً متخيلاً، تجتهد لا لمحاكاة الواقع بل لردمه بحثاً عن جديد مختلف، تموت في مدلولاته أيديولوجية المضمون، ليحلَ بدلاً منها أيديولوجية الدّلالة التي ارتبطتْ بواقع جديد مفترض أسطورياً، لا علاقة له برمزية الحرب وأفول الدولة السياسية، لهذا فهي تظهر تأريخاً خرافياً مفترضاً،

بوصفه نسخة ثانية عن تأريخ حقيقي مخفٍ بالضرورة، وهذا ما يجعل من محنة فينوس رواية فنتازية تنطلق من واقع افتراضي معين مرتبط بظروف إنتاجها الثّقافية.

سبق لي أنْ تساءلتُ في مقدمة هذه المقاربة، عن مدى قدرة النّص الرّوائي العربي الحديث في إدراك قوانين الواقع الجديد، وعن طبيعة أدواته السّردية في إبداع واقع مغاير، وهو مرتبط بضرورة الحال بالحديث في قضية تقصد موت الواقع وافتراض بديل له، وهذا يتطلب، حتماً، حديثاً في قضية علاقة ما هو حقيقي يقيني، بما هو فنتازي متخيل خارج حدود الحقائق جميعاً، ولعل ذلك يعيد إلى ذهني ما ينقله البروفيسور (T.E.Apter) في كتابه الشيّق (أدب الفنتازيا مدخل إلى الواقع)، عندما يؤكد أنّه في أعماق فنتازيا القص الحديث، يوجد شك للعالم الذي تنتمي إليه الحكاية، كونه هو ما تنتمي إليه أم لغيره، فالفنتازيا – برأيه – تنمو نتيجة خرق لقوانين الطبيعة والمنطق، لكنّها تؤسس في الوقت ذاته منطقها الخاص المغاير بالضرورة لمنطقنا وقوانيننا المألوفة، فحقيقة العمل الأدبي (القصصي)، ليستْ في دراسة الاحتمالات الممكنة، بل في توظيف وكشف الاحتمالات كافة التي ممكن أنْ تكون معادلاً لعالمنا الحقيقي، وهو ما يحقق (الإيهام) لما لذلك من قدرة على تخطي الواقع الحقيقي وابتكار عوالم متخيلة، يمكن أنْ تكونَ مقنعة أكثر من هذا الواقع، بمعنى أنّ الرّواية على وفق تصورها للمتخيل السّردي، تفارق الواقع وإنْ حاكتْه، كونها تتبنى فعلياً حكاية (غير مرجعية)، من ناحية أنّ العالم الذي تحاكيه مقتطع من العالم الواقعي لكنّه غير مُعيّن[7]. من ذلك ما قدمتْه رواية (الكائن

الظل) للروائي إسماعيل فهد إسماعيل، التي تُذكِر بعوالم بورخس القديمة عندما تنبعث الكائنات والسّرد من العدم، وهو ما تحقق أيضاً في رواية عبد الفتاح كليطو (أنبئوني بالرّؤيا)، ورواية مهدي عيسى الصقر (المقامة البصرية العصرية).

تُقَدَم أحداث الكائن الظل بأسلوب مباشر، على لسان راويها المشارك والشخصية المركزية التي تكاد تكون الوحيدة فيها، بسرد ذاتي تأليفي وبتبئير داخلي يستبطن فكرة الـ (ما وراء الحكائي)، ويدور حول فنتازيا افتراضية للزمن، حيث اختلاط الزّمنين القديم والحديث نتيجة بعث شخصية (حمدون بن حمدي) المعروف بلص بغداد، لكنّ هذا البعث يتم عن طريق الاستحضار الرّوحي الأثيري، كما يحصل في أفلام الخيال العلمي وحكايات السحر(**)، غير أنّ مسوغ السّرد ومنطقيته لمثل هذا الحدث، يكمن في طبيعة تفكير هذا الرّاوي، الذي هو طالب يعد رسالة حول التّأريخ العربي القديم موسومة بـ (بواعث العجب في حياة أشهر اللصوص العرب)، وهي طبيعة تتناغم تماماً مع الظروف الثّقافية التي أنتجتْ الرّواية (نسخة الواقع الأصل)، فقد كُتبتْ أحداث الرّواية في العقد التّسعيني من القرن العشرين، وهي تشهد فضائع حرب الخليج الأولى، بوصفها الدّال المكون لأيديولوجية النّسخة الأولى، فكانتْ نتيجة لذلك رحلة ابن حمدي للعصر الحديث نسخة ثانية، تجتهد في موت أحداث النّسخة الأولى، للانتقال من مرحلة الانعكاس الحقيقي إلى مرحلة قطع الصلة مع أية حقيقة وصولاً للاصطناع، ولعل هذا ما قصده بودريار عندما أكد أنّ سمة التّعارض بين (الاصطناع) و(التّمثيل)، تتحدد في فكرة

أنّ الأخير ينطلق من مبدأ معادلة الرّمز بالواقع، أما الاصطناع فينطلق من وهم مبدأ المعادلة، والنّفي الجذري للرمز بوصفه قيمة، ليعمل على موت الدّلالات المرجعية جميعاً، وهو ما يمكن تشخيصه لحظة ظهور الشّخصية المفترضة، ممثلة بأسلوب منولوجي دال على ذلك النّفي الجذري فعلاً: «لو أنّ الانشغال الكلي يتسبب في شرود بعض الحواس أو جموحها بعيداً عن الواقع!.. لو.. كيفية التعامل مع الماوراء بيقظة ذهنية عالية ومشاهدة قريبة بالعين المجردة؟!... كان منتصباً عند طرف السرير على مبعدة مترين مني.. أفحمني رده: الجسم الأثيري لا يحتاج طعاماً أو شراباً... بخصوص سؤالك عن اسمي.. وسّع ابتسامته حتى شملتْ عينيه.. أنا حمدون بن حمدي.. هتفت مقاطعاً أنت حرامي بغداد!!»[(8)].

إنّ جدلية الحديث في الفرق المعرفي بين الاصطناع والتّمثيل، تعيد بالضرورة هاجس البحث في الفرق بين (العوالم المتخيلة) و(العوالم الممكنة)، إذ يبنى العالم الممكن على قوانين محتملة في عالم الحقيقة، على خلاف العالم المتخيل الذي يعمل على تحطيم تلك القوانين، فشخصية الطالب الجامعي في (الكائن الظل)، وقبله الرّاوي في (محنة فينوس) يندرجان في ضمن مفهوم (الممكن)، لكنّ ظهور (الآلهة) في الرّواية الأخيرة، وانبعاث شخصية (اللص) من كتب التأريخ في الأولى، يعني اختراقاً صريحاً للقوانين الممكنة، وهذا ما يؤدي إلى افتراق (الممكن) عن (المتخيل) مما يسمح حتماً لمبدأ (الافتراض) بالظهور، كون التّخييل السّردي يندرج في المصطنع وغير المزعوم، وأنّ حقيقتها تتمظهر من خلال عالمها فقط، من

دون أية إحالة لعالم الحقيقة المعروف، كما حدث في المشهد السّابق الذي خرج به الكائن الأثيري لشخصية تأريخية (لص بغداد)، وهو شخصية مصطنعة تتحدد حقيقتها في ضمن عالمها المتخيل الممكن، من خلال السّرد والافتراء الأدبي فقط، وهذا ما جعلها (واقعية أولاً) كونها امتلكتْ قوانين الممكن، لكنّها (افتراضية) أيضاً لأنّها حطمتْ الممكن والمتخيل وصولاً إلى المستحيل، أي أننا نتعامل مع نصوص فنتازية تماماً في تعاملها مع الحدث، فهي تبتعد عن المألوف ظاهرياً مقتربة من العجائبي والغريب، لكنّ جماليتها الكبرى تتحقق فعلاً، من خلال قدرتها العجيبة على إظهار تلك الصلة الخفيّة بما هو مألوف، مبينة بقدرة هائلة عدم الاستقرار والتّناقض، ثم اللاعقلانية التي تتولد في ضمن القوانين الدّاخلية للمألوف والواقعي والحقيقي، وهنا يكمن فعلاً سرّ جمالية الافتراض النّصي[(9)]، فرحلة راوي محنة فينوس مع آلهة اليونان، تنتهي مع رؤية فوق واقعية لما حدث تأريخياً في بغداد في الوقت الحاضر، بينما انتهتْ رحلة الباحث مع شخصية اللص في الكائن الظل، بالاطلاع على ما حدث في بغداد فعلاً أيام الدّولة العباسية، وهو ما حدث كذلك في رحلة مؤلف رواية (المقامة البصرية العصرية) مهدي عيسى الصقر التي تبدو متناصة بشكل واضح مع الرّؤية السّردية للكائن الظل، لكنّ الصقر زجّ مجموعة عناصر واقعية في السّرد، محاولة منه لتمويه الممكن وخلطه بما هو متخيل، تتمثل بشخصيته الحقيقية وزمنه والمدينة التي يعيش فيها (البصرة)، عن طريق رحلة استكشافية افتراضية مع شخصية صاحب مقامات الحريري، حيث تداخل الأزمان في مكان واحد لالتباس القديم والأسطوري بالحديث عن طريق الولوج لما وراء

الواقع: «... كنتُ أناجي مدينتي بهذه الكلمات، وأنا أعود لزيارتها بعد غياب سنين... سمعت صوتاً مندهشاً يسأل وراء ظهري: أتكلم نفسك أيها الرجل، فأنا لا أبصر غيرك في المكان! استدرت إلى المتكلم، وهتفت مسروراً وأنا أنهض احتراماً: مَنْ؟ مولانا الشيخ أبو محمد القاسم بن علي الحريري البصري!»[(10)].

فالرّواية لا تعنى هنا بزمن واقعي معروف، بل هو قريب مما أطلق عليه (ميخائيل باختين) عند دراسته للرواية الكلاسيكية الأوروبية بـ (الزّمن السّيري)، وهو خاص بالإنسان الذي يقطع طريقه بالحياة، فعن طريق استدعاء الزمن الموغل بالقدم ممثلاً بشخصية الحريري، يتحقق شيء من (القلب التأريخي) الذي يرى فيه باختين بحثاً عن قيم إيجابية فقدتها الشخصية في العصر الحديث، مما يدفعها لاسترجاع وتخيل الماضي[(11)]، فكان أسلوب الافتراض هنا دالاً على تداخل الأزمنة والأمكنة والشخصيات معاً، ولاسيما أنّ الرّواية تدور كما دارتْ المقامات من قبلُ، من حيث التّجوال وتشخيص الأحداث بفنتازية عالية، وهو أمر ليس غريباً على عالم الصقر، فهو كثيراً ما يتلاعب بالزّمن الحاضر للسرد، ليذيبه في ماضٍ مفترض كما فعل في هذه الرّواية، أو يذيبه في نبوءة المستقبل المتوقع، كما فعل في رواية (الشاهدة والزنجي) التي تتوقع احتلالاً أمريكياً للعراق، مع أنّ زمن إنتاجها الفعلي في منتصف العقد الثامن من القرن العشرين، وهو سابق للحدث الحقيقي بما يقارب ثلاثة عقود، مما يؤكد وعيه بالمتخيل الذي يفترض الواقع لا محاكاة حقائقه وقوانينه، لكنّ هذا أمر سنفصل فيه لاحقاً من هذه المقاربة.

إذاً، فالسّياق الثقافي الذي هيمن على أسلوب السّرد في الرّوايات السّابقة جميعاً، يزيحه درجات عن المستوى المباشر للواقع بسبب نمطيّة ظروف الإنتاج، فلكي تصل الرّواية إلى أسلوب افتراضي كان لا بدّ من أنْ يكونَ النصُ واعياً بالتّحولات المهمة في الفكر الفلسفي الذي نظر للمجتمع، من زاوية جديدة مرتبطة بموت الواقع الأصلي، فضلاً عن ذلك الضغط الكبير الذي يمارسه المجتمع، مما يضطر الرّوائي بالتّخلي القسري عن ثيمات الواقع المباشر، والانزياح المعرفي نحو واقع افتراضي متخيل على زنته، مما يسهل أسلوبيّة استحضار دلالات وهيئات ومفاهيم؛ لأجل توليد علاقات متشابكة في ضمن قوانين جديدة وإمعاناً في التّنويع لكتابة فوق واقعية مغايرة، استعانتْ بالفنتازيا التي تغلف الأحداث أو تخترقها، بوصفها شكلاً من أشكال الحيل الفنية التي تكشف عنف السّرد الواقعي المباشر، وتجعل مادته قادرة على الوصول إلى المتلقي، بما تشتمل عليه من تداخلات بين الواقعي والخيالي المفترض، وبما تحويه من مفارقات وسخريات مكرسة لتحقيق متعة القراءة، وقد أدى ذلك فعلياً إلى ضمور الواقع المباشر بسبب غياب العلاقة بين الدّال والمدلول، فما قدمتْه هذه الرّوايات، ليس الواقع وليس صورة مباشرة عنه أيضاً، بل هي صورة افترضها الحكي وقدمها، وهي مأخوذة من صور تركيبيّة أخرى تتنامى مع تقدم السّرد وانشغاله النّرجسي بحكايته؛ لتكون محاكاة لصور هي أصلاً محاكاة لغيرها وهكذا، وبذلك يُنمّي الافتراض المعنى الواقعي الجديد، ليكون النّصُ علامةً مكتفيةً بذاتها، كونها قادرةً على إنتاج واقعها ومرجعيتها، فيصبح كل ما تدل عليه واقعاً مغايراً للواقع المعروف الذي ضمر واختفى،

بسبب ظهور وتمرْكُز الواقع المفترض بديلاً عنه، من هنا تكتسب الحَبكةُ مشروعيتَها ومنطقَها في التّرابط، بين الأحداث والشخصيات والأمكنة والأزمنة، بوصفها نتاجاً لواقع نصي لا سوسيولوجي، مما يجعل الواقع – حقاً – مدخلاً لافتراض الحكايات.

- تعدد الرّواة (السّعي لتهجين السّرد):

ما إنْ سعتْ الرّواية العربيّة المعاصرة، لتخطي مقولاتها البنيويّة المؤسَسَة بفعل الحداثة، حتى تبينَ ذلك على هيأة تمرد جمالي دال، فقد تخطتْ مهمة إدراك العالم وتحليله بحثاً عن التّغيير، وراحتْ تعي الأمر بأسلوب مغاير؛ حيث البحث عن وسائل تصويريّة جديدة من خلال محاولات تصنيع مواقف سرديّة متخيلة تنطلق من الوهم لكنّها لا تفارق الواقع ولو ضمنياً، بحثاً عن الافتراضات المقترحة جميعاً، في الحياة الصناعيّة المنتِجة نمطاً خاصاً من المجتمعات المتفاعلة مع متاهات ما بعد الحداثية، للوصول إلى النّموذج الإبداعي المنشود، ولكي تحقق الرّوايّة الافتراضيّة – بالمعنى غير الرّقمي – ذلك تقمصتْ دوراً مختلفاً، بإنتاجها درجة كتابيّة أذابتْ ضمنها أساليب متنوعة قديمة وحديثة ومعاصرة، لتكسر عقيدة نقاء النّوع – كما أسسها دعاة المأساة الكلاسيكيّة – وهذا ما أرادتْ بعض النّصوص الواعية تحقيقه، من خلال تبني أكثر من بؤرة سرديّة لتقديم الحكي للمتلقي، مما يشظي زوايا الواقع الحقيقي سامحاً للافتراض بالظهور، فكيف تمَّ ذلك؟.

في رواية (أجنحة البركوار)، يتناوب على سرد الحكاية ثلاثةُ

رواة وهم جميعاً يأخذون سمة السّرد الذاتي الصّادر من داخل العمل، وكأنّهم يشهدون عن قرب ما جرى فعلاً في أجنحة البركوار والرّيمشن والدّهاليز الخفيّة للبناية، التي تأخذ بعداً أسطورياً بسبب هذه التعددية، لكنّ الذي يأخذ على عاتقه مهمة السّرد المركزي الموجه للمتلقي، الرّاوي الأول فيها (أيوب) كاتب أدهم الشّهواني وحافظ أسراره، كونه الشّاهد الوحيد على ما حدث فعلاً في دهاليز البركوار الخفيّة، أما الثاني فهو (أحمد الطّيب) صديق أيوب والنّاقل الوحيد لأسرار الحكاية عنه، بينما يمكث (دليل بن يعقوب البغدادي) داخل النّص بوصفه بؤرة تعارض أيديولوجي ذات وجود تأريخي، وهو ما يمكن ملاحظته بشكل كلي على رواية (موت صغير) للروائي محمد حسن علوان التي سيطر على سرد أحداثها التأريخية ثلاثة رواة متعاقبون عبر حقب مختلفة؛ لهذا يُقابل الصوت السّردي الأول – في أجنحة البركوار – بصوت ثانٍ موازٍ له في المعرفة والأسلوب لكنّه يغايره في الزمن، إذ يمثل أيوب شاهد العيان المعاصر، بينما دليل يمثل التأريخ الماضي، ويبقى أحمد الطّيب بينهما ينقل الحكاية، لكنّه لا يمثل صوتاً فاعلاً، كونه مكتفياً بما يلقنه به أيوب من حقائق تأريخية (قص متخيّل)، وبعد هذا انهالتْ الكثير من الأصوات بحثاً عن السر، رغبة في سرده مما أدى إلى ضياعه، إلاّ ما سرده أيوب ومَنْ معه، فقد مثل النّسخة المتخيلة الأكثر صدقاً، بوصفها المدونة التأريخية المفترضة الأقرب إلى قوانين الحقيقة.

هكذا من دون أية مقدمات، تتبنى الرّواية الكثير من الوهم الحميد، لعرض الحكاية والعمل على مأسسة واقعية لها، على غرار قوانين

المجتمع المفترض في المكان – البركوار – : «بعد أنْ مضى السّيد أدهم الشهواني إلى حتفه، وانهارتْ أجنحة البركوار، مرت سنوات طويلة، أرخ فيها كتبة ورواة وشهود عيان لتفاصيل ما حدث... ساورني أكثر من شك في مَنْ روى تفاصيل البركوار، ليس لأنّ السّردَ ضربٌ من الكذب، وإنّما لأنّ التّصحيف فضح الكثير من الكتاب لكثرة الكذب الموثوق به في النّقل والاستنساخ»[(12)]، لذلك فقد تنوعتْ أساليبُ العرض بتنوع الرّواة، فهناك صوتان سرديان عملا على توليد نص متعدد الرّؤى والأفكار، على وفق ما هو معروف بالرّواية المتعددة الأصوات، حيث الاختلافُ واضح بين الرّاويين (أيوب) و(دليل)، في تبئير السّرد داخلياً لتمثيل الحكاية وتخيلها، ولاسيما أنّ الأول منهما ينماز ببعد معرفي أيديولوجي، اكتسبه بسبب عمله المباشر مع الشّهواني، مما وسع لديه الآفاق للغور عميقاً، بوصفه إحدى بؤرتي توصيل المغامرة (محتوى الحكاية)، أما الثاني فقد أخذ على عاتقه مهمة السّرد التأريخي، المتعلق بجذور المكان نفسه – أعني البركوار – ، وما قيل عن أسراره فضلاً عن ردفه معلومات متواصلة عن الشّهواني، وما دارتْ حوله من أحداث، وهو بهذا كله لا يواجه المتلقي كونه راوياً صريحاً داخل العمل، بل نجده ماثلاً في لغة أيوب نفسه، إذ يقدمه مع الرّاوي الثاني (أحمد الطّيب)، لكنّه مع ذلك يبقى معبراً بصوت مختلف له خصوصيته وأفكاره المغايرة في الأسلوب والتأثير والإضافة؛ لهذا طغتْ على الرّواية طريقتان في السّرد تتناسبان مع أسلوبي العرض والصوتين المهيمنين فيها، مما هيأ النّص فنياً لكي يغادرَ نسخة الواقع الأولى المرتبطة بالحقائق

السّياسية، إلى نسخة ثانية منقطعة عنه ترتبط بزمن السّيرة المتخيلة للشخصية والمكان.

والطريقتان هما (السّرد المباشر) وهي الأكثر، كونها ارتبطتْ بسرد الـرّاوي الأول أيوب، وحواراته الديالوجية والمنولوجيّة، و(السّرد غير المباشر) أي السّرد بواسطة وتتعلق بما نقله أيوب عن الرّاويين الثاني والثالث، ولعل حلقتي أسلوب العرض وطريقة السّرد ولّدتْا ضمنياً، حلقاتٍ سرديةً متداخلة تشكلتْ لانسياب الحكاية بسلاسة وتشويق، مثلها مثل أي عمل يبتغي التّأثير والنّجاح، إذْ شكل ذلك نمطاً من التّنوع الجميل في وظيفة الرّاوي ومستوى اللغة السّردية، بوصفهما حلقتين مكملتين لعمل الحلقتين السابقتين، فأهمية الرّاوي وتنوعه في أية حكاية، ليس مرتبطاً فقط بظهوره المبالغ، الذي يطغى على ظهور المروي له، كما يذهب لذلك الكثير من دارسي السّرد[13]، بل مرتبط أيضاً بدوره التّمثيلي الذي من خلاله يستطيع افتراض حكايات مغايرة للواقع الحقيقي ولواقع الحكاية ذاتها، ثم الانتقال المستمر من عوالم ممكنة إلى عوالم متخيلة مُصْطَنَعة للضرورة الجمالية التي يبتغيها السّرد.

ففضلاً عن (وظيفة التّقديم)[***] التي ينماز بها أيُّ راوٍ ينقل عالم الحكاية المتخيل، نستطيع أنْ نلمسَ وظائف أُخَر مثل: (وظيفة التّواصل) وتتحقق من خلال انفتاح الصّلة بين الرّاوي والمروي له، في أثناء اشتراك الرّاوي الأول، مع الرّاويين الآخرين بتوصيل الحكاية، لصورتها الأقرب إلى الحقيقة المفترضة الجديدة، و(وظيفة الشهادة) وتتعلق بدلالات الأخبار المنقولة وثقتها التأريخية، المرتبطة

بالمكان الخيالي والسّيرة المتخيلة، التي قصدتْ الحكاية افتراءها ثم إيهام القارئ بها، كذلك (وظيفة أيديولوجية) تحيلنا إلى واقع معهود سبق أنْ وصفتْهُ وشايةَ نص، وهي تزخر في إشارات أيوب وكلامه عن السّلطة والحاكم والحرب والتنظيم السري، فضلاً عن توافرها في الإشارات التأريخية الرّاسخة بقوة في كلمات دليل البغدادي، مما يحقق ضمنياً (الوظيفة التفسيرية)، وهو ما يصل بالسرد إلى الوظيفة الجامعة لكل ذلك معاً وهي (وظيفة ما وراء السّرد)، حيث التعليقُ المتواصلُ على الحكاية ونظامها الدّاخلي بمستوى ثانٍ وراء لغة السّرد، وتتحقق في إحالات كثيرة للرواة الثلاثة، عن مشروعية السّرد وطبيعة الحكاية ونمطية الواقع المفترض وأثر تأريخانية الحدث، فاكتسبتْ الرّواية بذلك مبدأ (الإيهام بالواقع)، وإرساء مبدأ مغاير من جماليات التّلقي، في ضوء اختبار قدرة النّص المعاصر على تصنيع خصوصيته في اختبار واقع افتراضي جديد، له قوانينه وأعرافه، وبهذا كله تحقق الرّواية صورة جمالية لـ (اللغة السّردية الهجينة) انطلاقاً من تواشجها مع الصوتين المتمركزين، في تقديم الأخبار المتواصلة، فكانتْ لغة الرّاوي الأول ذات أسلوب معاصر، معبر عن عالم اليوم ومنظومته الدالة على قوانينه، ولغة الرّاوي الثالث لغة تأريخية قديمة، يحاكي بها السّرد لغات المدونة العربيّة بأزهى عصورها، المنتجة لنصوص مثل المقامات وحكايات ألف ليلة وليلة وغيرها، لتتوازى بذلك اللغتان معاً جنباً إلى جنب، كما في تراكيب لغوية وأقاويل مثل[14] يقول أيوب: «كان الكل يعلم أنّ مَنْ يدخل البركوار لا يخرج منه إلاّ وقد استوطنتْ فيه طفيليات غريبة... أقلني سائق لاندروفر كان قليل الكلام ولم أفهم منه شيئاً ذا أهمية، مما

هيمن الصمتُ علينا طوال الطريق... ارتديتُ بدلة بيضاء وقميصاً أسود، وحبكتُ حول ياقة قميصي ربطة حمراء مرقطة بنقاط سود» يجانبه على مدى استمرار السّرد تركيب كلام دليل البغدادي الذي يقول: «الرجال الذين دخلوا مع «الفاتحين» إلى هذه البلاد، إنّما هم أخوة لنا، ولم يقلْ بأنهم «أدلاء» من «قوم تبع»..... «فضلة القمص أكلها الزحاف وفضلة الزحاف أكلها الغوغاء، وفضلة الغوغاء أكلها الطّيار» ولكنّه لم يفصحْ عمّا كان يقصده: أهم أولاء الإماء أم سفلة الناس؟»»، وبهذا تمتزج لغتان اجتماعيتان في خطاب سردي واحد مُهجّن، وهما معبرتان في الوقت نفسه، عن وعيين متضادين في إدراك الحكاية والنّزوع لتحليل أسرارها، بأسلوب ما أسماه باختين بـ (التّهجين الواعي أو الإرادي)[15] للوصول إلى صورة لغوية مُشَخَصَة، وهذا يؤدي – كما أرى – إلى حوار افتراضي ذي معنى دلالي، لإحداث تطابق بين زمني السّرد والقراءة في أثناء الوشاية الواقعية، وكسر ذلك عند نشوء الوهم والانتقال إلى الافتراض الحكائي المتخيل.

وإذا كان السّردُ في (أجنحة البركوار) قائماً، على ثلاثة رواة مرتبطين مركزياً براوٍ مركزي واحد، مع اختلاف الرّؤى الأيديولوجية والتّبئير، فإنّ السّرد في رواية (واحة الغروب) للروائي بهاء طاهر، تنماز بديمقراطية أكثر في تعدد الرّواة، وعدم ارتباط رؤاهم ببعض أيديولوجياً، مما يولّد نزعة تعارض واضحة في الرّواية، عملتْ على تشظي وتغاير الحدث، تمهيداً لنشوء فكرة الافتراض؛ بسبب الاختلاف الواضح على سرد الحادثة ذاتها، مما يؤدي إلى خلخلة

الواقع وتغيير القناعة بأحداثه، ولعل ما مهد فعلاً لهذا الافتراض تنويه المؤلف قبل بدء الحكاية، حيث امتزاج الحقيقة بالوهم السّردي، فليس من حقيقة ثابتة من حكاية الضابط، المكلف نهاية القرن التاسع عشر بإدارة الواحة، سوى اسمه (محمود عزمي)، وليس هناك أية إشارة واقعية ثانية مرتبطة بحقيقته أو سيرته، وقد دعمتْ حقيقة الاسم حقائق تأريخية وجغرافية، مثل المرحلة التي بدأتْ منها الحكاية ممثلة بالاجتياح الإنجليزي لمصر، وثورة عرابي ثم المكان نفسه ممثلاً بالواحة، إذ تُقدم مكونات الرّواية الفنية عن طريق سرد متعدد يتناوب عليه خمسةُ رواة لتمثيل حكايتها، أي أنّ الحدث واحد في زمان ومكان ثابتين، لكنّ الاختلاف متحصل من خلال الاختلاف في وجهات النّظر، الناتج عن تناوب الرّواة الخمسة (محمود، كاثرين، الإسكندر الأكبر، الشيخ يحيى، الشيخ صابر) الذين يتقاسمون أجزاء الرّواية، وهذا ما يولّد قبولاً واضحاً لمصداقية الوهم وافتراء الحقيقة، على الرغم من أنّ المتخيل السّردي في الرّواية، قد دُعم بثوابت منطقية وحقيقية، مثل التّأريخ والمكان واسم الشّخصية ذاتها، وهنا يقبع كلام الرّاويين الأول (محمود) والثاني (كاثرين)، بوصفهما بؤرتين متناقضتين في الأفكار والثّقافة، لكنّهما يتوحدان كونهما شاهدين على مرحلة من تأريخ المكان، الذي تدور فيه الأحداث المتخيلة، وما يساعد على ذلك شخصية محمود المتناقضة المأزومة ذات الطابع الإشكالي، بتمسكه بأرضه وعقيدته الوطنية المتشككة تجاه الاحتلال الإنجليزي، وشخصية كاثرين المتفائلة المحبة للبحث عن الحقيقة، كما ورثتها من ثقافتها الإيرلندية المعادية للاحتلال الإنجليزي، كذلك شخصية الشيخ يحيى الهادئة المحبة للسلام، مع شخصية الشيخ صابر

العنيدة المحبة للعنف والسلطة[16]: «««أزمتي؟ تسألني كاثرين عن أزمتي؟ أسأل أنا نفسي؟.. في ثوانٍ معدودة سقطتْ صورة ماضٍ كاذب رسمتُه لنفسي، وسقطتْ معها كل أفكاري المنافقة عن الحياة والموت»... «يغوص محمود داخل نفسه، أراه يغوص أكثر فأكثر.. قرأتُ كل شيء عن هذه الصحراء وعن سيوة قبل أن نبدأ الرحلة.. اعتقدتُ أني لن أكتشف جديداً ولن يدهشني شيء.. لكنّ الكتب لم تحدثني عن الصحراء الحقيقية»... «تحيرني الدعوة التي أرسلها الشيخ صابر بالأمس، بأن يكون اجتماع الأجواد اليوم في بيته.. فليهنأ صابر بالرئاسة لكني آخذ حذري منه.. لا أرتاح له أبداً لا أرتاح له أبداً لا يصل إلى مقصده صراحة»... «ما الذي يمكنك أن تقوله أو أن تفعله الآن يا يحيى للدفاع عن مليكة؟.. تفسد عليّ أمري دائماً بطيبتك الزائفة وتأريخك الزائف»»».

فأسلوب تعدد الرّواة[17] – كما هو راسخ نقدياً – لا يسمح بتقديم الحقيقة في ضمن جوانبها المختلفة، أو يقدم الأحداث التي تقع جميعاً في وقت واحد، أو حتى يبرز الجوانب المختلفة للحقيقة فقط، بل يتعدى ذلك ليكون أكسيراً إيجابياً في خلط الوهم بالحقيقة، مما يجعل سمة الافتراض ممكنة جداً، لأننا نتعامل مع متخيل سردي متبدل في كل وحدة حكائية بحسب تجدد الحقيقة الواحدة، مما يجعل الرّواية نسخة مفترضة عن واقع متخيل مرتبط بمفاهيم حقيقية منطلقة من التأريخ، وهذا يؤدي إلى نشوء حكاية داخل حكاية لواقع خيالي مفترض واحد، وهو كفيل بنقض قناعات التّلقي والبحث في زوايا الوهم، كما في لجوء النّص إلى ظاهرة (السّرد المتكرر)، بسرد حادثة الصخرة التي

مزقتْ ساق العسكري إبراهيم، وتمثيلها حكائياً أكثر من مرة على لسان محمود وكاثرين والشيخ صابر، محاولة في تكسير رتابة الواقع للحدث وتمويهه خيالياً، ولعل تقسيم الرّواة في واحة الغروب، على وحدات سردية ذات رؤى وملفوظ مختلف، يولد ضمنياً ذلك الكسر الجمالي لقناعات المتلقي في إبعاد النّص عن الواقع المباشر، كونه قادراً على تأثيث عالمه بنفسه بما فيه من منظومات وقوانين تحاكي واقع الواحة الفعلي لكنّه لا ينقله، بل يجتهد لكي تختفي النّسخة الحقيقية للواحة من ذاكرة المتلقي، مقدماً بذلك النّسخة الجديدة المفترضة، التي تنقسم بين خمس رؤى لرواة مختلفين في الفكر والعقيدة والانتماء.

فما يقابل حكاية محمود وكاثرين على تناقضاتها في سرد القضية ذاتها، حكاية (الشيخ يحيى) و(الشيخ صابر)، في سرد قضية الواحة من وجهتي نظر متعارضتين تماماً، لا بل تنم عن (صراع عنصري) يقابل (الصراع الثقافي) بين محمود وكاثرين، وهنا ثمة مدلول عملي تنتجه (نسخة الواحة المتخيلة) بعيداً عن واحة سيوة الحقيقية، وهو مدلول يبتعد فيه النّص عن دلالة الرّمز لواقعيته، حيث (تجاور الخلاف والائتلاف) معاً، (فخلاف) الشّرقيين مع الغربيين عند الشيخين، معنى يقابل (خلاف) الغرب مع الشّرق المتجسد بين محمود وكاثرين، و(ائتلاف) الشّيخين في عداء الحكومة الموالية للاحتلال عند دفع الضرائب، يقابل (ائتلاف) محمود وكاثرين للاحتلال الإنجليزي الذي استباح بلديهما، لكنّ بين هذا التّجاور يمكث الحياد التّأريخي لمخيلة الواقع المكاني، ممثلة بسرد الرّاوي الخامس (الإسكندر الأكبر)، عندما يعلو سرد الحكاية معه على واقع

النّص ليغوص في افتراضات التأريخ والأساطير، مما له علاقة فعلية فيما بعد، بمكان الواحة والمعبد وبحث كاثرين الدؤوب عن الحقيقة الزّائفة وراء أسطورة المكان، مما يعمل على توليد حالة من (التّهجين السّردي)، بسبب تداخل لغات وأفعال ورؤى وأيديولوجيات الرّواة جميعاً داخل النّص الرّوائي، فيولد ما يطلق علية باختين أسلوبياً (صورة اللغة)، حيث امتزاجُ تتعالق فيه اللغات والحوارات والأزمنة والفوارق الثقافية والسوسيولوجية[18]، للوصول إلى حالة خاصة من الصورة الرّوائية المختلفة عن جذورها الأصلية، التي تسعى جمالياً لإنتاج مغاير يتقصد كسر وتحطيم القوانين القديمة، كما حصل في واحة الغروب عندما عمل النّص على توليد محكيات متداولة في الواقع الشعبي والخرافي للمجتمع المصري، وإعادة اصطناعها ممثلة بحكاية شخصية مليكة (الغولة).

إذاً، فإنَّ تداخل الحلقات والأساليب والرّؤى السّرديّة وتكرارها على مدى الرّوايتين – أجنحة البركوار، واحة الغروب – ولّد تنوعاً إيقاعياً من التّمثيل الموحي بجمود الزّمن وعمومية المكان وشعبية الشخصيات، وهو في حقيقة الأمر يمثل حركة سردية مستمرة، ليس في الماضي والحاضر والمستقبل، بقدر ما هي أشبه بالمراوحة في المشهد بأسلوب لولبي ما إنْ نتخطاه حتى نعود إليه؛ كون النّص يواجهنا باستمرار مع أصوت الرّواة وأساليبهم ولغتهم في الحكي، الأساليب المتبينة في النّص، على شكل وحدات محكيّة مكررة، مع تطور الحدث فيها طبعاً، ولعل هذا ما منح الرّوايتين، القدرة العالية في تمويه الواقع ومخادعته، للوصول إلى حالة من كسر أفق التّلقي،

بسبب افتراض واقعية مغايرة للأرضية المرجعية، التي انطلقتْ منها الأحداث، مما أدى إلى غياب الواقع وأفوله.

- الرّوحُ العَالمِيُ:

سبق أنْ أكدتُ على مقولة النّاقد نبيل سليمان، بخصوص رواية أجنحة البركوار، الموصوفة بـ (استراتيجيّة اللاتعيين)، وهي دالة ضمنياً في معناها المعرفي – كما أجد –، على الرّؤية السّردية للواقع المفترض بحثاً عن لا مركزية في النّص ولا مركزية في تلقيه على وفق ظروف إنتاجه، ومؤثرات الثقافة المحلية التي تصبغ النّص بأيديولوجيتها دائماً، مما يسلبه ذلك سمة الزمكانيّة المحليّة، ليكتسب سمة العالمية أو الكونية، كون الآداب أو الدّراسات الثقافية بعامة، تبتعد عن محليتها من خلال الخروج من نطاق اللغة والقومية طلباً لكل جديد ومغاير، وهي توازي بذلك في العصر الحاضر، أية مهنة شاملة عامة لكل البشرية، مثل التّجارة والاتصالات والنظم الجامعية وغيرها، فالثقافة ليستْ نظاماً محلياً مرتبطاً بالجغرافية، لأنّها في حقيقتها جملة من، الصفقات، والعمليات، والتّحولات، والممارسات، والتّكنولوجيات، والمؤسسات، التي تنتج أشياء وأحداثاً، تُكتشف وتتم معايشتها عن طريق المعنى والقيمة، لهذا هي معنية بالمجتمعات جميعاً، وليستْ معنية بمجتمع واحد محدد[19].

من هنا يمكننا البدء في الحديث عن سمة العالمية، وقدرتها في افتراض واقع ممكن تصوره في أي مجتمع وعند أي ثقافة، فعندما يحقق النّص روحاً ومعنًى أدبياً غير منتمٍ أو غير مقيد بثقافة محلية (local)،

فإنّه حينذاك يمكن أنْ يوصفَ بكونه عالمياً (Universality)، أي أنّه يتعدى سياقات الواقع المحلي، الذي ارتبطتْ به الكتابة أيديولوجياً، من حيث الدّلالة والوقائع؛ ليلامس بذلك العالمي / الكوني المشترك بين الحضارات على مختلف الصُعد الجماليّة والمعرفيّة والسوسيوثقافيّة، ولعل أهم القضايا التي تجذب أي نص لواقعه الإنتاجي الثقافي وتثبته في أرضيته التّداولية المحلية، تتمثل بأصالة اللغة وحقيقة الواقع، ثم الهويّة الفعلية، والتأريخ الصحيح الفعلي لأي ثقافة أو مجتمع[20]، وهذا أمر يؤكد من دون أي شك، أنّ الرّؤية الشاملة / العالمية، مهمة جداً في التمهيد لموت الواقع الحقيقي المرتبط بالمحاكاة الأولى لأي نص، بحثاً عن واقع جديد مغاير، يصلح لكل الثقافات والمجتمعات، من دون الانغلاق الجغرافي على مكان بذاته، مما يمهد للافتراض في الأحداث والمكونات السّردية جميعاً، بما يعبّر عن الرّوح الإنساني الشّامل، قبل تعبيره عن حدود جغرافية أو ثقافية محددة ومعروفة، ولو عدنا إلى رواية (أجنحة البركوار) وجدنا أنّها تحتفي بذلك على مستويي البناء والدّلالة معاً؛ فالحبكة والشخصيات والخطاب السّردي وزوايا حكيه ولغته تتشكل جميعاً بشيء من الشّمول الذي لا يمثل منطقة أو ثقافة أو تأريخاً معيناً، بل هي مكونات فنيّة صالحة لوصف، أيَّ وضع مماثل في أي مجتمع إنساني واقعي أو متخيل افتراضيّاً، فسرد سيرة أدهم الشهواني بما فيها من أسرار وملابسات، مثل نمطية الدكتاتور والانتهازيين والمتسلقين للحكم، وما يدور في ذلك من حكايات غريبة، تمتْ للواقع القريب أو التأريخ البعيد بصلة معينة، يمكن أنْ نستخلصها من أي عالم أدبي يعالج العناصر ذاتها، ولاسيما ما يدور حول الرّيمشن من كلام سري، يبحث في دهاليزها

وظلاميتها، بوصفها مكاناً لمكوث المتسلط ومراقبته للحاشية والمقربين، فهي تذكر بقوة بشاشة المراقبة، لشخصية الدكتاتور/ الأخ الأكبر في رواية (1984) لجورج أورويل، وتلك العين السحريّة المراقبة، التابعة للروح التّسلطي الشّرير في الرّواية الفنتازية (The Lord of the Rings) للروائي البريطاني ج.تولكين.

بمعنى أنّ ما يحدث في البركوار وأسلوب التّعبير عنه، لا يدلان على مكان معين أو بلد معروف أو حتى زمن محدد لشخصيات لها تأريخها المعروف، فهو ممكن أنْ يحدث في أي مكان وزمان وفي أي بلد أو أُمة، فالوحدة السّردية التي تتحدث عن مصير الشهواني بلغة مثل: «لأنّ الحكم في هذه البلاد ورث «عبادة الفرد» عبر التأريخ، لهذا لم نتعلمْ الشورى من قبل، ولم نتعلمْ الديمقراطية من بعد»[21]، تحيل – للوهلة الأولى – بدلالة واقعها الثقافي الإنتاجي، إلى واقع سياسي معروف في العراق؛ لكنّ الرّواية حَرَمتْ اللغة هذه الخيانة المشروعة للنص لتبقيها لمكونات المروي فقط، ففرغتها من كل إشارة مباشرة، لتكون معرفيّة عامة شاملة لكل ما تتطابق معه، من حيث تعميم المأساة والرّوح الإنساني فيها، وهذه ثيمات ذات طابع فكري، مرتبطة بالوجود البشري وتعمل على تحويل النّص الرّوائي، إلى منظومة يمتزج بداخلها الحياتي بالتّأملي والغامض بالمكشوف، بحثاً عن مجاورة فعلية للحدس التّأويلي المجرِب، وهو ما لم تستطعْ روايات أُخر مجاراته، عندما عالجتْ ثيمة قريبة من هذه، مع وعي مؤلفيها بالفارق بين الواقعي والمتخيل الافتراضي، كما في رواية مهدي حيدر (عالم صدام حسين) التي عمل فيها على تصنيع واقع

جديد منطلق من الأول؛ لكنّه لم يقطع مرجعيات تأريخية دالة للحدث والشخصيات والزمان والمكان، ففعل (الكتابة) متجسدٌ في حوار عام مع فعل (القراءة)، لبناء سرد مستند في مبادئه إلى حقبة جديدة، من حقب تطور الرّواية العربيّة الحديثة والمعاصرة، وتحديداً في قدرتها على تشخيص العلاقة الجدلية، بين المادة السّردية والمادة ما وراء التأريخ، في حضرة متلقٍ واعٍ يدرك هندسة النّص وتصميمه السّيميائي الدّال، كون انشطارُ البنية السّردية لصوتين دالين، يرتبط أحدهما بالماضي الشّامل والآخر بالحاضر التّام بأحداثه، جواً سائداً في المدونات الإنسانية جميعاً، ولاسيما السّردية منها حيث التّلاعب الذّكي بتقديم ما فوق الواقع، والعمل على تنوع الدّلالة: «أعترف بأنني جزء من سيرة البركوار، عشت أمجاده وانكساراته التي لا تعد ولا تحصى، حتى أيقنت لماذا اختارني السيد أدهم الشهواني كاتباً له... تبدأ أجنحة البركوار من أروقة متشابهة موصولة بسلالم متغيرة خادعة للحواس... كانت الأبواب تنفتح لتسد على أبواب أخرى، فأسمع هديراً يتناهى إليّ كلما مررت من سرداب المؤن... يبدأ النفق الأرضي من طي المخفي من داخل حجرة الشهواني، وينزل عبر سلّم متدرج إلى قبو نصف مضاء، ثم يتجه نحو نفق محفور أسفل البركوار...»[22].

فمن خلال هذا (التّذويت بالكتابة)[****] يتلقى القارئ مكونات البنية السّردية، من شخصيات وأحداث وأسلوب تمثيل الحكاية، ليستْ بمعزل عنه كونها متصلة بنمط حياتي عاش فيه أو سمع عنه، فثمة عنصر تعميمي حاضر في النّص، ممكن أنْ يجتذب الجميع من دون

خصوصية أيديولوجية أو ثقافية، مما يسهل قراءة وترجمة مثل هكذا نص لشمولية ما يعبّر عنه، بوصفه وسيطاً بين أذواق متعددة، فعالمية (أدهم الشهواني)، تتحقق لا بتذويت أنا الرّاوي السّارد التي تمثل الأنا الثانية للمؤلف فقط، بل تتحقق بتذويت سماته الممكن تشخيصها على أي دكتاتور شهير في العالم أيضاً، مع اختلاف الاسم والمكان (البركوار) والهيأة والزّمان طبعاً، فما يعبّر عن هذه المكونات ليس واقعها، بل الافتراض الشخصي المحمّل فيها، بوصفها مثلاً أعلى له عقيدة وكيان وقدرة على التّواجد والتّأثير، وهنا يكمن سرُّ عالميتها وسرّ قيمة هذه الرّواية، التي سلطتْ ضوءاً ساطعاً على فرديّة الإنسان وخصوصيته، على الرغم من غلبة الغيرية القاتلة وسطوة الرقابة الجماعية التي تعاني منها المجتمعات جميعاً، نتيجة لذلك كله استطاعتْ رواية (أجنحة البركوار)، أنْ تقدمَ كتابة معاصرة شاملة في رؤيتها للعالم، لا تتحدد بواقع أو تأريخ معينين، ويتجاور فيها معاً، اليومي والتأريخي والاعتيادي والأسطوري والمصيري والوجودي، متجاوزة بذلك التّصريحَ إلى التلميح، جامعة الأسئلة الفلسفية بالتّجارب الفردية، عبر الحياة المعرفيّة لشخصياتها، لإنشاء نمط من الصيرورة قيد التّشكل، وهي بهذا تلتقط خصوصيتها من تجربة الأفراد والثقافات وتغرسها في أحداثها للوصول إلى أفق إنساني مسكوت عنه، يتجلى عبر الافتراض والتّفكير وتصنيع الأسباب الفاعلة في بناء الواقع وهدمه.

إنّ الحديث عن عالمية الخطاب الرّوائي العربي، وروحية الافتراض الواقعي فيه، يذكرني بذلك القول الشّهير للروائي نجيب

محفوظ واصفاً شهرته المحلية بالظهور إذ قال: (عندما بدأتُ الكتابة الرّوائية كنتُ مطلعاً على الاتجاهات الطلائعية والحديثة، لكنّني آثرتُ الأسلوب الواقعي، لأنّه أقدر على تصوير الواقع المصري)، أقول: يذكرني لأنّه ذو دلالتين معرفيتين على روح الكتابة وتناقضاتها، الأولى وهي الأقرب لظاهر النّص، تدل على محليته وخصوصية الواقع الذي ينتمي إليه، وهو بعيد عن الأساليب التي تُخْرِج أي نص من محليته إلى عالمية منشودة، أما الثانية وهي الأقرب للرؤية التي نريد إثباتها هنا، تدل على قدرة كاتب استطاع تفخيم المحلي واليومي المرتبط بواقع مجتمع معين، ليغدو معبراً عن تجربة إنسانية عامة، كما فعل مع الحارة المصرية وكما فعل (فؤاد التكرلي) عندما استطاع أنْ يسمو بظروف شخصيات الطبقة الوسطى في المجتمع العراقي، من جذورها المحلية البغدادية لتغدو حالة إنسانية عامة ممكن أنْ تؤثر في أي مجتمع بشري، وهنا في حقيقة الأمر تميل الرّواية التي تأخذ هذا المنحى، إلى ما يشبه (المهرب المكاني) عند المعنيين بـ (الجغرافيات الافتراضية والاقتصادية)، حيث السّعي لتخطي حدود القومية المحليّة، يمثل المهرب المكاني لتراكم الإنتاج وفتح أسواق جديدة في بلدان مختلفة، وهذا فعلاً ما يتحقق في الرّواية من عملية تصعيد المحلي المقصود، وتعميمه بوصفه سلعة صالحة لأي مجتمع أو أية ثقافة، وحتى في ضمن مفاهيم العولمة المعاصرة، يتحقق من خلال ما يسمى بـ (التّعولم المحلي glocalization)، أي عندما يسمو المحلي بسمات العالمي، وتتبدل هويّته بحسب المكان والطريقة للوصول على حالة ثقافية هجينة، تسقط قوانين واقع معين على آخر بديل، قابل للتغيير والتّحول إلى صورة جديدة[23]، ففي رواية

(حائط المبكى) للروائي عز الدين جلاوجي، تتراءى منذ البدء صفة اصطناع نسخة افتراضية على يد فنان تشكيلي يحيك حكايته بسرد ذاتي من داخل العمل، وهي تلوح بأسلوب جرائم القتل والغموض المعهودين في قصص الجريمة والرّوايات البوليسية، لكنّ ما يجعل من هذه الرّواية ذات واقعية افتراضية محتملة لعالمية الرّؤية، ذلك السّرد الذي يماهي واقعاً حقيقياً خلف جريمة القتل والعنف ليسمو بها، بوصفها حدثاً إنسانياً عابراً للحدود الجغرافية، فالأحداث وإنْ تتم بين مدن جزائرية ومغربية، إلاّ أنّها تحمل بذرة الكونية داخلها كونها تصلح في أية مدينة بالعالم، فلو ترجمتْ يمكن أن يتناغم معها أو يتقبلها أي قارئ بوصفها حدثاً ممكناً في تقبله بعيداً عن الغرابة: «اشتد صراخي وأنا أغسل يديّ من الدم للمرة الألف دون جدوى، لم يكن أمامي هذه المرة إلاّ رأس السمراء، ملقى على الطاولة والدم يتفجر من أوردة الرقبة، وقد ارتسمتْ على ملامحها ابتسامة عريضة، لم تكن غير ابتسامة ساخرة مما أنا فيه»[24]، فالنّص في ضمن هذا السّرد، يوهم المتلقي تماماً بحديث يجمع بين حقيقة الحدث الواقعي في ضمن قوانينه الجمالية البنيوية (النّسخة الثانية)، التي تحاكي حقيقة الحدث الواقعي كما يمكن حدوثه في أي واقع اجتماعي (النّسخة الأولى)، ووهم المتخيل الافتراضي الذي تمثّل باللوحة المرسومة للقتيلة (النّسخة الثالثة)، وهذا الافتراض لجريمة القتل يفرغ النّص من محتواه الأيديولوجي، الذي يمكن أنّ يحيل المتلقي إلى محليّة معينة بحسب موجهاته خارج النّصية، إذ إنّنا يمكن أنْ نغفل تلك الموجهات للتأكيد على خصوصية التّجريد والعمومية.

لكنّني هنا أكرر تأكيدي لرفض فكرة السّمو بالمحلي القومي،

ليغدو عالمياً كما ذهب لذلك بعض المقارنين، وإثبات فكرة جغرافية المهرب المكاني التي تتخطى الحدود الواقعي إلى الافتراضي، من خلال دمج الصورة بواقعها والتّخلي عن القيود المجسدة للأمكنة الحقيقية كلها، وهذا ما يجعل اللوحة المرسومة بالرّواية، أشبه بتلك الصور المصطنعة التي تكلم عنها بودريار كثيراً، عندما تنوب الصورة عن الواقع الذي تمثله، فيتساوى الدّال والمدلول معاً، كون الأشياء جميعاً متواصلة زمانياً ومكانياً، مما يرسخ التّمثيل العالمي بدلاً من التشبيه المحلي، على خلاف ما ذهبتْ إليه (باسكال كازنوفا) التي وجدتْ أنّ صناعة العالمية الأدبية، متحققة بأمرين: محلية المدينة ممثلة بباريس، وترجمة النّص كون اللغة تمثل التّاقل الذي يؤدي إلى المنافسة العالمية[25]، فمشهد مثل: «ربما لا تعدو أن تكون حكاية السفاح إلاّ هلوسات لا معنى لها، من يقدر على فعل كل ذلك؟ وما الدافع؟ وكيف تسكت الشرطة عني إلى هذه اللحظة؟ اللعنة، لكنّ شريط الأحداث يمر أمامي الآن بكل تفاصيله، وأدقها أيضاً، انكمشت ثانية وصيحات الفتاة القتيلة تزلزل علي أركان البيت كله»[26]، يؤكد بشكل صريح وعي النّص، بضرورات خلق تشويش في إدراك واقع اللوحة، والعمل على تداخلها مع شخصية القتيلة، لكي تتساوى هنا الحقيقة بالمتخيل في ذهنية الرّسام الموهوم بواقع الأشياء، كما حصل في الصفحة (102) من الرّواية، عندما يبدأ راويها الرّسام بوصف ألوان لوحته، وطريقة رسمه لدرجة التّداخل الكلي بين الشخصيتين، المرسومة والمقتولة بوصفهما نسخة واحدة مزيفة عن الواقع، وكأنّ الرّواية هكذا تتخلص من جميع عوائق الجغرافية المحلية، بوصفها خطاباً جمالياً موجهاً للعالم البشري، بقطع النّظر عن المكان

والأيديولوجية والثّقافة السّائدة، أي عولمة جغرافية[27]، تؤدي إلى صورة جديدة مغايرة، كونها تكثف الإحساس الإنساني بالعالم، ماحية الحدود والفواصل، للوصول إلى نسخة مفترضة عن الواقع، تصلح للمجتمعات جميعاً من دون أي انتماء لثقافة محلية سائدة، مما له علاقة مباشرة بقدرة الرّوائي العربي، على اختراع أشكال فنية مناسبة لثقافة الآخر، لكنّها تحمل خصوصية ثقافته، وهذا ما يميّز النّص الرّوائي العربيّ المعاصر، في استيعاب التّحولات المعرفيّة المهمة، والتّعبير عنها جمالياً ولكن بوعي افتراضي، يدرك واقعه جيداً غير أنّه يبحث عن البديل.

إحالات الفصل الأول:

(1) ينظر: المصطنع والاصطناع: ص 52.

(*) يعد الرّوائي والنّاقد العراقي (عباس عبد جاسم)، أول مَنْ أشار إلى مصطلح الواقعية الافتراضية بشكل مبكر، قبل أنْ تأخذ صداها في مشهد النّقد الأدبي العربي بشكل واضح وصريح، ومع أنّه لم يكن حينها واعياً بالمصطلح على وفق علاقته بمؤثرات العالم التكنولوجي، وقد قصد به وهو يتحدث على عالم محمد خضير القصصي، الفنية العالية والجدة في بناء عالم القصة، إلاّ أنّه طوّر المصطلح فيما بعد، عندما ربطه بمفاهيم فلسفية للفيزياء الكوانطية والواقعية الرياضية أو الواقعية الاحتمالية الكوانطية. ينظر في ذلك: قضايا القصة العراقية المعاصرة (دراسات نقدية): عباس عبد جاسم: دار الرشيد للنشر (العراق): 1982: ص 28. ما وراء السرد – ما وراء الرواية: ص 31.

(2) أجنحة البركوار: عباس عبد جاسم: دار الحوار (سوريا):2014 : ص 5.

(3) نفسه: ص 17. تطريسات (مجموعة قصصية): عباس عبد جاسم: دار الشؤون الثقافية العامة (بغداد): ط1 – 2002: ص 43.

(4) أجنحة البركوار: ص 122.

(5) A Theory of Literary Production: Pierre Macherey: Translated from French by Geoffrey Wall: London, Routledge& kagan paul: 1978: P61.

(6) محنة فينوس: أحمد خلف: مؤسسة ثائر العصامي للطباعة والنشر: ط3 – 2018: ص 7.

(7) ينظر: أدب الفنتازيا مدخل إلى الواقع: ص 9 – 11. معجم المصطلحات الأدبية المعاصرة: د. سعيد علوش: دار الكتاب اللبناني (بيروت): ط1 – 1985: ص 236. معجم السّرديات: إشراف محمد القاضي: تأليف جماعي: دار محمد علي للنشر (تونس) – دار الفارابي (لبنان): ط1 – 2010: ص 75.

(**) يعد القاص والمسـرحي العراقي جليل القيسـي، واحداً من أفضل الكتاب العرب الذين أجادوا هذا الأسـلوب، على وفق مفهوم (السيرفكشـن) في ضمن رحلة خيالية افتراضية، تستحضر شخصيات أدبية وتأريخية وأسطورية، ولعل مجموعته القصصية (مملكة الانعكاسـات الضوئية – 1995) زاخرة بهذا النّمط الكتابي المعاصر.

(8) ينظر: الكائن الظل: إسـماعيل فهد إسماعيل: دار الهلال: 1999: ص 10 – 20. وينظر أيضاً: المصطنع والاصطناع: ص 52.

(9) ينظـر: معجم السّـرديات: ص 76 – 77. أدب الفنتازيـا مدخل إلى الواقع: ص 191.

(10) المقامـة البصريـة العصريـة (حكاية مدينة): مهدي عيسـى الصقر: دار الشؤون الثقافية (بغداد): ط1 – 2005: ص 5 – 6.

(11) ينظر: أشكال الزمان والمكان في الرواية: ميخائيل باختين: ترجمة يوسف حلاق: منشورات وزارة الثقافة (دمشق): 1990: ص 67، 80.

(12) أجنحة البركوار: ص 7 – 8.

(13) ينظر: علم السّـرد (المحتوى والخطاب والدلالة): د. الصادق بن الناعس قسـومة: منشـورات وزارة التعليم العالي (السعودية): سلسـلة رسائل جامعية (107): 2009: ص 250.

*** للاطـلاع على تفاصيل أكثـر لمهمة الرّاوي ووظائفـه ينظر: مدخل إلى نظرية القصة – تحليلاً وتطبيقاً – : سمير المرزوقي وجميل شاكر: دار الشؤون الثقافية (بغداد) – الدار التونسـية للنشر: 1986: ص 103 وما بعدها. علم السّرد (المحتوى والخطاب والدلالة): ص 252 وما بعدها.

(14) أجنحة البركوار: ص 9، 20، 24، 42.

(15) ينظر: الخطاب الرّوائي: ميخائيل باختين: ترجمة محمد برادة: دار الفكر للدراسات والنشر والتوزيع (القاهرة): ط1 – 1987: ص 120 وما بعدها. الكلمة في الرواية: ميخائيل باختين: ترجمة يوسـف حلاق: منشـورات وزارة الثقافة (دمشق): 1988: ص 144 وما بعدها. أسلوبية الرواية (مدخل نظري): د. حميد لحمداني: منشورات دراسات: سال (الدار البيضاء): ط1 – 1989: ص 83 وما بعدها.

(16) واحــة الغروب: بهاء طاهر: دار الشــروق (القاهرة): ط11 – 2013: ص 56، 147، 68 – 69، 193.

(17) ينظــر: الراوي والنــص القصصي: د. عبد الرحيم الكردي: مكتبة الآداب (القاهرة): ط1 – 2006: ص 139 – 140. بنية النص السردي (من منظور النقد الأدبي): د. حميد لحمداني: المركز الثقافي العربي: ط3 – 2000: ص 49.

(18) ينظر: الخطاب الروائي: ص 118 وما بعدها.

(19) ينظــر: الأدب المقــارن: د. محمــد غنيمي هلال: نهضــة مصر للطباعة والنشــر والتوزيع: ط3 – 2004: ص 93 وما بعدها. الدراســات الثقافية (مقدمة نقديــة): ســايمون ديورنــغ: ترجمة د. ممدوح يوســف عمران: عالــم المعرفة (الكويت): 2015: ص 21 وما بعدها.

(20) ينظر دراســة: (الرواية العربية بين المحلية والعالمية – الرواية العربية: الكونية أفقاً): د. محمد برادة: وهي منشــورة فــي ضمن كتاب: الرواية العربية (ممكنات السرد): تأليف مشترك: أعمال الندوة الرئيسة لمهرجان القرين الثقافي الحادي عشر – 2004: دولة الكويت – 2006: ص 14.

(21) أجنحة البركوار: ص 60.

(22) نفسه: ص 8، 11 – 12.

**** يطلق د. محمد برادة هذه التسمية، على نمط الكتابة الرّوائية التي يعتمد فيها المؤلف، على إضفاء ســمات ذاتية على كتابتــه، بربطها بحياته وتجربته، وجعل صوته حاضراً فيها مع الأصوات الرّوائية، لتمييز الرّواية عن غيرها من الخطابات الأخرى التي تعتمد القيم والأفكار، وبهذا تكون الرؤية للعالم الرّوائي مرتبطة بسمات الذات الكاتبة، وهي في الحقيقة تقترب من ذلك الرأي الذي أكده باختين في تحرير الأصوات داخل النّص الرّوائي، فيكون لكل شخصية صوتها فضــلاً عن صــوت مؤلفها. ينظر: الرّوايــة العربيّة ورهــان التجديد: د. محمد برادة: دار الصدى للصحافة والنشر والتوزيع: دبي – ط1:2011 : ص 67.

(23) ينظــر: الرّواية العربيّة ورهان التجديد: ص 39. الجغرافيات الافتراضية (أجســام وفضاء وعلاقات): تأليف مشــترك: ترجمة عدنان حســن: منشورات الهيئــة العامة الســورية للكتاب (دمشــق): 2011: ص 132. مفاتيح اصطلاحية جديدة (معجم مصطلحات الثقافة والمجتمع): ص 519.

(24) حائـط المبكى: عز الدين جلاوجي: دار المنتهى للطباعة والنشـر والتوزيع (الجزائر): ط2 – 2016: ص 13.

(25) ينظـر: الأدب المقـارن: ص 93. الجغرافيات الافتراضية (أجسـام وفضاء وعلاقـات): ص 47 وما بعدهـا. الجمهورية العالمية للآداب: باسـكال كازانوفا: ترجمة أمل الصبان: المجلس الأعلى للثقافة (مصر): 2002: ص 154 وما بعدها.

(26) حائط المبكى: ص 24.

(27) ينظـر: مفاتيح اصطلاحية جديدة (معجم مصطلحات الثقافة والمجتمع): ص 520.

الفصل الثّاني:

فنتازيا التّحول

كيفَ أصبحَ الواقعُ خرافةً؟

- مدخل أولي
- عندما يصطنع المجتمع خرافته
- المغالطة المصطنعـة (خرافة الأجزاء التي تحولتْ إلى واقع)
- مثلثُ الرّغبة (وهم العلم أم معقولية السّحر؟)

- مدخل أولي:

إنّ الحديث في مفهوم الخرافة المصطنعة بفعل واقعي، يحتم علينا العودة إلى طروحات نيتشه المبكرة والمهمة بهذا الشّأن، فقد أدرك بحسه الفلسفي للوجود، فكرة ماهية تحول الحقيقي إلى خرافي، مرسخاً ذلك بسؤال استكشافي ساخر في كتابه (أفول الأصنام) عندما استفهم بما يأتي: كيف غدا العالم الحقيقي خرافة؟، وإذا كان هذا الفيلسوف مشككاً في تحسس مادية العالم الحقيقي، كونه افتراءً ظاهرياً يحق للفنان فقط تقديمه على أنّه حقيقة فعلية - كما سبق أنْ بينتْ في بدء هذه المقاربة - ، فإنّه من باب أولى سيصل لفكرة أنّ مفهوم العالم الحقيقي، لم يعدْ صالحاً لأي شيء، ففكرة وجوده أصبحتْ مرفوضة غير مجدية، ليؤكد أنّ عالمي الحقيقة والمظاهر آفلان فعلاً ولم يعدْ لهما من وجود[1]، وحقيقة الأمر أنّنا نجد في عالم الفن السّردي، ترجمة فعلية لكلام نيتشه هذا، كما في السّرديات التي استلهمتْ الخرافة مبكراً في الثّقافتين العربية والغربية، كونها ممثلة بصورة حكائية دالة على تحولٍ في المألوف إلى فنتازي مصطنع عن حقيقة معينة، فقد حفلتْ الليالي العربيّة الشّهيرة (ألف ليلة وليلة)، بنمط التّخريف بهيأة حكايات شعبية ترتبط بالمغامرات وحكايات الشطار

والرحلة، مما جعلها بؤرة ناضجة للخيال واستلهام العجائبي والغريب مثل: البساط الطائر والفانوس السحري والعفاريت والغيلان وغيرها، لتكون مركزاً لكثير من السّرديات العربيّة والغربيّة الحديثة، في لعبة خرق قوانين الواقع.

كذلك فإنّ السّرديات الغربيّة الحديثة كانتْ بدورها أيضاً ذات نهم كبير بماهيات خرق الواقع والانتقال منه، إلى ما هو خرافي يمتلك قوانينه الخاصة على غرار قوانين الواقع، ولعل أعمالاً مثل: قصة (الأنف) لغوغول، ورواية (المسخ) لكافكا، ورواية (الثدي) لفيليب روث، ترسخ فكرة الوعي بإنتاج الخرافة بتأثير واقع معين في هذه السّرديات، ففي الأولى يتحول أنف أحد الأشخاص بعد فقدانه إلى عسكري صارم، بينما في الثانية تتحول الشخصية إلى حشرة كبيرة، وفي الثالثة تتحول شخصية أحد الرجال إلى ثدي كبير بسبب توقه للمتعة، ولا ننسى أيضاً رواية تولكين (سيد الخواتم) التي بنيتْ على اصطناع الخرافة في ضوء العالم الواقعي، مما يحيلنا إلى ما ذهب إليه النّاقد ت.ي.أبتر، في معرض حديثه عن الموضوعية الفنتازية، بأنّ النّقلة في الخيال الكتابي تُمَثّل في ضمن إطار فنتازيا التّحول في القصة الغربية الحديثة[2]، لكنّني هنا لا أريد بالتّحول الخيال المجرد، الذي هو على خلاف الحقيقي كما ذهب لذلك أبتر، بل أقصد من ذلك قدرة النّص الرّوائي على تكوين تحولٍ مختلف لفنتازيا السّرد وتمثيله، من خلال محو الحقيقي واصطناع نسخة مغايرة له، لتكون بذلك نسخة التّحول المصطنعة بديلة عن نسختين سابقتين، النّسخة الأصل الحقيقية والنّسخة المتخيلة عنها، لتظهر نسخة ثالثة تتمتع

بقوانينها الخاصة التي من خلالها تهيمن الخرافة فتبدو بديلاً للواقع، أو تتداخل معه – الخرافة والواقع – إلى الحد الذي لم يعدْ فيه مجال للتفريق بينهما، إذ إنّ استلهام السّرد الحديث لموضوعات الخرافة، ليس كما كان في السّابق مبنياً على مفاهيم خاصة، بانعكاس طبائع الشّعوب وعاداتهم وتأملاتهم للعالم، وهي – الحكاية الخرافية – وإنْ كانتْ خيالية غير منطقية لا يسودها النّظام ولا تتحدد لها بنية[3]، إلاّ أنّها تكتسب نظامها من فوضى التّكوين فيها ببرغماتية خاصة، ولاسيما من خلال ذلك المتخيل الصارخ، الذي يجعلها بديلاً لواقع انطلقتْ منه أو عبّرتْ عنه بشكل أو بآخر.

إنّ حديث الخرافة وتحولاتها في الواقع في ضمن فكر ما بعد الحداثية، بما فيه من مقولات ترفض قوانين الواقع، محاولة كسرها والانتقال إلى مستوى مغاير من المتخيل السّردي، تحت درجة فوق واقعية أو درجة مفترضة مختلفة عن يقينيات المعرفة المُؤسسة في مرحلتي ما قبل الحداثة والحداثة، أقول: إنّ هذا الحديث يعيد إلى ذهني مقترحات معرفيّة تضيء ما نود مناقشته هنا، ومنها المقاربة الفلسفية التي أجراها الفيلسوف الاجتماعي (جون ر.سيريل) عام (1995)، وهو بصدد مناقشة فكرة وجود واقع موضوعي خاص بمكونات العالم المادي من غير الإنسان مثل: المال والممتلكات والزيجات والحكومات والحفلات... وكيف لهذا العالم أنْ يتألف من جسيمات مادية داخل مجالات مترابطة واعية على غرار عالم البشر، وهي فكرة جدلية سبق للفيلسوف السيميائي (بورس) الخوض فيها عندما أراد إثبات الواقع الحقيقي للخيال، على أساس أنّ ما تنتجه

المخيلة أشياء حقيقية، وبهذا فإنّ الظواهر الذّهنية مثل التّفكير والخيال والأحلام تحمل حقيقتها في ذاتها؛ لهذا يؤكد النّاقد (روبرت شولز) بتأثير الأخير – الأحلام – أنّ صناعة الخرافة الحديثة تعتمد ما يمكن تسميته بـ (القابلية على الخطأ)، حيث اختفاء اليقين والدقة والتّأكد من نسبة أي شيء، وهو بصدد الحديث عن علاقة الخرافة بالرّواية، مع أنّ الأحلام والهلاوس وغيرها غير كافية وحدها لوصف متحولات سرد الخرافة في عصر الحداثة وما بعد الحداثية، كون النّص الروائي في هاتين المرحلتين يسجل انجذاباً افتراضياً خالصاً لعوالم الصورة والسينما وتكنولوجية إنتاج الواقع الجديد، وهو ما يبدو مركزياً في مقاربتنا هنا[4]، كون ما يعنينا محدداً برصد ذلك التّحول الجمالي المفترض، بين واقع العالم ومكوناته للحقيقة كما يمكن أنْ تؤثر في نص روائي، ومخيال الخرافة التي تصطنع سردياتها في ظل الحقيقة، لتكون بعد ذلك بديلاً لها، من خلال رؤية سوسيولوجية أو علمية أو سحرية، كون هذه الرّؤى جميعها تتمسك – هنا – بالخرافة لا بوصفها (وهْمَاً)، إنّما بوصفها (حقيقة واقعة) لكنّها مصطنعة، بسبب جذورها الفنتازية المتحولة التي حلتْ محل الواقع، وهنا يكمن أساس التّحول نحو هذا النّمط من السّرديات.

- عندما يصطنعُ المجتمعُ خُرافَتَه:

لعل واحدةً من أهم الشطحات الخيالية للإنسان، قدرتُه على تفسير الظواهر غير المفهومة في عالمه، بشيء من الفنتازيا المبالغة أو التّخريف واصطناع الوهم، بعيداً عن أي منطق أو واقع لقوانين

الحياة، ويبدو أنّ هذا الأمر يزداد طردياً كلما كانتْ هذه التخاريف معارضة للتابوات التي تتحكم بمجتمع الإنسان، محاولة منه لكشف حقيقة العالم بما يناسب وعيه، وبهذا تكون الخرافة التي يصطنعها هذا الوعي متناغمة مع المجتمع دائماً بحسب مفاهيم وعيه الجمعي، لكنّ يقينيات الوعي في هذا المجتمع، إذا ما تعرض لتحول معرفي معين، فإنّه سيعمل على تغيير خرافته بما يتناسب وهذا التّحول، فتغدو أشبه بالأسطورة أو مثالاً لعقيدة أو شبيهة بالسحر والشّعائر البدائية، وهي بدورها سوف تترسخ مع رسوخ بنية العقل ووعيه الخارج عن المنطق، على شكل حكايات شعبية مؤثرة، لتزداد بذلك حيرة الفرد بالتّمييز بين الحقيقي والمتخيل، كون الخرافة هنا لا تمحو الواقع، بل تبحث عن مطابقة معه، وهنا تكمن قابليتها على الخطأ برأي شولز السّابق، كونها لا تبتعد عن الحقيقة كثيراً عندما تسرد المتخيل على أنّه حقيقي، لأنّه سيكتسب قوانينه فيتداخل بذلك الحقيقي والمتخيل معاً[5]، وهذا هو أساس الاصطناع الذي تحولتْ إليه الخرافة في سرد مروياتنا المعاصرة، وحقيقة الأمر أنّ هذه المقترحات جادة ودقيقة، لو انطلقنا منها في إدراك العلاقة المصطنعة لتحول الواقع إلى خرافة في روايتنا ما بعد الحداثية، والكيفية التي تؤسس بها قوانينها السّردية، من خلال هذا التّحول نحو الإغراق بالفنتازيا الاجتماعية، ولو عدنا بالتّحليل النّقدي إلى رواية (آخر الملائكة) للروائي فاضل العزاوي، وجدْنا أنّها تؤسس حكايتها من منطلق ما وراء الحكاية الشعبية الخرافية، المتأثرة بعوالم الليالي وشخصية الحكواتي ورحلة صاحب المقامات، وهذه عوالم تكسر الثقة المعهودة بين قوانين الواقع والخيال، فتداول الحكايات الشعبية عن أفراد اعتياديين، جزءٌ من

الذّاكرة الجماعية للمجتمع، لكنّ الابتعاد بهذا النّمط من الشخصيات نحو الـ (ما وراء)، يجعل منها خرافة تنتجها ثقافة متداولة في مجتمع معين له قوانينه الرّاسخة، التي عملتْ الخرافة على تحويلها لواقع وحقيقة مغايرين، من هنا كانتْ شخصية (دلي إحسان) مرتبطة بايولوجيا مع الجن، وأصبح الصندوق الخشبي ذو العلامات التراثية سحرياً، وتحولتْ شخصية الغنّام/الرّاعي (خضر موسى) إلى زاهد يلتقي في مغارات خيالية، أشبه بمغارة علي بابا في رحلة السندباد البري، ثم تحولتْ مقبرة القرية إلى مزار مقدس[6].

لذا؛ يتأكد أنّ اصطناع الخرافة من الذّاكرة الشعبية الواقعية للمجتمع العراقي في المرحلة الملكية، هي ما قصدته الرّواية من منطلق أنّها لا تجافي الواقع بقدر تمسُّكِها به، فيغدو الواقع خيالاً والخيال واقعاً، وبهذا تتحدد قابليتها على الخطأ كونها لا تستطيع الوصول إلى الحقيقة، لكنّها مع ذلك تستمر بالالتصاق مع الواقع بتحويل فنتازيا الحكاية لما وراء واقعها الأصلي بموته وإبداله بجديد مختلف؛ لأنّ سرديات الفنتازيا عموماً تبتعد ظاهرياً عن واقعها الثقافي المألوف إلاّ أنّها لا تحقق تحولاً ما لم توثقْ صلتها بهذا المألوف، ثم بعدها تجتهد في إبراز الغرائبي، واللايقيني، والمتناقض، والسّحري فيه، وقد فرض ذلك أنْ تكونَ الذّاكرة الشّعبية لرواية آخر الملائكة، مؤلفة ذاتياً أكثر مما هي مُسترجعة جماعياً من الحقائق التّأريخية، كما في التّعانق بين افتراض الوهم ممثلة بـ (الأحداث المصطنعة)، في الثورة التي خططتْ لها شخصية (حميد نايلون) ضد الملك وأدتْ إلى مقتله، ورسوخ الحقيقة ممثلة بـ (الأحداث التأريخية)، في ثورة الزعيم عبد الكريم قاسم

عام (1958)، وما نتج عنها من سحرية مسختْ المجتمع وحولته عن مرتكزاته، إذ تذكر كثيراً بمتون سردية سابقة، مثل: قصص القرآن التي تمحورتْ حول المعجزات، وسحرية القرية في رواية (مائة عام من العزلة) لماركيز، عندما مثلتْ مجتمعاً خصباً لولادة الخرافات، وهو ما يصفه الرّاوي في آخر الملائكة على الشاكلة الآتية[7]: «ولد أطفال كثيرون من أمهات عذراوات، نطقوا... نبتت أسنان إضافية عند أبناء بعض الطوائف»... «ما كادت الرصاصات الثلاث تخترق جسد دلي إحسان حتى تحول إلى نافورة نار هائلة تصاعدت نحو السماء، مبرقة ومرعدة، فاهتزتْ الأرض وتزلزلت فتساقط الناس فوق بعضهم الآخر»... «ظل برهان عبد الله واقفاً في مكانه منتظراً الجنود.. كان الجنود الخضر الصغار قد أصبحوا على بعد خطوات منه.. رفع يديه عالياً. رأى يديه تتحولان إلى جناحين هائلين، ضرب بهما الهواء فارتفع عالياً محلقاً في السماء وغاب».

إنَّ النّص الرّوائي المعاصر يتبنى نزعة مضادة للواقعية المباشرة، تتبين من خلال اعتناق الخرافة ومحاولة تجسيدها بقوانين قريبة من قوانين الواقع، ثم صوغها في ذاكرة مصطنعة من الخيال أكثر مما هي مسترجعة من الحقيقة الثابتة، وهذا يعيدنا إلى تصورات سيريل الفلسفية ونباهة ت.ي.أبتر النّقدية[8]، عندما وجد الأول أنّنا «نبتكر أوصافاً قد يتفق معها العالم الفعلي أو لا يتفق، غير أنّ كل هذا ينطوي على وجود واقع مستقل بمعزل عن منظومة مفاهيمنا، فلا بد من وجود شيء نتصوره ونبتكر له المعنى، سواء أكان ما نتصوره ملائماً له أم غير ملائم...؛ [لأنّ] الوجود المفترض لعالم

خارجي مستقل يماثل أو يناظر الهيأة أو الكيفية التي يكون عليها الوجود في العالم الخارجي» وقد استنتج الثاني أنّ «في أعماق الفنتازيا في القص الحديث ثمة شك في العالم الذي تنتمي إليه الحكاية، أهو هذا العالم أم عالم مغاير تماماً؟... [فـ] ليستْ الحقيقة في العمل القصصي دراسة للاحتمالات، بل هي توظيف وكشف في آن لكافة [كذا] الاحتمالات والآفاق بغية إعطاء معادل لما يمكن أنْ يكونَ عليه عالمنا»، بمعنى أنّ الرّواية عندما تعيد إنتاج الخرافة، تكون الخرافة قد أُنتجتْ بالفعل سابقاً من قبل المجتمع، وصورة المجتمع هذه ما هي إلاّ انعكاس فني ثانٍ، لإنتاج الصورة الفردية التي أنتجها أول شخص، عن طريق المحكية الخيالية، وبذلك تتحدد ثلاث صور متتالية للخرافة، في ضمن علاقتها الجدلية بحاضنتها الأيديولوجية، ذات المدلول المعرفي لمنظومة سوسيولوجية معينة، حيث (الصورة الأولـى) تمثل الاصطناع الطبيعي لمحاكاة حالة معينة في العالم الحقيقي، تتبعها (صورة ثانية) مصطنعة أو محاكاة للمحاكاة، عندما يلتقطها الأفراد بوصفها محكية موغلة بالقدم لتكون مدونة راسخة في وعيهم الجمعي، لتكون (الصورة الثالثة) النهائية تعبيراً عن قطع الصلة بأصل الصورة / الخرافة، فتبدو اصطناعاً للاصطناع وهي الصورة السّردية الفنية التي تقدمها الرّواية، بهيأة جديدة تعبر عن واقع جديد مفترض، منقطع الصلة عن الواقع الحقيقي، أنتَجها بعد الموت الحقيقي فأصبح بديلاً له.

فالأشخاص الذين تحولوا إلى أولياء والمقابر المقدسة وغيرها، هي في حقيقتها حكايات خرافية مسرودة ومتحولة عن الحقيقة إلى الواقع

المتخيل وصولاً إلى الفنتازيا المصطنعة، من منطلق أنّ الحكايات الخرافية بقايا لمعتقدات آفلة للشعوب، لهذا تمثل تأملاتهم الحسية وأحلامهم لإنتاج ما لم يمكنْ تحقيقه في أرض الحقيقة المعاشة[*]؛ لهذا برعتْ الرّواية كثيراً في تصنيع هذه التّأملات وإعادة صوغها على شكل مرويات ثقافية معبرة عن مرحلة معينة ذات مدلول يلغي رمزية الواقع، لجعل محتواه ممثلاً للفنتازيا، على شكل تضاد ما بين اللغة والواقع، من هذا التّصور تقدم رواية (واحة الغروب) للروائي بهاء طاهر خرافة (الغولة) بوصفها نتاجاً واعياً للمجتمع في تعبيره عن إرهاصاته الدّينية وتطيراته وخوفه من المجهول، عندما تحولتْ شخصية (مليكة) من فتاة نقية جميلة، بفعل سوسيولوجي خرافي، إلى غولة تنشر النّحس والوباء، كونها خرجتْ على تابوات الواحة، بعدم التزامها منتظرة في البيت ترقباً للزوج الجديد، بعد وفاة زوجها في معارك الشرقيين والغربيين: «.. أدركتْ على الفور أنّها أرملة، وعرفتْ أنّها تعيش العقوبة التي يفرضونها على الأرامل في هذه الواحة، قد لا تكون عقوبة بل مجرد رعب متوارث من الموت.. أما الأرملة فيجب أن تنتظر طويلاً حتى تتطهر من الروح التي تلبستها وجلبت على زوجها الراحل الموت.. يجب أن لا تخرج من بيتها حتى لا يقع عليها بصر أحد، فمن يرى الغولة خلال هذه الفترة.. لا بد أنْ يصيبه الهلاك لأنّ ملاك الموت يتقمصها»[9]، إذ يروي (الضابط محمود) في المشهد السّابق حكاية الغولة بسرد أقرب إلى سمة التعجب، كون المكان/الواحة بدأتْ تستفز وعيه ليس بمشاكلها الخاصة ومشاكلها مع السّلطة الحاكمة فقط، ولكن أيضاً من خلال قدرتها العالية على التّمسك بالموروث الحكائي للأجداد، والعمل على

تحريفه وتحويله من قوانين اجتماعية مرتبطة بالشرع إلى محكيات خرافية مصطنعة عن وعي حالم غير قادر على إدراك العالم حوله، وهو أمر أعاد (الشيخ صابر) حكايته بسرد متكرر لكن من وجهة نظر مغايرة، مرتبطة بنبوءته التي ستتحقق من خلال خرافة الغولة وما فيها من افتراء ووهم، وهو ما أكده الضابط محمود مرة أخرى، بعودته المتكررة بزمن لولبي[**] متغير للخرافة، وما انطوتْ عليه من رؤية مأساوية راحتْ ضحيتها مليكة/ الغولة، لتغدو الحكاية خرافة موروثة استُغِلتْ لتحويل مجتمع الواحة بما يرغبه الشيخ صابر: «مَن سيعترف أنّه أغمد السكين في قلبها؟ كلهم، كلكم شاركتم. حتى الأجداد الذين اخترعوا حكاية الغولة»[10]، ويبدو أنّ الخرافة المنسوجة من وعي المجتمع وتصوراته الماورائية، شبيهة بما يشخصه ايرك فروم، من أنّ الأساطير والأحلام تمثل نمطاً من حكاية رمزية، ذات جذور دينية أو فلسفية تقع في مكان وزمان معينين، وهذا في حقيقة الأمر ما تتفق أغلب الحكايات الخرافية على تقديمه، كونها بقايا معتقد قديم تتوفر الفرصة في مجتمع معين لظهوره بمدركات غير حسية، لكنّها على الرغم من مأساويتها في رواية واحة الغروب، لم تصلْ سمة (رواية النّهايات) – كما يذهب لذلك جابر عصفور – التي تقدم أبطالاً مأساويين انتهى عالمهم ببداية عالم جديد، لا ينتمون له كونهم شاركوا بصناعة مأساته فنبذوا منه، فمحمود يبدأ حياته الجديدة المصطنعة، بتفجير مركز الشرطة وهو يتلوى من جرح في رقبته، ومليكة التي ماتتْ وتحولتْ إلى غولة برؤية فنتازية، فكانتْ شخصية جديدة مصطنعة في ذهنية مَنْ عرفها، وهي ميّتة تتناسب بشكل كبير مع موت محمود المصطنع، الذي يوهم القارئ في نهاية الرّواية بفنتازيا

عالية، تتجسد وهم وحقيقة الحدث في آن واحد، بأنّ محموداً لو كان ميتاً فعلاً مَنْ الذي روى الجزء المخصص له من الحكاية؟![11].

إنّ ما وصفه ايرك فروم بالحكاية الرّمزية، التي تنتمي في خيالها لجذور دينية أو فلسفية في جغرافية معينة، يتناسب تماماً مع تأويل شخصية (بوغيز) العبد القاتل في رواية (بوغيز العجيب) للروائي ضياء الجبيلي، ولاسيما أنّ للحكاية الأصلية وظيفة واقعية في التّأريخ، كونها مرتبطة بثورة الزّنج الشّهيرة، لكنّ الرّواية قطفتْ هذه الثمرة من واقعها لتعيد تنضيجها من جديد بمتخيل خرافي خاص، يحوله عن أساسه المرتبط بالموروث الحكائي الشعبي، حيث التداخلُ بين الواقعي والخرافي والسّحري معاً، مما يسمح باصطناع جديد للحكاية وأفول واقعها الأول ثم إبداله بثانٍ مغاير، إذ ترتبط الحكاية بشخصية عجائبية غريبة في أفعالها وقدراتها، كونها اصطناعاً فعلياً للخرافة المعبرة عن واقع معين، فبوغيز الصبي الأسمر المعروف بطيبته وفحولته الكبيرة، وقدراته الخارقة المتحققة في حياته وبعد موته، يمثل مدلولاً معبراً عن تاريخ إنساني مضى، وحلّ بدلاً منه واقع تأريخي جديد، حتى بعد إخصائه وشنقه ثم تحوله إلى نسخ عديدة من الشخصية ذاتها، تغتصب وتأكل الجثث بانتقام شديد، للقيام بثورات رمزية ضد المجتمع الذي رفضه: «كان بوغيز الزنجي إذا جاع أصدر صوتاً أجشاً عالياً ومزعجاً كخوار الثور.. ربما يظهر بهيأة العملاق المخيف الذي يتمتع بمظاهر القوة والبطش كما يبدو ذلك من عضلاته المفتولة وبنيته الضخمة، لكنه في الوقت نفسه غير قادر على إيذاء نملة، ودائماً ما يستأنس بالبكاء، تماماً كما يفعل الأولاد الصغار»[12].

فالرّواية بوصفها مثالاً لحكاية خرافية تعتمد وحدتين سرديتين

أساسيتين، تتمثل الوحدة الأولى بالمخطوطة وظهورها، وهذا أمر سنتعامل معه في جزء (ما بعد المتن) من هذه المقاربة، أما الوحدة الثانية، فتتمثل بظهور حكاية بوغيز وسيرته الخرافية العجيبة، بكل ما يحمله من تناقضات في الهيأة والطّبع والسّلوك والصفات (طيب، قوي، قاتل، هادئ، شهواني، كريه)، تعيد للذاكرة حكايات الغول والعفاريت، غير أنّ الوحدة الثانية تعتمد وظيفتين في بنيتها مثل أية حكاية خرافية العجيبة، (النّقص) و(السّعي للتخلص منه)، وهما الأساس الوجداني الذي يحرك الغريزة في شخصية بوغيز، ويعمل على استمرار ظهور المقاطع المختلفة في الرّواية، أي بحسب التّحليل المورفولوجي إحساس بوغيز بوجود نقص في حياته، ثم يلي ذلك خروجه، لكن مع اختفاء الشخصية المساعدة في الحكاية، ستكتسب شخصية بوغيز بعداً عجائبياً أكبر، كونها قادرة على فعل أي شيء، لتحويل النّهاية السّلبية ممثلة بموته مشنوقاً، إلى إيجابية من خلال تلك النّسخ الخرافية التي أنتجها واقع الحكاية شبيهة به لأجل الانتقام، فهذا النّمط من الصيغ الخيالية الخرافية – كما يؤكد تودوروف – يعتمد التّفوق الطبيعي للبطل على القارئ وعلى قوانين الطبيعة، وحقيقة الأمر أنّ فكرة تفوقه على قوانين الطبيعة، كانتْ الأساس في تحوله من مجرد كونه طفلاً صغيراً وديعاً، إلى كونه خرافة بثها الواقع البصري أيام ثورة الزنج افتراضاً، بصفات فائقة عن كونه مجرد إنسان اعتيادي[13].

غير أنّ الحديث عن شخصية عجائبية مثل (بوغيز)، في فعلها الآيروسي المتمثل باغتصاب النساء ومضاجعتهن السّرية، يستدعي وصفاً يمكن تسميته بـ (مجاز بلاغي) وهو مدلول يرمز لثورة الزنج

الشعبية ضد البشوات وحكمهم الظالم، لكنّه مجاز مدعوم بغرائبية آيروسية، لتبني الحكاية من خلاله خطابها في فضاءات السّلطة الاجتماعية، بوصفها مدلولاً معبراً عن افتراضات الواقع الذي دَرَسَ وغاب، فحلتْ الخرافة محله كما حلّ العبيد والزّنوج محل البشوات في تلك القرية التي احتضنتْ الأحداث، لتكون حوادث منع الجنس وكثرة الأمراض وتفشي اللعنات والمسوخ في كل مكان، أساساً في تحول الواقع المعروف إلى خرافة غريبة مقززة، بسبب ما مثلته من ثورة مضادة لهمجية السّلطة، وليغدو بذلك بوغيز تنويعاً موضوعياً لفكرة خصاء المجتمع معرفيّاً، وحلول الخرافة فيه بوصفها قانوناً حقيقياً وبديلاً راسخاً للواقع الذي مثلتْه: «خرج من كل بيت، زنجي أسود غاضب جائع على شاكلة «بوغيز» السقاء، حتى امتلأت محلة الكرخانة بقطيع من العمالقة السود الجياع، عندئذ لم يشك أحد من الأهالي أن ما حصل لهم كان النتيجة المؤلمة لدعاء الشيخ «غالي» عليهم بالهلاك..»[14].

- المُغالطة المُصطنعة (خرافةُ الأجزاءِ التي تحولتْ إلى واقع):

في حديث مهم بخصوص النّظرية الأدبية، وكيفية رسوخ الحكم النّقدي المتابع لنصوص اكتسبتْ معناها المتخيل من نصوص شهيرة سابقة، يؤكد النّاقد الفرنسي بيير ماشيري على ما أطلق عليه بـ(المغالطة المعيارية Normative Fallacy)، وتعني بنظره أنْ يُكتب العمل الأدبي محاكاة لعمل معياري سابق، يطمح فيه المؤلف اللاحق إلى تجسيد عمل

قديم مشهور لمؤلف سابق من خلال عمله الجديد، لا لمحاكاته فقط بل لمحاكمة النّص الجديد في ضوء رؤى النّص القديم بمدى اقترابه أو ابتعاده عنه، وهي مغالطة يقع في شباكها النّقد أيضاً، عندما يعمل على قياس النّص معيارياً في ضمن قوانين وخيال نص سابق، مما ينفي واقع النّص التّابع وذوبانه تحت وطأة النّص المتبوع[15].

ولعل أبرع من فعل ذلك التحدي بنجاح هائل في الرّواية الغربية، جيمس جويس في رائعته الشهيرة (Ulysses) الذي حاكى فيها أعمالاً شهيرة من العصر الإغريقي، معيداً صوغها من جديد برؤية تتناسب مع تحولات المدينة الغربية في زمن كتابة روايته، وهذا أمر يمكن رصده في روايات عربيّة كثيرة، بعضها تقصد محاكاة نصوص عربيّة والبعض الآخر أراد محاكاة نصوص غربية، لمحاولة فرض واقع جديد لها مغاير عن واقع النّص الأصلي، ليكون النّصُ الأصلي تمثيلاً للنسخة الثانية، التي كانتْ محاكاة لنسخة الواقع الحقيقي، وبهذا يتمثل نص المغالطة بوصفه نسخة ثالثة مصطنعة، انطلقتْ من قوانين نص عملتْ على مفارقته ثم اصطنعتْ قوانين جديدة فوق واقعية لواقعه الحقيقي، فكانتْ بذلك تُذكِر بالنّص الأصلي لكنّها لا تنسخه كما هو بل تعيد هيكلته وإنتاجه، للوصول – بحسب ما نراه في هذه المقاربة – إلى نمط من (المغالطة المصطنعة Simulation Fallacy) التي تستعير الخيال لا الحقيقة، محاولة تأسيس قوانين جديدة له في ضوء الظروف السوسيوثقافية للنص الجديد، وهنا تكمن مزية وقدرة المؤلف في محاكاته لأي نص قديم، كونه ابتكر عالماً مغايراً ليقينيات القراءة التّقليدية التي يقع فيها النّقد أحياناً.

وتُعَد روايةُ (فرانكشتاين في بغداد) للروائي أحمد السعداوي، واحدة من أهم الرّوايات العربيّة المعاصرة التي تنحى هذا المنحى المضاد للواقعية في تصنيع الخرافة ومفارقتها لقوانين الواقع بإنتاج نسخة جديدة، فقد اعتمدتْ الذّاكرة الأدبية في تناصها الصّريح مع رواية (فرانكشتاين) للروائية الإنجليزية ماري شيللي، مؤكدة ذلك الانجذاب الكبير في تصنيع الخرافة في الرّوايات ما بعد الحداثية، من خلال انجذابها للنماذج السّينمية كما أشارتْ لذلك ليندا هتشون، ولاسيما أنّ النّص الإنجليزي سبق أنْ قدمته هوليود بنسخ مختلفة، ففي الوقت الذي كانتْ فيه (النّسخة الإنجليزية) متمحورة حول معنى أدبي علمي، يعمل العلم من خلالها على تصنيع شخصية – فرانكشتاين – ، وهي تدل على مقدار تطور المجتمع الرّأسمالي في عصر الصناعة، فإنّ (النّسخة العربيّة) تمحورتْ حول نقد الواقع، برفضه من خلال اللجوء إلى الخرافة المصطنعة من نتائج الواقع المباشر، حينما تولد شخصية ممسوخة نتيجة العنف غايتها الانتقام من مسببيه، إذ تُنْتَج الأجساد وتتناسل من أديم أجساد سابقة ممزقة بفعل العنف، ويكون المُصطَنِع لها – هادي العتاك – شخصية بوهيمية جاهلة، تُصنّع الافتراء وتختلق كذب الحكايات وتعمل على تجميع الأجزاء، لا لسبب علمي بل وجودي متعلق بطبيعة الحياة نفسها؛ لتظهر مصادفة نتيجة لهذا الفعل نسخة (الشسمة) أو فرانكشتاين بنسختها العربيّة المغايرة: «قرفص هادي. كانت المساحة المتبقية مشغولة بشكل كامل بجثة عظيمة. جثة رجل عارٍ تنزُّ من بعض أجزاء جسده المجرّح سوائل لزجة فاتحة اللون... سحب يده ومسح أصابعه بملابسه، وهو ينظر إلى اكتمال الوجه بشيء

من عدم الرضا، ولكن المهمة انتهت الآن. آه.. لم تنتهِ تماماً عليه أن يخيط الأنف حتى يثبت في مكانه ولا يقع»[16].

إذاً، ثمة سياسة واضحة في التّمثيل السّردي لهذه الرّواية، وتحديداً في فضائها الزّمني ووعي الحكاية الخرافية فيها، فهي تحقق تزامناً بين زمن السّرد والزّمن الكولونيالي المُمَثَّل بدخول القوات الأمريكية لبغدادَ، وشيوع الفُوْضى والقتل المجاني نتيجة لذلك، فوعي الرّاوي وذاكرته الذّاتية في تأليف سرد الأحداث، يجمعان بين (وجود تأريخي) و(تمثيل خرافي متخيل)؛ لأنّ التأريخ/الحرب/الاجتياح حاضرٌ مُشاهدٌ خالٍ من إحالات الماضي كون الماضي قد اختفى بعد أنْ رَسّختْ الذّاكرةُ الأدبيةُ بدلاً منه الخرافةَ في النّص، فبدا مدلولاً لمعنى فوق واقعي، حيث الخرافة المفترضة إلى جنب الحقيقة الواقعة، يمثلان نسقاً نصيّاً في اصطناع سردية مغايرة ليقينيات الحرب المعهودة في الأدب الرّوائي، أما وعي الحكاية فيتمثل في رواية فرانكشتاين في بغداد، بما يمكن تسميته بتقنية (المزج / pastiche) التي يؤكد فردريك جيمسون أنّها من أهم سمات إبداع ما بعد الحداثة، من حيث كونها مُعارَضة أدبية تعمل على تكوين محاكاة ساخرة لنماذج مستقرة في ذاكرة التأريخ الأدبي[17]. أي مغالطة المحاكاة التي رصدتْ نصاً قديماً، فاصطنعتْ منه المعارضة الخرافية التي وسمتْ النّص الرّوائي بكوميديا سوداء، وقد تمثلتْ بعلاقة شخصية الشسمة المكونة من أجزاء ضحايا التفجيرات – النّص اللاحق – بشخصية فرانكشتاين المكونة من أجزاء بشرية اجتمعتْ معاً للضرورة العلمية – النّص السابق –.

غير أنّ الحكاية الخرافية بنسختها العربيّة، أضافتْ قطعة جديدة

لهذه الأحجية المصطنعة خيالياً لما فوق الواقع، بموت شخصية الفرد البرجوازي، الذي أنتجتْه المدينة وأبدلتْه بخرافة المسخ المنتقم أو المنقذ، والحقيقة أنّ هذه الرّواية مثال للمعرفة الأدبية المنتجة بفعل كولونيالي، كونها تُبلْور الثقافة الغربيّة المترسخة بتأثير الآلة الحربية – الغزو الأمريكي للعراق – ، على شكل خطاب تلتحم فيه القوتان السّياسية والتأريخية، مع الخيال الذي يفترض واقعة خرافية كوّنتْها ذاكرة الحرب والعنف الطائفي؛ لذلك يتأكد أنّ زمن أحداثها الواقعية ينتمي إلى مرحلة الكولونيالية، بينما وعيها الفني وسماتها المعرفيّة تنتمي إلى مرحلة ما بعد الكولونيالية، إذ كيّفتْ لغتها ونمطية الكتابة فيها لحساسية جديدة معنية باصطناع الخيال بدلاً من تخيل الواقع، بانزياح ساخر نحو الخرافة والمكان وقضية الهويّة والتّعددية الدّينية، بحثاً عن تعرية صريحة للخطاب الاستعماري وثقافته المموهة، إنّها خرافة ميتا تأريخية وتأريخ في سرد خرافي، مع انعطافة ساخرة في توجيه المكونات السّردية، فالسّرد الموضوعي الممثل بسيطرة السّارد العليم، ينحسر كلما بدأ هادي العتاك – مصطنع الخرافة – بسرد أكاذيبه الحقيقية، بينما تتحول هذه الأكاذيب، إلى أفعال مُنتجة بفعل واقعي، عندما ينتقل السّرد إلى ما وراء حكاية الخرافة، عن طريق اللجوء إلى تسجيل حكاية المخلوق المصطنع، بمثابة سرد ثانٍ يوازي سرد العتاك وافتراءاته، وبه – السّرد – يكمن افتراض انتقال النّص الرّوائي لما فوق الواقع، بتجميع جسد قاتل من أجزاء ضحايا العنف، مما يجعل الأحداث المتخيلة المتعلقة به بديلاً عن الحدث الأصلي الواقعي (الحرب، الصراع الطائفي، الاحتلال)[18].

وبهذا يفقد المتلقي حسّ التّمييز وإدراك الاختلاف بين الحقيقة

والاصطناع، بسبب الوهم الذي كوّن نسخة مغايرة لأحداث مفترضة؛ لهذا وفي ضمن تأثير سوسيولوجية تلقي هذا النّمط من السرديات ما بعد الحداثية، يتأكد أنّه بإمكان المتلقي أنْ يتخلى عن وعيه الذاتي، الوعي المحفز للبحث عن الفرق، بين الحدث (الخرافي) والحدث (الحقيقي)، ليجد نفسه مجبراً على الاعتراف، بأنّ الواقع لم يَعُد كما كان عليه سابقاً، وبهذا يطغى على النّص نمطٌ من لا مبالاة انتقالية خارقة لموثوقية السّرد، يتمُّ بها العبور من اليقيني إلى المفترض، بهيأة من اللاحدث / الحدث الصامت (non – event)، بما أنّ المتلقي فقد وسائل التّمييز بين الحقيقي ونظائره المتخيلة، بمعنى أنّ الرّواية تبدو تواصلاً لذاكرة تكنولوجية سينمية مستبطِنة للافتراض، ولكن بوسائل كتابية بديلة تعلو على الواقع، لكنّها تقع تحت قبضة رغبة تغريبية للخطاب المعبر عن الاصطناع، حيث (الحربُ) مجرد كلمة ذات دلالة عائمة كونها مخففة من حمولات الأيديولوجية والزّخم الإجرائي المتواشج مع العالم الحقيقي: «ليس لديّ وقت كثير. ربما أنتهي ويذوب جسدي وأنا أسير ليلاً في الأزقة والشوارع حتى من دون أنْ أنهي مهمتي التي كلفت بها.. هل هذا العتاك المسكين والدي حقاً؟ إنه مجرد ممر ومعبر لإرادة والدي الذي في السماء.. وأنا الرد والجواب على نداء المساكين. أنا مخلص ومنتَظَر ومرغوب به ومأمول بصورة ما.. سأقتص من كل المجرمين، سأنجز العدالة على الأرض أخيراً»[19].

فاصطناع الخرافة على وفق قوانين الواقع المعهود، تتحدى الصلة المنطقية للنص بظروف إنتاجه الثقافية، كون قارئ هذه الرّواية غير قادر على معرفة إنْ كانتْ شخصية (الشسمة) حية فعلاً

وقد ماتت، أو هي رميم فعلاً وقد أحيتْ بفعل تمثيل زائف لكرنفال وثني سحري، يعيد القدرة على استنساخ الأجزاء المستعادة قسراً، من ماضي التّفجيرات وذكرياتها الأليمة، من منطلق واعٍ يتناسب مع نمطية الميتا خرافة في السرديات المعاصرة، وهذا يسمح بقابلية التّجدد المستمر بين الموت والحياة معاً، وهو ما تمظهر على هيأة مغالطة، تمثلتْ الاصطناع للخرافة من الواقع المفترض، عن واقع أفل بفعل العنف في رواية (فرنكشتاين في بغداد)، بالمقارنة مع الواقع العلمي في رواية (فرنكشتاين).

- مثلثُ الرّغبة (وهم العلم أم معقولية السّحر؟):

كثيراً ما عُنيتْ الرّوايةُ الغربيّةُ، بموضوعات فنتازيةٌ تجمع العلم بالخيال السّحري، بوصفهما موضوعين وسيطين، يمكن من خلالهما الوصول إلى رغبة منشودة، ليكون الجنس والعنف السّادي وحتى المازوخي، بؤرة مكبوتة خفيّة لهذه الرّغبة، حيث اصطناع واقع خيالي مرتكزه الخرافة الماورائية للفكر الإنساني الطقسي، ففي الوقت الذي يقدم كولن ولسون في روايته (رجل بلا ظل)، الأبعاد المادية والرّوحية للجنس، في ضمن علاقته بالسحر الأسود بإطار المذكرات اليومية، وبنيتها المستمرة التي تؤكد الجنس بوصفه قيمة تعزز الحياة، نجد عتبات سبقته في تحديد تحولات الشخصية ضمن عالم فنتازيا الغرائز والآثام، إذ تقدم رواية (إكسير الشيطان) للروائي ي.ت.أ.هوفمان، صورة متخيلة للقرين الذي يبيع نفسه للشيطان، من خلال سجايا الأب الشّهواني، الذي تتقاسمه مشاعر الرّغبة والذّنب معاً برؤية قوطية ساخرة، بينما تقدم رواية (الحالة الغريبة للدكتور

جيكل والسيد هايد) للروائي ر. ل. ستيفنسون، حالة خاصة من انشطار الشّخصية بين الطّيبة والعداوة، عندما يكتشف الطبيب عقاراً يطلق العنان من خلاله لشهواته الحيوانية المكبوتة، لينشطر فنتازياً بين التّمتع بملذاته المكبوتة وسجيته الطيبة التي يواجه بها المجتمع، فكانتْ هذه الرّوايات جميعاً مدلولاً معنوياً مصطنعاً، في ضمن محكيات التّخييل السّردي الغربي، ولاسيما في طرح موضوعة (القرين) من منطلق خرافي، يسعى إلى تحقيق رغبة مكبوتة يرفضها الواقع الفكري والعلمي، فتجد طريقها في عالم وهمي مصطنع من خرافة السّحر والعقاقير المخدرة، أما في متخيلنا السّردي المعاصر، وتحديداً ما ينتمي منه للجماليات ما بعد الحداثية في الرّواية، فإنّنا نجد ما يضاهي ذلك أو يفوقه أحياناً، بسبب طبيعة المجتمع والثّقافة والمغايرة المعرفيّة، ولاسيما قضية المعتقد الدّيني والإيمان بقضية الطلاسم والسحر، فهل سيكون العلم متقدماً على الخرافة بعقلانيته أم تتحقق الخرافة بتحولها إلى واقع فعلي؟.

في رواية (الفيل الأزرق) للروائي الشاب أحمد مراد، تتحقق الرّغبة في سعيها الحثيث لاصطناع خرافتها السّحرية الخاصة، من مفاهيم العلم وأروقته المختلفة بشكل واسع وجاد، ولاسيما أنّ متتاليات الحكاية تدور في إطار الطب النّفسي وكشوفاته، التي تعجز عن حلّ القضية، إلا بعد اللجوء إلى سيميائيات العوالم الفنتازية، وعالم الماوراء وسيمياء الطلسم السّحري، ولكن بإطار ديني اعتقادي مثلها مثل أية حكاية خرافية قديمة، فبأسلوب سردي بسيط يعتمد انثيال الأحداث على لسان بطلها وراويها (الدكتور يحيى)، الذي يعيش حالة من الحزن والانعزال، بسبب موت عائلته نتيجة إفراطه بشرب

الخمور، مما أدى إلى حادث مروري أودى بحياتهم، أقول: بأسلوب بسيط يقدم طبيب الأمراض النّفسية يحيى حكاية تحوّل تفكيره العلمي إلى تفكير طقسي، بعدما يُكَلَّف بمعالجة حالة صديقه (شريف الكردي) من عطب نفسي أصابه، أدى به لقتل زوجته وهي حامل بابنه الأول، وهنا يبدأ ضمن سرد الأحداث أولُ صدام بين معقولية العلم ممثلة بالطب النّفسي، وعالم الغيبيات ووهمها الفنتازي، في اصطناع خرافات يعيشها أي مصاب بمرض نفسي، إذ يجد نفسه غير قادر على تحديد مرض صديقه بشكل مقبول، مما يؤدي إلى سخط رؤسائه بالعمل، مما يكسب الحبكة تعقيداً أكثر ولاسيما من خلال انفتاحها على بنية وأسلوب رواية الجريمة، لكن بعد مضي زمن في تعامله من الحالة، يكتشف أنّ صديقه الطبيب قد تحوّل فعلياً، من كونه طبيباً يستخدم نواميس الطب وقوانينه العلمية الصارمة، إلى شخصية ثانية غريبة الأطوار والتّصرفات بالتباسها بشخصية ثانية، ذات أفعال وقدرات فائقة فوق واقعية، مما جعله يرجح في بدء الأمر أعراض مرض الشيزوفرينيا، وهنا يأتي دور المصادفة غير المحسوبة في أحداث الرّواية، عندما تكشف شخصية (مايا) عشيقة يحيى وجود نوع من العقاقير المخدرة شديدة التأثير في الإنسان، هو ما يسمى طبياً (DMT) أو ما يسمى تجارياً بـ (الفيل الأزرق)، مما كان له دور فاعل في قلب موازين الأحداث جميعاً ونقلها، من كونها سردية ذات طبيعة علمية، إلى سردية خرافية تدور في عالم اللامعقول الفنتازي، وهذا ما يرسخ الفكرة التي بنى عليها النّاقد الفرنسي رينيه جيرار، نظرية تحليل الرّوايات الكبرى في الرّواية الغربيّة على أساس بنية مشتركة، تعتمد مفهوم الرّغبة الثّلاثية، أطلق عليها تسمية (مثلث الرّغبة)، حيث

توافرُ النّص على أقطاب ثلاثة هي: (الشخص الرّاغب) و(الوسيط) و(الغرض المرغوب فيه)[20]، بمعنى كيف يمكن أنْ تظهر حقيقة العلم وترسخ معقوليته منتصرة على زيف الخرافة ووهمها، الذي تصر رواية (الفيل الأزرق) بوصفها جزءاً من الأدب الفنتازي على تثبيته، ولاسيما من خلال تحوّل ذهنية بطل الرّواية العلمية إلى ذهنية فنتازية تؤمن بالخرافة، ليمثل القرص المخدر (DMT) قطب الوسيط لنقل الصلة بين الرّاغب وموضوعه المرغوب فيه، ولكن مَنْ هو الشخص الرّاغب؟ وما موضوع رغبته؟.

وحقيقة الأمر يتحدد قطب الشّخص الرّاغب في الرّواية بشخصيتي يحيى وشريف الكردي كلتيهما، أما قطب موضوع الرّغبة فيتحدد بأمرين لديهما (الجنس) و(الحقيقة)، فالجنس يتحقق لدى يحيى بوازع طبيعي، نتيجة حياته البوهيمية وعزلته في علاقته مع شخصية (لبنى)، الأخت الوحيدة لشريف الكردي بوصفها ذكرى لإيروس مُزمِن، أو مع نايا بوصفها حقيقة حاضرة لتفريغ هذا الإيروس، لكنّ موضوعه الأهم يكمن في معرفة الحقيقة التي تمثل فعلاً موضوع رغبته، على خلاف شريف الكردي الذي يغدو الجنس موضوع رغبته الأساس، ولكن برؤية فنتازية مغايرة للحقيقة العلمية، وهنا تكمن أهمية التّحليل على وفق مفهوم مثلث الرّغبة، وتوظيفه بوصفه وازعاً مصطنعاً لكشف الأقطاب الثّلاثة على وفق تحول فنتازي كبير، يتبين في حقيقة العلم التي غدتْ وهماً، ووهم الخرافة التي غدتْ معقولية.

يقول يحيى واصفاً أول ظهور لخرافة ما فوق حقيقة الأحداث بما يأتي: «الشاشة كانتْ تعرض صورة شريف في المرآة، حين أطلت

النظر لمحت خيالاً مهزوزاً لجسم يقف خلف شريف لم أكن قد لاحظته أوّل مرة، جسم أسود يتكئ على أربع قوائم، شكل أقرب لكلب! كلب أسود!! قبل أنْ أضغط (+) على لوحة المفاتيح لأزيد تكبير الصورة شعرت به قد تحرك.. نحوي!»[21]، إذ مثل خيال الكائن الغريب الباب الأول الذي فُتِح في ذهنية يحيى العلمية على مبدأ (معقولية الخرافة)، ليكتمل فيما بعد من خلال تعاطيه لعقار الفيل الأزرق (DMT)، الذي رأى من خلاله الوجه الحقيقي للخرافة، كون صديقه الطبيب النفسي د. شريف الكردي لم يكن مريضاً نفسياً أبداً، وقد ارتكب جريمته بقتل زوجته، بوازع طقسي آيروسي مرتبط بتلبسه بكائن شيطاني اسمه (نايل)، أو ما يعرف في عالم السحر والطلاسم بـ (نكّاح سفلي)، تلبسه من خلال وسيط سيميائي لوشم سحري وشمته زوجته غاية في الجنس، فأصبح الجنس رغبة الكائن ممثلاً بشريف الكردي وهذا لُب الحبكة وأساسها في اصطناع الخرافة، وتحولها إلى واقع مفروض بدلاً من الحقيقة العلمية.

فـ(التّخييل العلمي) في الرّواية يقوم على توتر بين خطابين متعارضين، هما الفنتازيا وواقعية العلم؛ لذا تعمل الفنتازيا بوصفها حاضنة متحولة لمثلث الأقطاب الثلاثة بالجمع بين الواقع ونقيضه اللاواقعي، وهذا ضمنياً يعمل على موت حقيقة الواقع الأصلي لإبداله بقوانين بديلة هي قوانين الخرافة، لتكون بحسب ما يسميها تودوروف بـ (البنية الوسيطية)، وهي هنا ليستْ الوسيط في النّص بين أقطاب الرّغبة الثّلاثة، بل الوسيط بين النّص/الرّواية والقارئ، فالقارئ يتردد في فهم النّص، ولا يمكنه حسم التوتر لديه بما يتلقاه من سرد

يجمع بين الواقع ونقيضه، كون الرّواية تقدم النقيضين بشيء كبير من المعقولية، وهذا يجعل من الفنتازيا سبباً يدفع القارئ، على تردده في نمطية قناعته للواقع المقدم أمامه، فيفتح بذلك ذهنه على ما فوقه – الواقع – من تخييل.

وهنا يأتي دور (الوشم) أو وسيط الرّغبة بوصفه علامة مصطنعة بسبب غايته المعنوية على مدلول راسخ في النّص، فهو رغم دلالته الكتابية يظهر على شكل صورة تؤكد محدودية النّموذج اللساني في ضمن الفعل المادي لإنتاج العبارات، فتبدو بذلك الكلمة على أنّها نسخة – كما يرى إمبرتوإيكو – ، تنتمي إلى فئة أخرى من النّسخ التي تجتمع مكونة صورة نهائية لأسلوب معين، يكتسب معناه الفنتازي في حالة رواية الفيل الأزرق مكوناً وظيفته التّخييلية المغايرة للواقع، وهذا ما يكشفه جيداً الحوار المنولوجي ليحيى وحواره مع لبنى، فضلاً عن الحوار الافتراضي بينه وشخصية عم سيد المتوفى، الذي التقى به بعد تعاطيه لقرص الفيل الأزرق: «««أنا مش عارف أنا بعمل أيه!! مش قادر أفرق بين الحقيقة والخيال».. «أنا بسمع حجات ماحصلتش.. وباشوف.. باشوف حاجات محصلتش.. أنا مش مضبوط يا لبنى»... «تأملتُ وجهه محاولاً تحديد مع مَنْ أتحدث.. اللعين عطل لديّ قراءة لغة الجسد.. هل من الممكن أن أكون مختلقاً تلك المحادثة الآن؟! سؤال لا يستهان به! وكوني طبيباً لا يساعدني في التفرقة بين الحقيقة والوهم» ...» منها لله الجاهلة اللي دقتْ الطلسم على حريمك.. جلبتْ لها «نايل» لعنة الله عليه»»»[22].

إذاً، يقدم النّص الرّوائي حساسيته الجديدة للواقع هنا، على فكرة

تستوحي بإسراف أثر العلم ووقوفه قطباً مضاداً للخرافة، وهي فكرة تكون على الضد من مركزية العقلنة السوسيولوجية التي تدعم التّقدم العلمي، الذي يلغي، بالضرورة، الشّرعية القديمة للخرافة والسّحر والأساطير الدّينية، أي أنّ الكتابة تداولية في فهمها للخرافة، كما ترسختْ دينياً واجتماعياً في الذّهنية الجماعية، التي طغتْ فأثرتْ في قوانين العلم نفسه، وهذا ما يحفز على استعارة (الرّؤية السريالية) التي تجد في المخيلة، ما ينحو ليكون واقعياً من خلال ما تقوم به الصورة/ المشهد، التي تفرض نفسها على المتلقي بوصفها واقعاً حقيقياً، ويبدو أنّ هذا الأمر أساس متين بنى عليه (فكر ما بعد الحداثية) نواميسه المعرفيّة، حيث عدمُ إمكانية الانطلاق من الواقع لصنع نقيضه، أو صنع المتخيل من معطيات الواقع فقط، فالتّعويل اليوم قائم على أوضاع مفارقة، ونماذج اصطناع تصبغ بصبغة الواقعي والاعتيادي والمعاش، من خلال إعادة ابتكار الواقع بوصفه خيالاً، كونه اختفى من الحياة تماماً، وهذا ضرب من الهلوسة بالواقع المألوف، الذي بني مجدداً بتفاصيل مقلقة بسبب غرابتها كونه انتقل لما فوق واقعي، وهذه غرابة يمكن تحققها في الفنون التي تتبنى ثيمة السّحر كونه صنعة منافية للحقيقة المرتبطة بالعقل والطبيعة، فهي في جوهرها دالة على الوهم، ولعل ذلك ما حفز مفكراً وفيلسوفاً معاصراً مثل جاك دريدا بالتأكيد على خطاب الكذب، الذي تولده الخرافات في عدم قدرتها على مطابقة الحقيقة، وهي في الوقت ذاته ليستْ خدعاً، لينتهي عند ما بدأه نيتشه قديماً بتحول الواقع إلى خرافة، لأنّ ما سيقدم منها لن يكون كذلك بل سيغدو واقعاً جديداً مغايراً[23].

وهذا تماماً ما نريد إثباته هنا، من أنّ الواقع ذاب تماماً واختفى

في رواية (الفيل الأزرق)، عندما بدتْ الخرافة السّحرية وعوالم الـــ(ما وراء) معقولة بقدر الواقعَين العلمي والاجتماعي ، ولعل هذا ما جعل (شريف الكردي) الضحية المثالية لأقطاب مثلث الرّغبة في الرّواية، ومثله (لبنى) و (مايا) اللتان وقعتا ضحية، لرغبة مركزية حلتْ أشبه بلعنة تحققتْ بسبب الوشم – البوابة إلى العالم السّحري -، حيث الرّغبة بالجنس مع ضمان الشكل الاجتماعي والإنساني، وهم جميعاً محاكاة لنماذج روائية شهيرة سبقتهم، في مجاراتهم لمزاوجة حقيقة الرّواية إلى جنب وهم الخرافة وزيفها، الذي تجسد صريحاً في شخصية الطبيب النّفسي يحيى، الشخصية التي اختفتْ في نظرها موازين العلم تماماً بسبب تبنيها لغة الخرافة وقوانينها: «««شريف ممسوس يا لبنى.. ممسوس بحاجة كبيرة أوي..» ... «فتحتُ الكتاب ومشيتُ على الكلمات محاولاً عبور المطبات بين علم النفس الذي درسته وبين السّحر الذي سحبني إلى عالمه، بين يقيني في ما رأيتُ، واعتقادي القديم في خيالية هذا العالم الأزرق! ذلك العالم الذي درسناه في كلية الطب أنّه الجهل بعينه وأنّه حُجة الجُهال لتفسير المرض العقلي..»»»[24].

فما حصل من تحول فنتازي في ذهنية يحيى وانزياحه نحو واقعه الجديد، يعيد إلى ذهني حديث بيير ماشيري بخصوص وظيفة الخطاب الأدبي (The Function of Literary Discourse)، وهو بصدد الحديث في قضية الوهم (Illusion) وعلاقتها بالسّرد، إذ تكتسب هذه الوظيفة سمة سلبية في الأساس، كون أساليب الكتابة والتّأليف تعتمد الوهم وليس الحقيقة الإيجابية، مما يرسخ الوهم فيغدو

الأدب أسطورة، كونه يمثل تلاعباً علاماتياً يحل محل الحقيقة الغائبة، وهكذا يتولد نسيج من الكذب المتولد عن الكلمة الدّالة على الشيء ونقيضه، مما يولد رؤية فنية رديكالية، والحقيقة أنّ هذه الرديكالية هي الأساس الجذري، الذي تتخلى فيه الرّواية عن واقعها، في نسختها الأصل لتكون نسخة واقعية للخرافة، التي قد حلتْ في السّرد مكونة قوانينها جميعاً بمنطق وقانون ثابتين، فبحسب (قانون التّداولية الكتابية) يصبح الخطاب، مفتقراً للمنطق الظاهري بمنطق باطني يمكن الاستدلال عليه بظاهره، وهذا يجعل من النّصوص التّخيلية مصطنعة لما فيها من مكونات وعناصر خيالية[25]، وهو جوهر عملية التّحول الفنتازي الذي قصدناه في رواية (الفيل الأزرق)، التي أبدتْ تفاعلاً مصطنعاً فَقَدَ بسببه العلمُ معقوليَته، وصار العالم الوهمي حقيقة معاشة بقوانينها ومنطقها وفرضياتها الفنية، فتجلتْ الخرافة واقعاً وأصبح الواقعُ خرافةً.

إحالات الفصل الثّاني:

(1) ينظر: أفول الأصنام: ص 34.

(2) ينظر: أدب الفنتازيا مدخل إلى الواقع: ص 140.

(3) ينظر: الحكاية الخرافية (نشأتها. مناهج دراستها. فنيتها): فردريش فون ديرلاين: ترجمة د. نبيلة إبراهيم ومراجعة د. عز الدين إسماعيل: مكتبة النهضة – بغداد / دار القلم (بيروت): د.ت: ص 11، 21.

(4) ينظر: بناء الواقع الاجتماعي (من الطبيعة إلى الثقافة): ص 29. المرآة والخارطة – دراسات في نظرية الأدب والنقد الأدبي: تأليف مشترك: ترجمة سهيل نجم: دار نينوى للدراسات والنشر والتوزيع (سوريا): ط1 – 2001: ص 59. سياسة ما بعد الحداثية: ص 136.

(5) ينظر: معجم الفلكلور: د. عبد الحميد يونس: مكتبة لبنان (بيروت): 1983: ص 34 – 35. المرآة والخارطة – دراسات في نظرية الأدب والنقد الأدبي: ص 61.

(6) ينظر: آخر الملائكة: ص 30، 40، 121، 140.

(7) نفسه: ص 326، 333، 372.

(8) بناء الواقع الاجتماعي (من الطبيعة إلى الثقافة): 207، ص 222. أدب الفنتازيا مدخل إلى الواقع: ص 9، 11.

(*) يمثّل هذا التّصور الرّومانسي النّقدي للخرافة، الأساس السوسيولوجي الذي بنتْ عليه النّقدية الغربية تصورها، في إدراك جذور هذه المحكيات ووعي تطورها عبر العصور وصولاً إلى مرحلتي الحداثة وما بعدها، اللتين أعادتا صوغ الحكايات الخرافية بوصفها فعلاً ما بعد تأريخي. ينظر: الحكاية الخرافية (نشأتها. مناهج دراستها. فنيتها): ص 24. سياسة ما بعد الحداثية: ص 136.

(9) واحة الغروب: ص 185.

(**) يطلق د. شجاع العاني هذا المصطلح، على الزّمن السّردي الذي يلتفت كثيراً لماضيه عودة من الحاضر، وتقدم فيها الحادثة أكثر من مرة، وهذه من سمات الرّواية الحديثة. ينظر: البناء الفني في الرواية العربية في العراق – ج1 / بناء السّرد: د. شجاع مسلم العاني: دار الشؤون الثقافية (بغداد): 1994: ص 63.

(10) واحة الغروب: ص 279.

(11) ينظر: اللغة المنسية (مدخل إلى فهم الأحلام والحكايات والأساطير): اريك فروم: ترجمة حسن قبيسي: المركز الثقافي العربي: ط1 – 1995: ص 176. الحكاية الخرافية (نشأتها. مناهج دراستها. فنيتها): ص 32. المقاومة بالكتابة (قراءة في الرواية المعاصرة): جابر عصفور: الدار المصرية اللبنانية: ط1 – 2016: ص 365.

(12) بوغيز العجيب: ضياء الجبيلي: منشورات مؤسسة الدوسري للثقافة والإبداع: ط1 – 2011: ص 19.

(13) ينظر: مورفولوجية الخرافة: فلاديمير بروب: ترجمة وتقديم إبراهيم الخطيب: الشركة المغربية للناشرين المتحدين (الرباط): ط1 – 1986:95. مدخل إلى الأدب العجائبي: تزفتان تودوروف: ترجمة الصديق بوعلام – تقديم محمد برادة: دار الكلام (الرباط): ط1 – 1993: ص 35.

(14) بوغيز العجيب: ص 90.

(15) ينظر: A Theory of Literary Production: p19

(16) فرانكشتاين في بغداد: أحمد السعداوي: منشورات الجمل (بيروت): ط 1 – 2013: ص 33 – 34.

(17) ينظر مقالته (ما بعد الحداثة ومجتمع الاستهلاك) وهي منشورة في: ما بعد الحداثة (تجلياتها وانتقاداتها – ج3): تأليف مشترك: إعداد وترجمة محمد سبيلا وعبد السلام بن عبد العالي: دار توبقال للنشر (الدار البيضاء): ط1 – 2007: ص 29 – 30.

(18) ينظر: فرنكشتاين في بغداد: ص 140 – 155.

(19) نفسه: ص 156 – 157.

(20) ينظر: الكذبة الرومانسية والحقيقة الروائية: رينيه جيرار: ترجمة د. رضوان ظاظا: المنظمة العربية للترجمة – مركز دراسات الوحدة العربية: ط1 – بيروت: 2008: ص 22.

(21) الفيـل الأزرق: أحمـد مـراد: دار الشـروق (القاهـرة): ط10 – 2014: ص 100 – 101.

(22) نفسـه: ص 311، 328، 363. وينظر أيضاً: الجغرافيات الافتراضية (أجسـام وفضـاء وعلاقـات): ص 337 – 338. العلامـة (تحليـل المفهـوم وتأريخـه): أمبرتوإيكو: ترجمة سـعيد بنكراد: مراجعة سعيد الغانمي: المركز الثقافي العربي (بيروت): ط1 – 2007: ص 192 – 193.

(23) ينظر: فلسفة السريالية: فردينان آلكية: ترجمة وجيه العمر: منشورات وزارة الثقافة والإرشاد القومي (دمشق): 1978: ص 182 – 183. المصطنع والاصطناع: ص 199. الفن والغرابة (مقدمة في تجليات الغريب في الفن والحياة): شـاكر عبد الحميـد: الهيئة المصرية العامة للكتاب (القاهرة): 2010: ص 264. تأريخ الكذب: جاك دريدا: ترجمة وتقديم رشيد بازي: المركز الثقافي العربي: ط1 – 2016: ص 10 – 11.

(24) الفيل الأزرق: ص 385، 407.

(25) ينظـر: A Theory of Literary Production: p61. معجـم السّـرديات: ص 82 – 83.

الفصل الثّالث:

ما وراء الحكاية المُصْطَنَعَة

بنية مَحْو الواقع

- مدخل أولي
- تمثيل النّسخة الثّانية للحكاية
- الصّورة (نظام الحكاية وفوضى الواقع)
- السّرد النّرجسي (تأملات الحكاية ومرآة المؤلف)

- مدخل أولي:

لعل الإشارة إلى التّناص والمعارضة الأدبية ومحاكاة النّماذج المستقرة فنياً وحتى حديث المحاكاة الساخرة، تمثل مدخلاً لنمطية تحولات البنية السّردية في الرّواية ما بعد الحداثية في ضمن نمط الـ(ما وراء)، إذ يتمظهر لدى الرّوائيين العرب المعاصرين، انجذاب واضح لبناء فني، يجمع ما بين تراث الذّاكرة الأدبية العربيّة القديمة، والنّماذج الغربية المُؤَسِسَة لنمط سردي واعٍ يعرف نقدياً بـ (ما وراء السّرد metafiction)، حيث العملُ على استعادة بناء فني مستقر عرفنا شيئاً من ملامحه، في تضمين الحكاية القرآنية، وتبدُل الحكاية في المقامات، والانتقال عنقودياً وإطارياً لسرد حكايات متعاقبة في ألف ليلة وليلة، وهي استعادة تتوازى في الانجذاب، مع مؤثرات أعمال روائية شهيرة في ذاكرة الأدب الغربي في ضمن مرحلة حداثتها مثل: (تريسترام شاندي) للروائي لورنس ستيرن، و(عشيقة الضابط الفرنسي) للروائي جون فاولز، و(مزيفو النقود) للروائي أندريه جيد وغيرها من الرّوايات الغربية التي رسختْ لمثل هذه البنية المبتكرة، التي لم تكتفِ بفكرة الحكاية داخل الحكاية بوصفها لعبة أسلوبية لغوية، بل انفتحتْ على مفاهيم أخرى، مثل: الصورة،

والمخطوطة، والوثائق، والتّسجيلات، والتأريخ وغيرها، من أساليب تجديد وتنويع البنية السّردية.

غير أنّ تعريف النّاقدة الأمريكية الرّائدة في هذا المجال باتريشيا ووه لهذه الظاهرة الجمالية المتشكلة في بنية الرّواية ما بعد الحداثية، من أكثر التّعريفات معقولية ووصفاً للحالة، إذ تعد ما وراء السّرد كتابة تخييلية تلفت الانتباه بطريقة واعية لذاتها ونظامها، بوصفها نتاجاً مصطنعاً يهدف إلى طرح الأسئلة بخصوص العلاقة الدّينامية بين المتخيل والواقع انطلاقاً من نقدها لطرائق بنيتها، وبهذا تتفحص الكتابةُ الرّوائية البنى الأساسية للمتخيل السّردي وتستكشف التخييل للعالم خارج حدود النّص الأدبـي، وهو ما اعتمده جيرالد برنس في توضيحه لمفهوم هذه البنية التي أطلق عليها اصطلاحياً (اللغة السّردية الشّارحة metanarrative)، مؤكداً على أنّها نمط من السّرد الذي يعد السّرد جزءاً من موضوعه، وعلى وجه التحديد هو سرد يشير إلى العناصر التي تؤلفه وتقوم بتوصيله، كونه يبحث عن نفسه ويقوم بعملية انعكاس ذاتية، وبشكل أكثر تحديداً يؤكد على المقاطع أو الوحدات في السّرد التي تشير صراحة إلى الشفرات أو الشفرات الفرعية الواعية بعملها، مما يتم وفقاً لها إضفاء الدلالة على سرد ما تشكل على شكل علامات شارحة للسرد[(1)]، وحقيقة الأمر أنّ الرّواية العربيّة، بدأتْ في المرحلة الأخيرة من مراحلها التّجديدية، باصطناع ذاكرة مغايرة لبناء أحداثها، من خلال تبني أساليب متباينة لخرق واقع الحكاية ومحاولة الالتفاف حولها للوصول إلى منطقة (ما فوق الواقع)، عن طريق: رواية النّص ونرجسيته، ورواية الرّواية وإدخال

المؤلف فيها، واستلهام ما وراء الحكاية السّردية، كما في روايات كثيرة منها رواية (لعبة النسيان) للروائي والنّاقد محمد برّادة، التي تموه حكايتها من خلال لعبة تعدد الرّواة ومضاعفة السّرد، ورواية (سابع أيام الخلق) للروائي عبد الخالق الركابي التي اعتمدتْ فكرة تثوير محكيات السلالة البشرية من خلال مخطوطات خاصة، داخل السّرد الأصلي للحكاية، كذلك (كراسة كانون) للقاص محمد خضير وسعيها لإنتاج درجة كتابية تنطلق من نرجسية السّرد لما وراء تأريخ الحرب والفن، بينما تتولد بنية ما وراء الحكاية في روايتي (متاهة أخيرهم) للروائي محمد الأحمد، ورواية (فرانكشتاين في بغداد) للروائي أحمد السعداوي انطلاقاً من اصطناعهما ذاكرة جديدة للحكي، عن طريق رواية الرّواية، ويتحقق الهمّ الأنثوي ورؤيته للعالم على وفق مفاهيم الرّواية النّسوية المنتجة لما وراء السّرد، كما في روايات مثل: (خسوف برهان الكتبي) للروائية لطفية الدليمي، ورواية (ذاكرة الجسد) للروائية أحلام مستغانمي، ورواية (أجمل حكاية في العالم) للروائية ميسلون هادي، وغيرها من الرّوايات العربيّة التي وعتْ مؤخراً وبشكل واسع هذا التّكنيك الفني، لرؤية سردية تتولد بتأثير البنية الأولى فيها، مما يمنح فرصة لتكوين واقعين متخيلين غير الواقع الحقيقي الذي فارقته الرّواية، سواء أكانتْ تحيل إليه مباشرة أم لا، وهذا ما يساعد على محو الواقع الحقيقي (الواقع الخارج نصي)، ثم محو الواقع المتخيل (واقع حكاية البنية الأولى)، لأجل إبقاء الواقع المصطنع (واقع حكاية الـ [ما وراء])، من منطلق أنّ النّص الأدبي المعاصر، يجب أنْ يُقدَم بوصفه مثالاً نمطياً للغة تتخلى عن شروط الحقيقة موهمة بالواقع، لكي يشق طريقه نحو رؤية

تتماشى مع المعرفة المُنتجَة لافتراضات فوق الواقع، وهي تستدرج – اللغة – مزيجاً من المتضادات المنطلقة من تزييف الحقيقة والـ (لا موثوقية) والخيال والاحتمال الـ (لا محدود) المناقض للواقع، بل لا يناقضه فقط إنّما يخفيه حدّ الموت، وهذه سمة تتحقق في أغلب الرّوايات التي تعتمد بنية توليد حكاية داخل حكاية أو الانتقال إلى نص ما وراء الحكاية؛ لأنّ السّرد ما بعد الحداثي يستثمر التّقنيات المبهمة للنص بوعي عالٍ، مما يشوش إحساس المتلقي، بوحدة العالم الفني المتخيل، فيبدأ بالتّواصل مع طبائعه المعيارية في الاستجابة، ولأجل إدراكها فعلاً يجب وعي ما فيها من تناقضات، ووجهات نظر متباينة وانتهاكات لبنية الزمن[2].

بيد أنّ هذه المقاربة لا تطمح من خلال هذا الفصل إلى كشف هذه البنية بوصفها بنية جمالية مغايرة، كما فعلتْ الدّراسات الغربيّة والعربيّة السّابقة جميعاً، مما تصدتْ لمثل هذا الأمر، لكنّ الغاية الحقيقية لهذا الفصل تتحدد، في كشف قدرة الرّواية العربيّة ما بعد الحداثية، في جعل تقنية (ما وراء السّرد – ما وراء الحكاية) تتمثل حكايتها بوصفها شاخصاً ممثلاً لواقعها الجديد المصطنع، بعد أنْ مات الواقع في نسخة المحاكاة الأولى عن الحقيقة الرّوائية، ثم بعدها الشّروع بمفارقة النّسخة الثّانية للواقع، المتمثل بخيال حكاية بنيتها الأولى، ليتحقق الانتقال أو الاصطناع وافتراض الحكاية الجديدة بالانتقال من السّرد إلى ما ورائه، بمحو مرحلتين سابقتين دالتين على واقع حقيقي وآخر متخيل، وبهذا تكون حكاية الـ (ما وراء) مدلولاً معنوياً مفارقاً لدلالته المرتبطة بواقع محدد، مما يسمح لبنية

الحكاية الثانية باصطناع واقع جديد قادر على النّمو والتّقدم، من الخيال النّصي إلى ما بعد الخيال المترسخ في الرّواية، بواسطة تراكم حكايتين أو أكثر معاً، ليكوّن ذلك بنية مموهة داخل البنية الأصلية، تتحقق من خلال أنظمة نصية راسخة في بنيتها الأولى، تؤدي إلى ظهور بنيتها الثانية، وتتحدد من خلال النّماذج الرّوائية، التي اتخذتها المقاربة نماذج لها، ببنية مموهة من خلال حكاية أو شخصية، أو صورة فوتوغرافية أو تسجيل صوتي أو خطاب مكتوب، هنا إذاً يحق لنا أنْ نتساءل بخصوص ذلك كله:

كيف تصطنع رواية ما وراء السّرد واقعها الجديد ماحية بذلك الواقع الأول؟ وكيف تُنْتِج بتأثير ذلك ذاكرةً لحكايتها الثانية؟.

- تمثيل النّسخة الثانية للحكاية:

للإجابة عن الاستفهام السّابق المعني بكيفية اصطناع البنية الثانية للحكاية الجديدة، مكونة ذاكرة نصية مختلفة لها بمحو واقع ما سبقها من أحداث، سأبدأ من إشارة سريعة للفيلم السّينمي الأمريكي (RUBY SPARKS) الذي أنتجته هوليود، وهو من تأليف زوي كازان وإخراج جوناثان دايتون وفالري فارس، ليكون مدخلاً دالاً على نمطية السّرد الرّوائي المصطنع لما وراء الحكاية، وهو – الفيلم – يقدم اصطناع السّرد بوصفه مولداً للذاكرة المركزية للأحداث، إذ تتمحور حكايته في اتجاه سردي مؤداه أنّ روائياً شاباً يجتهد بكتابة رواية رومانسية من واقعه، وإذا ببطلة روايته تتحول إلى شخصية حقيقية تعيش في ضمن واقعه هو، على غرار ما يحدث في حكايات الأطفال، مثل

القلم السّحري الذي يتحول أي شيء يكتبه إلى حقيقة، وهنا تتداخل الحكايتان معاً في ضمن بنية سردية واحدة، لتعيدا معاً صوغ حياة هذا الرّوائي، وذاكرته اليومية ثم الوصول إلى نهاية تتناسب مع ما وراء سرد الحكايتين معاً.

ولعل ما حفزني لذكر ذلك عملياً التّجاوبُ الكبير، الذي أبدتْه الرّواية العربيّة المعاصرة، مع هذا الشّكل البنائي فضلاً عن الرّؤية السّينمية الواضحة فيها، كون السّينما العالمية تطرقتْ لمثل هذا النّسق الفني قديماً وحديثاً، كذلك المدونة الأدبية التي سبق أنْ أشرتُ إليها، وللأمر علاقة بكيفية اصطناع الواقع، كون هذا الواقع لم يعدْ مرتبطاً بحكاية واحدة من الماضي، بل هناك وعي لإنتاج ذاكرة تغاير الماضي، عن طريق بناء حكاية/نسخة ثانية مجاورة من أديم الأولى، تكمل الرّؤية الجمالية والمعرفيّة للنص، وسأكتفي بإثبات ذلك من خلال عملين روائيين في ضمن المدونة الرّوائية العربيّة المعاصرة، هما رواية (موت الأب) ورواية (أجنحة البركوار)، ولكن قبل الشّروع بتحليل هذين النّصين في ضوء فكرة نمو حكاية ثانية مروية داخل الأولى لكي تزيحها وتمحو واقعها، يجب التّأكيد على نموذج روائي تبنى هذا الشّكل مبكراً، سواء أكان هذا التّبني واعياً بهذا النّمط الجمالي من البنية أم لا، ففي رواية (ثرثرة فوق النيل) للروائي الكبير نجيب محفوظ، نجد في الثّلث الأخير منها، تحول السّرد من موضوعي على لسان سارد عليم، إلى ذاتي على لسان إحدى الشخصيات المشاركة بالأحداث، وهي شخصية (سمارة بهجت) التي أعادتْ صوغ حكاية المثقفين المجتمعين يومياً في عوامة لأجل اللهو والمتعة، وقد تمتْ

هذه الصياغة على شكل كتابة مسرحية، تعيد كتابة ما سبق معرفته بالحكاية الأولى من أحداث وشخصيات، مما يؤشر إلى تحوّل أولي في عالم محفوظ نحو مرحلة جديدة من رؤيته الكتابية، تتمثل في أساليب الكتابة الرّوائية ما بعد الحداثية، لكنّها في هذه الرّواية – ثرثرة فوق النيل – بدتْ طارئة سريعة؛ بسبب عدم استمرار الحكاية الثانية لكي تحل محل الأولى، مما جعل السّرد يعود إلى حالته الموضوعية الأولى: «على أي حال فإنني على بينة الآن من الأفكار التي عليّ أن أبلورها وأوضحها، لأجعل منها محور المسرحية. ويحسن بي أن أدون أفكاري ومعلوماتي الأساسية عن شخصيات الرّواية – بأسمائهم الحقيقية مؤقتاً – لعل في ذلك خلاصاً من حيرتي، إذ إنه من المحتمل أن تتدفق الحركة في مجرى تلقائي إذا وضحت الشخصيات واستقرت معالمها الأساسية»[3].

إذاً، لقد تأثرتْ روايتنا المعاصرة، بهذا الإرث التّجديدي جميعاً الغربي منه والعربي، والمرئي منه والمقروء، حتى أصبح مثالاً وثقافة دالة على طبيعة كتابية مرتبطة بالفكر الحداثي وما بعده، بعد أنْ كان الكاتب العربي، يستثمره لأغراض التنويع ومغايرة السّرد التّقليدي الواقعي، أصبح اليوم مدلولاً فنياً غادر داله القديم المعبر عن مرحلة آفلة، ففي رواية (موت الأب) للروائي أحمد خلف، يمكننا أنْ نلاحظ تذويتاً واعياً للنص باللجوء إلى كتابة مدركة لحكايتها المبتكرة داخل الحكاية الأصلية، لتكون الحكاية/النّسخة الثانية بؤرة الذّاكرة للأولى، عن طريق زرع روائي داخل الرّواية، يعمل على كتابة روايته الجديدة، على أديم الحكاية الأولى ومغامرتها السّردية (رواية

داخل رواية) أو (ما وراء الرّواية)؛ لذلك يتناوب راويان على سرد حكاية الأب، الأول هو الابن (إسماعيل) والثاني صديقه (مؤلف الرّواية): «أنا أقص عليك بعضاً من جنونه، ولعلك تجد له العذر في ما أقوله الآن»[4]، فذاكرة الرّاوي الأول ليستْ ناسخة لما حدث فعلاً، كونه كان متلصصاً لكثير من الأحداث، أو ناقلاً لها عن طريق آخرين من عائلته، أو نتيجة لتوقع ما حدث، أي كانتْ مجرد مدخل لكي يبني الرّاوي الثاني حكايته عليها – حكاية الأب – ، مما يعمل على مضاعفة السّرد ولاسيما بعد الرّكون إلى مدلول المعنى الكامن في الكتاب المفقود، الذي يؤكد فعلياً واقعاً مفقوداً تُنتِجه الرّواية المصطنعة من محكيات الرّاويين معاً: «هل الكتاب المفقود إشارة لضياع شيء معين؟ الكتاب أم مؤلفه؟... ألا يبدو الكتاب المفقود لعبة كبيرة أضع عليها ثقل الرّواية؟»[5]، وهذا أمر كفيل بإرباك المتلقي الذي سوف تتداخل لديه أحداث الرّواية بين الأصلية والمصطنعة، ويفقد القدرة على تمييز بؤرة الحكي موقعاً وشكلاً، كون واقع السرد قد تشكل من إيحاءات مؤلِف حقيقي، وشخصية تكتب داخل العمل، وشخصية تسرد الحكاية، وبهذا تغادر الرّواية عالمها الورقي المتخيل، لتكون صناعة يشترك فيها الوعي لما فيها من قدرة هائلة، على الإيهام وخلق الأدوار الجديدة للشخصيات، مما يتجاذب مع بنية الرّواية ما بعد الحداثية كونها تؤكد نوعاً من التّخيلات التي توهم المتلقي بعقلانيتها على أنّها واقعي حقيقي؛ لأنّ مهمتها ليستْ نقل ما حدث فعلاً بقدر ما تكون غايتها ترتيب الأحداث في ضمن مسار سردي يمحو حدثاً ليقدم آخر، بوصفه نسخة مغايرة عن أحداث، مجسدة بمكوناتها السّردية جميعاً، فهي ببساطة ترفض الموقف الواقعي البسيط، متبنية بدلاً منه

تخيلاً جذرياً من المغالطة النّصية النّقيضة، حيث النّزعةُ السّيرية المستكشِفة للذات السّاردة، النّزعة التي يكون النّص الأدبي بتأثيرها أسلوباً للبحث عن ذاكرة بديلة[6].

فما وراء الواقع في رواية (موت الأب)، هو ذاته ما وراء الحكاية التي يصطنعها السّرد المتخيل، كون النّص لا ينقل أو يخلق، بل يصنع عالماً مختلفاً بتبنيه منطق الانتقال من الحكاية إلى ما وراء أثرها الفني، من خلال قوانين مختلفة تسعى لتكوين حكاية عالم النّص، بما فيها من ذاكرة متعلقة بالذات الحكائية الخلاقة، وهي على الرّغم من كونها ذات فردية، لكنّها تذوب في الذّاكرة الجمعية التي تنتج حكايات متباينة مصدرها الافتراء والتّخيّل: «أتراه حقاً يقص عليّ حكاية أبيه... أم تراه يروي لي حكايات يبتدعها عقلُه ووجدانه الساخن... قلت لنفسي، إذا شاء أنْ أكتب كل ما رواه نيابة عنه، وإذا ما أصر على صياغته فإنني سأشترط عليه أن أكون حراً في اختيار ما أراه مناسباً، إنني في الحقيقة سأكون مضطراً لكتابة روايتين في نص واحد»[7]، وإذا كان السّرد في رواية (موت الأب) يعتمد التّذويت وسرد الأحداث السّير ذاتية المصطنعة للانتقال لما وراء السّرد، من خلال العودة إلى سردها بأسلوب مختلف، فإنّ السّرد في رواية (أجنحة البركوار) للروائي عباس عبد جاسم يصطنع حكايته ويرويها، عن طريق الافتراض الواعي للواقع الجديد، بالانتقال المستمر للحكاية عبر رواة متعددين يولد تناوبهم على سردها نسقاً ميتاً حكائياً، يمثل مركزاً لبنية تتخيل واقعاً جديداً بمحو قديم تمتْ الإطاحة به، بسبب عدم مجاراته لشكل الرّواية المختلف، والسّرد هنا

يغير زواياه وأساليبه ورؤاه في تقديم الحكاية الواحدة، وما يتبعها من جذور تقترب أو تبتعد عن الواقع.

وحقيقة الأمر أنّ الرّوائي – عباس عبد جاسم – ، سبق أنْ جرب هذا المعطى السّردي في روايته السّابقة لأجنحة البركوار (السواد الأخضر الصافي – رواية نص)، التي قدمتْ رؤية جديدة لبناء الحبكة وسرد أحداثها، عن طريق سرد مركزي يروي فيه رواة مختلفون أكثر من حكاية اعتماداً على تقنية ما وراء السّرد، بلغة ما ورائية تقترب كثيراً من لغة التأريخ أو اللغة الدينية القديمة، وكأنها رواية لنص قديم أكثر منه رواية معنية بتقديم حبكة متواصلة ذات غاية واضحة، وهي تقترب بذلك من لغة روايات عربيّة شهيرة مثل: (حدث أبو هريرة قال) للمسعدي و(رسالة البصائر في المصائر) لجمال الغيطاني و(سابع أيام الخلق) لعبد الخالق الركابي، ولكشف الوجه الآخر للحكاية، يقدم النّص حاشية/هامش، مرتبطاً سردياً بما يحدث في السّرد المركزي، داخل مجريات الأحداث وتقديمها، على هيأة واقع متخيل مفترض، يقدم المركز (جزء الحكاية الأول) جزءاً منها، ثم يعمد الهامش (جزء الحكاية الثاني) على تقديم ما أغفله المركز، بحيث يمحى الواقع ويظهر مع أطراس النّصوص المحكية بين قديم زمن الحدث وحاضره، وبهذا يتم الانتقال من مروية الحكاية الأولى في المركز إلى مروية الحكاية الثانية في الهامش، بحثاً لا عن الواقع الذي أنتج الأولى، وإنّما بالعمل على محوه تماماً من النّص[8]، أما في رواية (أجنحة البركوار) فقد عمد على تقديم حكاية مفترضة، حاول فيها الابتعاد عن الواقع المباشر إلى منطقة

ما فوق الواقع، مع استثمار للغة ما وراء حكايته عن طريق تعدد الرواة المتناوبين على سرد هذه الحكاية السّرية، وهي حكاية دكتاتور اسمه (أدهم الشهواني)، ومع أنّ البناء العام للرواية قريب من بناء الرّوايات الرّسائلية كما عرفتْ بالرّواية الغربية، في تصديها لحكاية أو مجموعة حكايات برؤى متباينة، ووجهات نظر مختلفة بين الرّواة المتعددين، الذين يتصدون لمركز الحكاية المنقولة بصيغة الحكي/ الرّواية داخل الحكي/الرّواية[9]. إلاّ أنّ الـرّاوي الأكثر مصداقية من الرّاويين الآخرين في سرد هذه الحكاية هو (أيوب)، الشخصية المركزية المقربة من الشّهواني، وهو يمثل في الرّواية ذاكرة المكان، التي يستقي منها الرّاويان الآخران مصداقية حكيهما، وهما (أحمد الطيب) النّاقل عن أيوب و(دليل بن يعقوب البغدادي)، الذي يمثل الأطراس التأريخية، وذاكرتها القديمة الشّاهدة على حادثة مفترضة في الحاضر، وما يعنينا هنا طبيعة البنية المصطنعة سردياً لما وراء الحكاية، في قدرتها على محو الواقع المعروف تأريخياً، وإبداله بمتخيل تنتجه الحكاية نفسها، عن طريق سرد حكاية الشّهواني بتناوب الرواة الثلاثة؛ لأنّ النّص لا يحيل إلى ماضٍ معروف أو مستعاد، بل هو ماضٍ كوّنتْه الحكاية نفسها من أسرار بناية (البركوار) ومركز التخطيط فيها (الريمشن)، هكذا يبدأ أيوب سرد الحكاية: «بعد أنْ مضى السيد أدهم الشهواني إلى حتفه، وانهارت أجنحة البركوار، مرت سنوات طويلة، أرخ فيها كتبة ورواة وشهود عيان لتفاصيل ما حدث، ولكن لا تزال أسرار البركوار مقفلة، ورغم مرارة تأريخ الأسى، لا أحد يعلم بالمسكوت عنه سواي»[10].

فرواية الأحداث تبنى على وفق نظام لا مركزي لسرد مجهول

حكائي لا يقيني، كونه لا يقدم الحقائق، بل يفترضها من أديم تأريخ مسكوت عنه، فماضي السّرد يفتري حاضره – زمن السرد – كون لذة التّلقي تكمن في جزء وجودي من هذا الحاضر، لهذا تكون تجربة الكتابة أسلوباً مغايراً، للتغلب على الثّغرة بين ماضي الأحداث وحاضرها، عن طريق اصطناع الخيال؛ ليتحقق بذلك وعي شامل لا زمني، وبذلك يتم ليس نقل الحقيقة فقط، بل افتراض حقائق مغايرة تمد الكتابة الرّوائية بشيء من روح المعاصرة، بمعنى أنّ الرّواية تصطنع بنية اجتماعية، أكثر مما هي تنقلها بواقعية جامدة، واقعية خارجية مفترضة، تعتمد على افتراض صوغ عالمها المستقل بذاته، عن أية حقائق تأريخية: «كنت على يقين بأنني نسيت أن أذكر لأحمد الطيب اهتمامات أدهم الشهواني... روى البغدادي قال: هذه البلاد تزهو بالحروب، وعسكرة الاحتفالات، ولم يذكر عويل الأمهات وأحزان الأرامل الموطوءات، حتى لم يقل بأنّ هناك هزيمة في الأمام وانتصار في الماوراء»[11]، وكما يبدو جلياً أنّ سرد حكاية الرّاوي الأول والثاني، معنية بافتراض الأحداث الحاضرة، بينما سرد حكاية الثالث، متجهة نحو احتمالات الماضي، وعلاقة المفترض بالكائن فعلاً من الأحداث، لأجل ترسيخ المفترض ومحو الكائن منها، وهذا – كما سبق أنْ أكدتُ – نمط من السّرد الواقعي المعاصر، الذي يصطنع أحداثه على غرار الرّؤية العلمية المعاصرة، التي تؤمن بذوبان عالمي الخيال والحقيقة، ببعضهما لإنتاج عالم مستقل بذاته كما ظهر فلسفياً ومعرفياً عند جان بودريار وجون سيريل مما توقفتْ عنده هذه المقاربة في مدخلها.

إذاً، هناك وعيٌ ورغبةٌ متجسدان في الرّواية العربيّة المعاصرة،

يعملان على تكوين بنية مغايرة يمكن وصفها بانفراط المقدس واليقيني، الذي أسسته روايتا ما قبل الحداثة والحداثة ومحاولة الخروج عنه، بتشكيل رؤية مغايرة لتلك القناعات، تعمل على صوغ الكتابة من جديد وتكتشف الحكاية بروح مختلفة؛ لكي تستعيد جوانبها المرئية والمكوَنة من افتراضات الحدث واصطناع الخيال الأدبي، وقد تجسد ذلك بمستويات معرفيّة، استطعنا من خلالها معرفة الكيفية، التي يستطيع منها الرّوائي، توهم الأحداث المتخيلة لحكايته، وذلك باللجوء الجمالي إلى فكرة، إعادة تصدير أسلوب السّرد المتعدد، وسرد الحدث الواحد أكثر من مرة، ولكنْ بالانتقال من أصل الحكاية إلى مروية ثانية ما ورائها، وهذا ما يجعل من أسلوب الـ (ما وراء) بنية صارمة تمحو الواقع القديم وتستبدله بثانٍ متخيل.

- الصّورة (نظام الحكاية وفوضى الواقع):

مما يجب التّأكيد عليه هنا، أنّ الرّواية العربية ما بعد الحداثية، في تبنيها لمفاهيم بنيوية جمالية مثل بنية الـ (ما وراء)، لم تكتفِ فقط بقضية إنشاء حكاية داخل الحكاية وتمثيلها، بوصفها بنية مصطنعة لواقع جديد، معبر عن نظام مختلف للأحداث، لكنّها أيضاً بدأتْ تبتكر تقنيات ومفاهيم تعبيرية، دالة على مثل هذه البنية، مما جعلها مجددة لبنيتها بشكل مستمر، وواعية في الوقت ذاته، في قضية كيفية إعادة صوغ حكايتها وتقديمها، بشكل مختلف لفوضى الواقع وتراتبيته في المباشرة، وحقيقة الأمر هذا يتناسب مع طروحات الخطاب النّقدي الغربي، في ضمن حديثه المبكر عن الرّواية الغربية التي أسستْ

بوعي هذا النّمط الكتابي، من خلال التنظير لبنية ما وراء الرّواية وحتى ما وراء الرّواية التأريخية، عندما أكد أنّ هاتين البنيتين تتحققان أيضاً باللجوء إلى أشكال معبرة عن الحكاية ضمنياً، وهو ما نجده يتحقق في أشكال جانبية تمويهية، مثل: الصورة، والمخطوطة، والوثائق، والتّسجيلات وغيرها، بشرط أنْ تكون إضافة هذه الأشكال مرتبطة بالضرورة بوظيفة الاصطناع الـ (ما ورائي) للحكاية، لكي تتحقق من خلالها فكرتان معاً، (الأولى) تحقق بنية ما وراء الحكاية، و(الثانية) توليد إيهام مناسب للواقع المفترض عن واقع الحكاية الأصل، وهو أساس في توضيح مفهوم ما وراء الحكاية المصطنعة، وهذا ما سيكون منطلقنا في هذه الفقرة، للتعبير عن كيفية وعي الرّواية العربيّة لبنية، تُنْتَج لما وراء حكايتها بوصفها بنية جديدة، تمحو الواقع الأصلي اعتماداً على تقنيات مغايرة للسرد.

ففي رواية (سيرة بحجم الكف) للروائي محمود عبد الوهاب، ثمة تحول واضح وصريح في البنية السّردية، ينشط بظهور صورة فوتوغرافية معبّرة، عن حكاية قديمة في ضمن الحكاية التي تتمثل سردياً، من خلال وعي الرّاوي المشارك في الأحداث، إذ تنقسم الرّواية إلى ثلاثة أقسام هي أشبه بوحدات أو متتاليات متتابعة، يكون الأول منها (في سوق الكتب القديمة) ممهداً مركزياً للحكاية الأولى الأصل، إذ يُمثل هذا القسم سيرة مثقف ورحلته مع الكتب، ومع أننا هنا لا نستطيع تجذير العلاقة بين راوي الأحداث والرّوائي المؤلف والجزم بها، بسبب وجود إشارات مثل العمر والهَمّ الثقافي ونهم القراءة، كون هذه الإشارات عامة لا تخص المؤلف من دون غيره، إلاّ أننا

مع ظهور الصورة التي سوف تستحوذ السّرد في القسمين القادمين منها، نرى ملمحاً ذاتياً واضحاً لكن ليس سيرياً على وفق شكل السّيرة الذّاتية المعروف في السّرد العربي القديم، وسيبدو هذا الملمح واقعاً جديداً لحكاية أخرى ثانية، منبثق من الحكاية الأولى المتمثلة بحكاية الرّجل الكتبي المحب للثقافة: « – وجدتُ داخل الكتاب صورة. – حسناً أين هي..؟ ربما يأتي صاحبها. – هل تعرفه..؟ – تخصني أنا. – كيف؟ – صورة نادرة. أخي مع أصدقائه.»[12]، فمع ظهور الصورة تبدأ رحلة البحث عن صاحبها، الذي ستعاد سرد حكايته وراء الحكاية المهيمنة في الرّواية، من خلال العودة بسرد منحني إلى الماضي، تنطلق منه الحكاية الثانية التي سوف تمحو واقع الحكاية الأولى، فالرّواية مرتكزة بشكل تام على الحادثة العرضية التي انطلقتْ من مصادفة درامية، تحكمها الضرورة السببية للسرد، وهي تذكرنا بقوة بذلك القانون الدّال الذي سنّه الفيلسوف المادي (فيورباخ)، حين لاحظ بذكائه الشّديد قبل سنوات من اكتشاف آلة التّصوير الفوتوغرافي (الكاميرا)، أنّ واحدة من أهم الطرائق التي تحقق فكرة البحث عن السّعادة الوهمية في العصر الحديث، تتم من خلال وجود الصور الفوتوغرافية التي ولّدَتْ رغبة تفضيل الصورة على الشيء الحقيقي، والنّسخة على الأصل، والتّمثيل على الواقع، والمظهر على الجوهر، وهذا مناسب تماماً لفكرة قدرة الصورة على إخفاء الواقع الحقيقي، بتوليد عالم غير موضوعي لا يعتمد التّشابه، لكنّه يعمل على نقلنا إلى ما وراء التّشابه وكشف زيف الواقع، وهذا ما يمكن رصده من خلال رواية (سيرة بحجم الكف)، بعد ظهور الصورة، حيث امتلاكُ سرد حكاية الصورة المرتبطة بشقيق الرّاوي الذي مات من مدة، أصبح

واقعاً جديداً تعلو فيه سمة تزييف الأشياء غير الحقيقية، فغدتْ بذلك الصورة (بنية / حكاية / ذكرى) بؤرة مصطنعة نامية وراء سرد الأحداث الحقيقية، التي اختفتْ ما إنْ بزغتْ حكاية الصورة، كون الصورة هنا مثلتْ مدلولاً لمعنى جديد معبر عن واقع قديم، رصدته الصورة ومات فيها، إلى أنْ بثتْ الحكايةُ فيه روح السّرد من جديد: «ينفتح زمن الصورة ويتسرب إليّ في شكل ذكرى، في سيرة تنبعث فيها الحياة وتقودني على نحو مفاجئ إلى الإحساس بها، أتأمل صورة أخي الذي مات من سنين فأجد الاختلاف بين صورته وما أحمله في داخلي من قسماته... الذاكرة تكمّل الصورة، والصورة تحمل تأريخاً عاشه أخي قبلي أتلمس غيابي فيه»[13].

إذاً، تبدو الصورة هنا، محاكاة مصطنعة لنظام معين، وليستْ مجرد أداة للتشبيه بين الرّمز والحقيقة، فالصورة المتمثلة بما وراء الحكاية، تنكر جذرياً هذا الرّمز بوصفه معنى دالاً على حقيقة فوضوية معينة؛ لذلك تعمل على تَهْيأتْ الذّهنية لإنتاج صورة مزيفة عن الماضي المستعاد من ذاكرة الحدث السّردي، من خلال استيعاب كامل وتام بين الصورة ومحاكاة العالم؛ لغرض تكوين صورة زائفة عن واقع زائف جديد أبعاده الحقيقية تنتمي لحدود الصورة لا إلى واقع الشخصية، التي يتحدث عنها الرّاوي في ضمن حياته وسيرته الفعلية، مما يحقق الخطوات الفعلية في حكاية الصورة، التي تعمل على موت الواقع الذي تفارقه لإنتاج ثانٍ مغاير، وهي الخطوات التي حددها (بودريار) في أغلب طروحاته مما أشرتُ إليه سابقاً، بمرحلة أولية تكون فيها الصورة انعكاساً لواقع أساسي، ثم تعمل بعدها على إفساد هذا الواقع، مروراً بكيفيات خاصة لحجبه وتغييبه، وصولاً إلى

مستوى فقدان الصلة بأي واقع؛ لتكون الصورة /الحكاية بحد ذاتها واقعاً خالصاً لنفسه من دون أية ارتباطات خارج نصية، وهو وهم سردي يعيد تمثيل الحكاية مرة أخرى، لتكون بنية مشتقة عن البنية الأصل تمحو واقعاً وتنتج آخر، لذلك لم تعدْ الصورة في ضمن فكرة اصطناعها لواقع جديد بسبب بنيتها التخيلية، بعد أفول الواقع الحقيقي الذي عبرتْ عنه، أقول: لم تعدْ الصورة كما وجدها النّاقد الفرنسي الشهير رولان بارت، نظاماً سيميائياً خالصاً مكوناً من دال ومدلول ومرجع أو علاقة تجمعهما، لأنّها عملتْ جمالياً وافتراضياً على موت الدّال المرتبط بمرجعه الحقيقي المرتبط بواقع معين، فغدا المدلول بديلاً له من خلال سرده لمرجعه الخاص، مما يجعل الصورة حرة في تكوين واقعها، بما يتناسب وتخييل السّر د الذي تبتغي تقديمه، إذ إنّ نَسَقَي التّعبير عن الصورة – كما يسميهما بارت – سيرتبطان معاً، فالنّسق السّيميائي الأولي (دلالة الصّورة)، لم يعدْ معبراً عن النّسق السّيميائي الثاني (الأسطورة)، كون النّسقان ارتبطا معاً برؤية واحدة، فتوحّدا في دلالتهما للتعبير عن معنى واقعي واحد مختلف عن ذلك الذي انطلقا منه.

وهو ما سوف يحقق برأيي نظاماً مختلفاً من البنية، يمكن أنْ أسميه نسقاً سيميائياً ثالثاً (مدلول الاصطناع)، لا يؤمن بدلالة النّسق الأول أو المعنى الأسطوري للثاني اللذين رسخهما بارت، لأنّه في هذه الحال سيكون بنية محايدة قائمة بذاتها، تمحو ما قبلها فتتمركز في بؤرة ما وراء الحكاية المصطنعة، التي تعبر عنها الصورة، مولدة دفعة هائلة من الإيهام الكفيل بنزع الفتيل، من الواقع الأول لترسيخه في الثاني المعبر الذي تنطلق منه حكاية الصورة، وهو ما

يعيه راوي أحداث رواية (سيرة بحجم الكف) جيداً، عندما يُعرّج في أثناء سرده المنثال عن العالم المختلف للصورة، على حادثة مشاهدة رولان بارت لصورة أمه مقارناً ذلك بمشاهدته لصورة أخيه، مبيناً بتأثير تلك المصادفة الدّرامية، أنّ الصورةَ على الورق ثابتةٌ، لكنّها في داخل من يراها تأخذ أوضاعاً مختلفة، تتغير بتأثيرها الملامح الدّاخلية للشخص ذاته كلما تقادم الزّمن[14].

وعليه ستكون الصورة محكية أساس، تعتمدها الرّواية في تغيير نظامها السّردي، من خلال عكس اتجاه حكي قصتها، من واقع النّص إلى إيهام ما وراء النّص، بإبدال الخطاب اللغوي بخطاب بصري، يضفي على النّص رؤية ما بعد حداثية، كونه يعيد آليات تمثيل الأيديولوجية بوصفها واقعاً حكائياً مستنفراً للتعبير عن الماضي، عن طريق إعادة تقديم الحكاية مرة ثانية برؤية مختلفة، مما يعيد صوغ فوضى الرّؤية المعبرة فيها عن واقع معين، ولعل هذا ما يسمح للصورة الفوتوغرافية بمحو هذا الواقع فعلاً، كونها ليستْ مجرد حكاية معبرة بفوضوية عن شخصيات وأحداث، لكنّها نظام خطابي متكامل تتحقق بنيتُه من الأشياء التي يعبر عنها، مما يحوّل منطق السّرد، إلى نظام مألوف على الرّغم من الغرابة والتّغريب، اللتين يحملهما بعيداً عن واقع الحكاية الأصلي، فيكون الرّمز/ الحقيقة مساوياً للواقع وفوضى الحدث فيه، وبهذا يسمح لمدلول المعنى الجديد بتقديم نظام مختلف، تستوعب فيه المحاكاة الواقع، عن طريق الصورة بوصفها واقعاً زائفاً، فيغدو الرّمز مرفوضاً بشكل جذري، كونه لا يمثل أية قيمة متخيلة، تستعيد عافيتها بنظامها الخاص،

مفارقة أية فوضى تولدها الحكاية، وهذا قريب مما يطلق عليه بودريار فكرة (فينومينولوجيا الغياب) لإدراك نظام وظيفة الصورة، كون الوظيفة الحرفية للصورة محتجبة، عبر ما هو أيديولوجي أو جمالي أو سياسي، بالإحالة إلى صور أخرى مما يزيل الواقعية: «تلك إحدى حكاياته، أرأيت كيف يحكي تفاصيل الواقعة أو الوهم؟ لا أدري أين تكمن حقيقة ما روى، لكنّ التشويق يجعلها أكثر إقناعاً عما هي في الواقع، لعل هذه المهارة التي لا نملكها نحن أصدقاءه، هي التي توهمنا باختلاقها، لم نكذبْه سميناه [كذا] بالحالم...»[15]، وهو ما سوف يكشفه الجزء الثالث من الرّواية الذي وسمه المؤلف عنوان (خارج الصورة – داخل السيرة)، فهو يكمل سرد السّيرة من خلال الصورة بالجزء الثاني (الصورة تروي حكايتها)، فيبين منطق النّظام الذي تحقق بظهور (الصّورة / التّمثيل / الاصطناع) بعد فوضى واقعية، ولّدتْها الحكايةُ في جزئها الأول من الرّواية (في سوق الكتب القديمة)، فكان سردُ حكاية الصورة، بنيةً مغايرة بأحداثها وقوانينها ونظامها، محتْ الواقع القديم ونقلتْ السّرد لما وراء حكايته الأصل، بما يتناسب مع موت الشّخصية المتمركزة في الصورة، وإعادة بعثها من قبل الرّاوي بوصفها ذكرى مستعادة.

بينما يتغير نظام البنية السّردية في رواية (فرانكشتاين في بغداد) للروائي أحمد السعداوي، باللجوء إلى تقنية تسجيل الصوت (آلة التّسجيل)، وإعادة سرد الحكاية مرة أخرى على لسان مصطنعها الحقيقي (هادي العتاك)، ليغدو الصوت صورة مغايرة للحكاية، تنتقل معها الأحداث لما وراء سرد الرّواية المتخيلة، التي يكتبها الصحفي/

الشخصية الرّئيسة في الرّواية المؤلفة في ضمن عالم الحقيقة، ومع أنّ فرانكشتاين في بغداد فاقدة لبراءة اختراعها الفني، بسبب تناصها المباشر والصريح مع نص روائي شهير هو (فرانكشتاين) لماري شيللي، بوصفه نصاً ما ورائياً تلجأ إليه حكاية هادي العتاك، لتحديد طبيعة نظامها الدّاخلي بما يقابل فوضى الواقع الذي انطلقتْ منه، أقول: ومع إنّها فقدتْ هذه البراءة في جدة الحكاية في المبنى واصطناع نظامها، إلاّ أنّها انمازتْ في قدرتها على ترويض فوضى المتن الواقعي ومحاولة التأسيس له، على وفق قوانين وأنظمة مرتبطة بثقافة المجتمع التي أنتجتْ النّص، ولعل واحدة من أهم هذه الأنظمة، فكرة إعادة الحكاية الأصل مرة أخرى، عن طريق نقلها لما وراء الحكاية، بحثاً عن اصطناع مغاير لها، ففي الفصل التّاسع منها الموسوم بـ (تسجيلات)، يتحقق تمثيل مغاير لحكاية فرانكشتاين/ الشسمة، الذي أنتجته الفوضى السّياسية في العراق، إبّان الاحتلال الأمريكي لبغداد بعد عام (2003)، وما يعنينا هنا الطريقة التي أعيد بها سرد الحكاية، مما جعلها أقرب إلى صورة ثقافية دالة على واقع معين، لا بدّ من إخفائه بحثاً عن جديد، وهو ما يتقرر بتأثيره تحديد نظام جديد للحكاية نفسها: «قرب مسجلته الديجتال من فمه، وكما في لقطات شاهدها مراراً في الأفلام الأمريكية ضغط على زر التسجيل وبدأ يملي ملاحظاته الصوتية، كان يرغب باستعادة تفاصيل جرت في اليومين الماضيين، وبالذات حواره الغريب مع هادي العتاك»[16].

فالواضح هنا أنّ الرّواية، تستعمل تقنية الصورة الصوتية للغة، على شكل تمويه متخيل، لتشكيل نظام الحكاية من جديد وإدراك الإحساس بها، بما تمثله من تجميع / تجميل لأجزاء الواقع الفوضوي

ممثلاً بأشلاء ضحايا العنف، وهذا يؤكد رسوخ النّظام في قلب الفوضى ذاتها، إذ طغى الواقع المفكك والإدراك الحسي له، على نظام المجتمع ومركزيته، ليتحول الواقع بفوضويته العالية، إلى صورة نظامية معبرة عن واقع مغاير، غير الذي انطلقتْ منه الأحداث، أي يبدأ نظام الخطاب بتغيير قوانينه نحو فكرة المحو لا التّرسيخ، وهذا ديدن النّظام في أي خطاب، يتعرض بفنتازيا لقضايا المجتمع المحظورة كما يرى ميشيل فوكو، وهو مناسب جداً للخطاب السّردي في هذه الرّواية، التي اعتمدتْ نظاماً خاصاً لها يقربها من فنتازيا الحكاية العلمية، التي قدمها النّص الأصلي الذي قامتْ بمحاكاته (فرانكشتاين)، لكنّها خرجتْ منه باصطناع واقع جديد، يتناسب وفوضى الواقع السياسي والثقافي للمجتمع، الذي أحاط بصورة الحكاية الممثلة لشخصية صانع الحكاية (هادي العتاك)، ومادته الفنية المصطنع المسخ (الشسمة)، مما يعيد إلى الذّهن العالم الرّوائي الذي خلفه الرّوائي فلاديمير نابوكوف من ناحية أنّهما – نابوكوف والسعداوي – يستعملان الفنتازيا في توكيد وتشظي الإدراك الحسي المألوف وإلغاء الإحساس بالنّظام، ليكون المنطق والنظام فنتازيا بحد ذاتها، وهذا أساس معرفي جمالي ثابت، لمحنا حضوره في (فرانكشتاين) بوازع علمي فنتازي، وفي (فرانكشتاين في بغداد) بوازع فوضوي لفنتازيا الواقع(17).

إنّ فكرة إعادة استنساخ شخصية مضادة مثل فرانكشتاين، وتمثيلها بهيأة صورة محكية دالة على نظام واقعي مضطرب، ما هو إلاّ تنميط لكشف واقع معين مثل الواقع العراقي في مرحلة كولونيالية، مما يكوّن عالماً وهمياً يمكن من خلاله تتبع الصورة الحقيقية لما

حصل فعلاً، ولاسيما أنّ صورة الأجزاء ونظام تَجَمُعِها في جسد واحد وبرؤية عبثية، تمثل صورة لمعنى اختفى وراء الواقع النّصي، الذي عمد لكي يحذف الحقيقة ويبعثرها، لحجب الحكاية الأولى فيه وإبدالها بحكاية ثانية مستعارة، عن صورة مصغرة تم إنتاجها في ثقافة مغايرة، لكنّها وجدتْ نظاماً جديداً لها يخفي فوضى تكوينها في تربة الواقع العراقي المضطرب، فما تتشارك به الصورتان معاً – النّسخة الغربية والنّسخة العراقية – هو الأسلوب الذي تقتحم فيه صورة البطل/المسخ، قوانين المجتمع الآفل بالضرورة، بحثاً عن تمثيل مقنع، فلكل شكل من أشكال التّمثيل نظام ثابت، لكنّ الغاية هنا لا تصوير نظام الحكاية بقدر تشخيص فوضى الواقع الذي أعاد إنتاجها، وتلك مهيمنة نصية مركزية تتكئ عليها البنية السّردية لرواية (فرانكشتاين في بغداد)، بوصفها حكاية حملتْ بداخلها صورة خاصة معبرة، محتْ واقعاً معيناً ورسختْ آخر، أي أنّ ميكانزمات تكوّن الصورة هنا، قريبة من تلك الرّؤية التي يصرّ عليها فوكو كثيراً، في قدرة المجتمع على إنتاج خطابه، فالخطاب لديه مراقب ومنتقى ومنظم، لكنّه بالضرورة يعاد إنتاجه وتوزيعه باستمرار، عن طريق إجراءات تحجم سلطة ومخاطر الخطاب نفسه ما يحتمل وقوعه، وهنا يأتي دور الصورة/الحكاية البديلة لما وراء الحكاية الأصل، في ضرورة تأكيد قدرتها على طمس فوضى الواقع ومحوه، كون عالم الصورة الزّائف، قادراً على أنْ يحلَ محل العالم الواقعي، وهو ما تجسد في هذه الرّواية، صوتاً حكائياً معبراً عن مدلول صورة المسخ القاتل (الشسمة): «قال محمود ذلك ثم استأنف إعادة سرد التفاصيل الغريبة، فالشسمة كان يخطط لشيء آخر تماماً عوضاً عن التورط

بمعارك مع أشخاص هم ليسوا أعداءه بالأصل... أعاد المسجلة بعد عشرة أيام، أنفق محمود ساعات طويلة في الاستماع فقط وإعادة الاستماع، كان الفضول يدفعه لتفحص كلام المتحدث داخل التسجيل الصوتي، فما يقوله كلام مثير وصادم، وهناك صورة حسية قوية لهذا الشخص، من المؤكد أنّه شخص واقعي من لحم ودم مثل محمود ومثل هادي وأبو أنمار والآخرين، ولا يشبه تلك الصورة التي رسمها هادي العتاك بكلامه الخيالي»[18].

- السّرد النّرجسي (تأملات الحكايةُ ومرآة المؤلف):

خلافاً لما ورثته الرّواية ما بعد الحداثية، من تنظيرات نقدية متحققة في نصوص سابقة، فيما يخص كيفية حضور المؤلف أو علاقته بنصه، ولاسيما مع فلاديمير بروب وليفي شتراوس أو حتى غريماس الذين غفلوا تماماً عن المؤلف عند دراسة الحكاية، وكذلك موت المؤلف وعدم تأثيره عند رولان بارت في رواية الحداثة، أو وظيفته المهمشة عند دريدا وميشيل فوكو.

أقول: خلافاً لهؤلاء جميعاً عمد السّرد ما بعد الحداثي إلى تطوير بنية خاصة به، استثمرتْ المؤلف بوصفها جزءاً من سردياتها، وهو استثمار تقصده المؤلف نفسه عندما جعل من نصه/روايته مرآة لذاته، بما فيها من تجارب خاصة يرغب في تأكيدها عندما يعيش مغامرة الحكي بنفسه، بحيث يفارق هذا الشكل البنائي مفاهيم عرفتها الرّواية في ضمن علاقة المؤلف بروايته، مثل (المؤلف الضمني) و(المؤلف المقتضى)، كون هذان الشكلان يعتمدان فكرة إسقاط الرّغبات الذّاتية

للمؤلف، والطموحات الخاصة به في ضمن متخيله الرّوائي، مؤكداً من خلال ذلك على أناه الثّانية المترسخة داخل النّص[19]، وهو مختلف أيضاً عن أساليب بنائية في رصد ما وراء الحكاية، مما ساد في روايات غربية وعربية كثيرة، ولاسيما العربيّة المتأثرة بالموروث العربي القديم، وطريقته في مباشرة تقديم الحكاية، مثل لقاء المؤلف بشخصياته ومحاكمة الشخصيات لمؤلف العمل وغيرها، بينما ما نقصده هنا أنْ يكون الرّوائي / المؤلف «أصلاً أو مركز النّص [الذي] يحقق وجود النّص لكل القراء»[20]، لكن ليس من خلال عدم قدرته على تحديد المعنى، كونه مركباً له فقط، بل على العكس من ذلك تماماً، لأنّه سيزج نفسه داخل العمل بوصفه مصطنعاً جديداً للمعنى، بالاعتماد على فكرة إعادة سرد الحكاية، بالانتقال فيها لمستوى الـ (ما وراء)، وهو ما سوف يجعلها أشبه بمرآة عاكسة لصورة المؤلف/ البطل/الشخصية، وهي تتأمل ذاتها في مخيالها الخاص، وهو ما عرف نقدياً مع النّاقدة باتريشيا ووخ بـ (surfiction)، التي تجد أنّ الغاية من دخول المؤلف داخل روايته، تكون في تقديم سيرته الخاصة وتجربته، لتمثيل الحكاية فيكون ذلك شكلاً مستقراً معبراً عن السّرد ما بعد الحداثي[21].

لذلك يجب أنْ أبيّن هنا أنّ الأعمال الرّوائية والقصصية بشكل عام، قد اختلفتْ في تقديم هذا النّمط البنائي، فبعض النّصوص تعمل على تقديم رؤية الكتابة وفلسفتها، أساساً لكي تناقش في ضمن أحداث العمل، أي وعي النّص بدرجة كتابته ولغته ونوعيته، وحتى الجنس الذي تنتمي إليه، والمؤلف الذي كتبه من دون التّصريح باسمه، ليكون ذلك أساساً في التّمويه وإيهام القارئ بواقع النّص، كما فعل يوسف

القعيد في روايته الشّهيرة (شكاوى المصري الفصيح)، ولربما يدور حوار عن كيفية كتابة الرّواية وصنعتها، من خلال تحويل الرّواية ذاتها إلى مرآة تعكس صنعة الكتابة الرّوائية، عندما نجد روائياً مفترضاً يكتب روايته المفترضة داخل الرّواية الحقيقية، فتتداخل بذلك الرّوايتان والمؤلفان معاً، ليعيش القارئ حيرة بين الحقيقة والوهم، كما في (الصندوق الأسود) لكليزار أنور، و(ظلال جسد ضفاف الرغبة) لسعد محمد رحيم.

وهناك نصوص سردية أخرى تبني نرجسيتها للحكاية، من خلال عكس صورتها بمرآة المؤلف ذاته، بشخصيته الحقيقية ووعيه واسمه – وهو نمط أقل في الظهور – ، ليتقصد بذلك النّص خلق زعزعة مقصودة لدى قارئه، ويشكك ذهنياً في أنّ الشّخصية المشاركة بالعمل، هي المؤلف ذاته بسيرته الحقيقية أو لا، مما يولد اصطناعاً لبنية حكائية، تمزج ما بين الوهم والحقيقة، كما في التّجربة المبكرة بهذا النّمط، للقاص جليل القيسي في مجموعته (انعكاسات المملكة الضوئية)، ورواية (المقامة البصرية العصرية) للروائي مهدي عيسى الصقر، وعليه إذاً يتحدد نمطان أو اتجاهان، في تعبير السّرد النّرجسي عن ذاتِه التي تعكس ذاتَه في مرآة الحكاية، أما (الأول) منهما فهو: نرجسية السّرد واصطناع الحكاية، وأما (الثاني) فهو: نرجسية السّرد واصطناع مرآة المؤلف، وعلى ذلك سيكون إدراكنا لتحولات الواقع، حتى محوه المتحقق بما وراء الحكاية المصطنعة.

ومن النّماذج العربيّة المهمة التي كتبتْ بتأثير الاتجاه الأول، رواية (شكاوى المصري الفصيح) للروائي يوسف القعيد، لما فيها

من وعي مبكر ببنية ما وراء الحكاية، ونرجسية السّرد وإعادة صوغ سيرة الكتابة وصنعتها، من خلال زجّ المؤلف نفسه داخل الأحداث عن طريق مناقشة صنعة الكتابة وأسلوبها مما يقترب من أسلوبه هو، بوصفه شخصية مفترضة معاصرة تقابل مثيلتها في الماضي ممثلة بالفلاح الفرعوني، وبهذا تكون شكاوى الفلاح الفصيح حكاية تُكتَب في ضمن الحكاية، من خلال تأملها لذاتها وموضوعها، بحثاً عن اصطناع مختلف لواقعها، إذ يكون لحكاية الرّاوي/المؤلف، واقع يمحو واقع الفلاح المصري الذي تنقله الأحداث منذ زمن الفراعنة، فيحلّ زمن بدلاً من زمن، وشخصية بدلاً من شخصية، وتتعاقب خلال ذلك الحكايات، إحداها محكية عن الماضي، وأخرى مصطنعة في الحاضر: «انتهت الرّواية هكذا، والكلمة السابقة التي انتهت بها الرواية لم ترد على لسان أحد الأشخاص وليست جزءاً من السّرد، ولكنها جملة همس بها المؤلف لنفسه بعد أن انتهى تماماً من كتابة روايته...»[22].

وهذا مدخل واضح لبدء نرجسية الحكاية وتأملاتها لذاتها، حيث انبثاق أكثر من حكاية من التّمثيل السّردي للأحداث، وهو مبني على حكايتين أصليتين تصطنع إحداهما الأخرى، بمدلول معنى التّأليف داخل الرّواية الأصل، فحكاية المؤلف الذي يكتب رواية بعنوان الرّواية التي يقرؤها القارئ (شكاوى المصري الفصيح) نفسها، تولد شكاً إزاء الخطاب وواقعيته، وبهذا تكون حكاية المؤلف مرآة للحكاية الثانية، التي سيصطنعها السّرد ليوازي بين الحقيقة والوهم، إذ تبدأ أحداث حكاية موازية، يتم التّناوب عليهما معاً بتزامن واضح

رغم اختلاف التأريخ، وهي تتكلم عن عائلة مصرية تحاول تقرير مصيرها بشكل مختلف لكنّه مرتبط بشكل أو بآخر بمصير الأحداث في الحكاية الأولى – حكاية المؤلف – ، وهنا سيتداخل الرّاوي مع المؤلف، وشخصيات الحكايتين وأحداثهما معاً؛ لتكوّنا معاً مرآة لسرد الرّواية الحقيقية لكاتبها الحقيقي (يوسف القعيد)، ولكن من دون أية إشارة مباشرة لواقع التّأليف الحقيقي، بعناصره جميعاً ممثلاً بالسّيرة المباشرة للروائي، وهنا يكمن السّر في تكوين بنية تمحو واقعاً لتثبت غيره بتأملات جمالية متناهية.

كذلك فإنّ رواية (الصندوق الأسود) للروائية كليزار أنور، جاءتْ مُحمّلة برؤية فنية تجمع بين التّجريبي والواقعي من خلال تبلورها حول بناء (ما وراء الحكاية)، كونها تبنتْ نسقاً من البناء معني بإنتاج رواية حول الرواية أو رواية شارحة لفن الرّواية، إذ يتحقق بذلك قصد المؤلفة في هدم الخيال السّردي وواقعه والعناية بدلاً منه بالإنشاء الرّوائي، وبهذا تعمل (المؤلفة) على تعطيل المعنى من خلال إنتاج سرد جديد داخل سرد الحكاية الأصلي، مما يعني أنّها تنبه القارئ باستمرار إلى عدم التّظاهر في إنتاج الخيال الأدبي حتى يقربه من السرد / الخطاب الحقيقي المتداول، لكي تتحقق بذلك معرفة نصية تعمل على تحطيم مبدأ (الإيهام بالواقع) وإرساء مبدأ جديد، في ضمن جماليات التّلقي الحديث للرواية المعاصرة ، حتى يؤدي ذلك إلى كسر أفق المتلقي ونقله بأسلوب تغريبي من الواقع الحقيقي في النّص إلى رؤية جديدة، تتفهم النّص وتتذوق خياله، على وفق آليات جديدة متاحة من خلال مكونات النّص ذاته وتتواءم مع مفاهيم سرد ما بعد الحداثة،

في قدرته على اصطناع مرآة لأحداثه وتأملاته لصنعته الكتابية[23].

وعليه يبدو هذا النّسق البنائي في رواية (الصندوق الأسود)، بؤرة ومركزاً جمالياً يتفجر منه السّرد بتناوب هادئ عبر فصولها العشرة، الفصول التي تتوزع بين روايتين، (رواية أصل) ينبع منها سرد سائد يتخذ من الفصول (1، 2، 3، 4، 6، 8، 10) مسرحاً له، و(رواية مشتقة) ينبع منها سرد مساعد يمنح النّص فرصة كي يتأمل ذاته فنياً، ويتخذ من الفصول (5، 7، 9) مسرحاً له من خلال توليد سرد داخل سرد، ثم من خلال محاولات متكررة لزجّ معلومات تدل على ذات المؤلفة داخل العمل الذي سيبدو أشبه بمرآة لحكايتها، وبهذا تتوفر لنرجسية السّرد آليات جديدة في التّعبير الكتابي تتناسب مع تطور الشكل الروائي وبنائه الحديث، كونه معنياً بتمثيل حكاية جديدة معبرة عن الحكاية الأصل وعاكسة لها، إذ يعمد السّرد من ذلك إلى خلخلة الأطر التّراتبية وردم الحدود الفاصلة بين الحقيقي والمُتخيَّل، يصاحبه تداخلات مستمرة من الراوي تذكر القارئ أن ما يقرأه ليس سوى عمل مكتوب، لخلق تغريب مقصود لإبعاده طوعياً عن الاندماج في عالمه، ولكن في ضوء ما سبق توضيحه من بناء سردي نرجسي، لا بدّ من التّساؤل عن كيفية تمظهره في هذه الرّواية؟ وهل تأثرتْ بأعمال روائية سبقتها في هذا المجال؟ وللإجابة عن هذين السّؤالين أقول: يتحقق في هذه الرّواية نسق الـ (ما وراء) انطلاقاً من مبدأين، أحدهما معني بسرد حكاية داخل الحكاية الأصلية، بأسلوب تقطيعي يأخذ بعنقي الحكايتين معاً، أما الآخر فهو متحقق بإدخال ما يشير إلى شخصية الروائية / المؤلفة داخل العمل المكتوب انطلاقاً من وعي (السّيرة الذّاتية)، ليبدأ السّرد من قضية ذات طابع إنساني

يتعلق بالإنجاب والتّطور العلمي، الذي سهل هذه المهمة ممثلاً بـ (طفل الأنابيب)، والقارئ يتابع رحلة البطلة وراوية الأحداث من العراق إلى سوريا، على أمل نجاح عملية زرع الجنين، عندما يتم استمرار أربع وحدات سردية متتابعة، وبأسلوب تقليدي ينهج مفهوم الحبكة الأرسطية، لكنَّ التّحول المهم في البناء نحو ما وراء السّرد المصطنع يتأتى مع الجزء الخامس، الذي يأخذ عنوان (ما قَبْل) وهو يمثل حكاية افتراضية تتلقاها البطلة من خلال (النت) «عندما ذهبنا للنت في المرة الثانية وجدت رسالة غريبة في بريدي من إيميل غريب (blackbox@yahoo.com) فتحتها عنوانها (الصندوق الأسود) وتحوي ملفاً بعنوان (ما قبل»)[24]، وهنا تحقق الحكاية المفترضة عن طريق النّت اصطناعاً مغايراً لنرجسية السّرد، إذ تدور أحداث هذه الحكاية في حكاية حُبٍّ فاشلة، تتطور شيئاً فشيئاً مع السّرد، لتكتمل بعد ذلك بجزأين يتخللان باقي أجزاء الرّواية الأصل، وهما بعنوان (المفكرة)، (ما بعد)، يتمثل جزء (المفكرة) أحداثاً واقعية تاريخية عن حرب الخليج الثانية، أما (ما بعد) فيكمل حكاية الجزء الأول (ما قبل)، وهنا يتأكد تداخل (شخصية البطلة) في النّص الأصل، مع (شخصية الفتاة) التي تدور حولها حكاية الجزأين في ضمن حكاية النّت، ويبدو الصوت السردي واحداً، وهو يعود في حقيقته إلى رؤى وأيديولوجية المؤلفة نفسها، كأنّ أفكارها تنثال من داخل العمل وليستْ مفروضة من الخارج، ويتحقق هذا الافتراض من خلال أمور عديدة منها: الإهداء (إلى ابني الذي لم يأتِ!) وهو بالضرورة مرتبط بالمؤلفة، لكنه يغدو علامة دالة على مصير البطلة التي تبوء محاولاتها في الحصول على طفل بالفشل، فضلاً عن الإشارة الصريحة إلى أماكن تنتمي

إليها المؤلفة مثل (الموصل)، والمهنة التي تزاولها البطلة (موظفة في تربية الموصل / قسم المالية)، وهي مهنة المؤلفة في الواقع، مما يفرض تداخلاً وهمياً مع الواقع، من خلال شخصية المؤلفة التي تستبطن السّرد من بؤرة داخلية فتذوب مع الشخصيتين في الحكايتين الأصل والمضمنة على وفق تقنية الما وراء، غير أنَّ أسلوب تقسيم الحكاية في (الصندوق الأسود) إلى ثلاثة أقسام، يحمل كل واحد منها اسماً خاصاً به، يذكرني ذهنياً بالبناء الفني لرواية (موت الأب) لأحمد خلف التي عمد فيها المؤلف إلى تقسيم المبنى الحكائي لثلاثة أجزاء معنونة بالتتابع (الكتاب الأول)، (الكتاب الثاني)، (الكتاب الثالث)، ولعل هذا ما دفع الرّوائية للتشبث بالجزء الثاني من الحكاية (حكاية النت)، المبثوثة في جنبات الرّواية الأصل (الصندوق الأسود) وهو بعنوان (المفكرة) بهيأة مرآة تعكس الحكاية الأولى – كما بينتْ – ، ولكي يتحقق توازن شكلي معقول بين الحكايتين، يصل السّرد من خلالهما إلى نهاية مقنعة، على الرغم من أن هذا الجزء كان تقريرياً مفارقاً لأسلوب السّرد في الأجزاء الأخرى، كونه ينهل أسلوب المذكرات التي تدور حول حرب الخليج الثانية؛ ناقلاً لنا الواقع كما هو من دون أية معالجة فنية: «هذه اليوميات كنت أدونها يوماً بيوم – وبكل مصداقية وخوف وترقب – لذا ارتأيت أن أقدمها مثلما دونتها دون إضافات وتزويق أدبي»[25].

إنّ الوعي الكتابي للمؤلف يقوده، حتماً، إلى الانهمام بأساليب تقديم حكايته وتنظيمها بحسب ما يقتضيه علم السّرد، ولعل فكرة (نرجسية النّص) وتأمله لذاته بامتصاص ذهنية المؤلف وتمثيلها عملياً من خلال الكتابة، واحدة من أفضل هذه الأساليب في السّردية الحديثة،

لذا فإنّ (الوظيفة الاستشهادية) التي أصرتْ المؤلفة على إظهارها في لغة الشّخصيات، أوضح دليل على هذه النّرجسية، حيث الاستمرار باستحضار نصوص ووثائق ومدونات ووقائع تاريخية وتنسيقها داخل الرّواية / النّص، وهو ما يمكن ملاحظته في جزء (المفكرة) في ضمن المستوى التاريخي، وفي جزء (ما بعد) في ضمن مستوى النّصوص والمدونات والرّسائل، كما توضح في رسالة (ماهر محمود) إلى (تيجان شوقي)، فضلاً عن الإحالات المباشرة إلى أعمال روائية مثل: (فوضى الحواس) لأحلام مستغانمي، و(ميرامار) لنجيب محفوظ، و(جمهورية الصمت) لسارتر، وهي محاولات تجعل من (ما وراء حكاية الرّواية) أسلوباً فنياً مصطنعاً لواقعه، كونه يكسر سلطة السّرد التقليدي ويخرج عن السّائد في الكتابة فيكون «علامة دالة على تحوّل من سياق إلى آخر، بصيغة الخروج على عماد السّرد السّابق بقطع السياق بسياق آخر، لتحقيق التّجاوز الذي يعني تحقيق حيازة جديدة من العبور إلى منطقة جديدة»[26]، وبهذا يتحقق للرواية ما تصبو إليه من اقتداء بما سبقها من أعمال، لكنّها في الوقت نفسه تخلق تضادها له من خلال ما يمكن تسميته بـ (الرّفض والاندماج)[27]، مما يوفر للنص خصوصية في اللغة والرّؤى والبناء، وهي خصوصية تكاد لا تنفصل عن وعي المؤلفة بإنتاج عمل مغاير لما هو سائد تطغى فيه نرجسية واضحة للسرد: «أردت أن أكتب تساؤلي هذا، وأنا أستقبل أجزاء هذه الرّواية، وحكاية بطلتها (تيجان). هل ستخرج يوماً إلى الدنيا هكذا شخصية تشبهني إلى هذا الحد أو أنا أشبهها؟! الشخصيات التي نكتبها معظمها من الحقيقة وليس من الحياة، ولكننا نكسوها بالكلمات لتكون أدباً، وحينها تولد شخصية قصصية وروائية»[28]، فهذا الفعل

التّواصلي بين المؤلفة والقارئ يزداد في مثل هذه المماهاة لأننا – هنا – لا نفرّق بين صوت المؤلّفة، أو صوت الشّخصية في الحكاية الأولى (الأصل)، أو الصوت في رواية الصندوق الأسود المُعَبرة على نسق الـ (ما وراء) ولاسيما أنّها تحمل العنوان نفسه، مما يعمل على اصطناع المعنى السّردي، على وفق قواعد تصوغها الرّوائية / المؤلفة وتتأملها بوصفها – القواعد – موجهات نصّية لقراءة الحكاية، مما يجعل الرّواية نصاً نرجسياً مصطنعاً قابلاً للقراءة والتّصرف والإنتاج بما يتناسب وذهنية المتلقي وثقافته.

بينما يتحقق اتجاه اصطناع الحكاية في رواية (ظلال جسد «ضفاف الرّغبة») للروائي سعد محمد رحيم، بأسلوب مغاير مع الحفاظ على فكرة مناقشة صنعة الكتابة الرّوائية في ضمن الرّواية، وهي تعتمد نمطاً روائياً خاصاً يمكنني أنْ أطلق عليه (الرّواية الهجينة)، لما فيها من تداخل لأنماط مختلفة من الرّواية، مثل: رواية الجريمة والرّواية البوليسية والرّواية الواقعية والرّواية التأريخية ورواية الميتافكشن، فالوعي الكتابي لم يَعُدْ قانعاً بدرجة خطية واحدة يتحدد منها نمط الرّواية على وفق التّقسيمات المعروفة منذ بزوغ فجر الرّواية وشيوع زمنها، بل راح يصهر هذه الأنماط جميعاً، أو أغلبها بحسب رؤية الكاتب بـ – وعي/غير وعي – ، لينتج نمطاً هجيناً مغايراً من الرّواية، تذوب داخله أنماط كثيرة، للوصول إلى شكل جديد يحتفي بتلك الأقانيم جميعاً، رغبة في المقاطعة والتّغيير والتّجديد، وهذا هو تحديداً ما أقصده بالرّواية الهجينة[29]، إذ تبدأ الرّواية بتأمل ذاتي مسرود من ذاكرة الشّخصية المركزية وراويها (علاء البابلي)، وهو يتمثل حكايته المكتوبة بوعي أدبي، عمّا حصل له ولمجموعة من

الأشخاص، في أثناء علاقتهم بإحدى النّساء على طريقة الرّواية التي تتأمل ذاتها، لتبدأ سمات شكل الرّواية البوليسية وما تتضمنه من حبكات قتل غامضة مع أول شخصية يشير لها الراوي /المؤلف، وهي شخصية (رواء العطار) التي أوقعته ومَنْ معه بلعبة خفيّة أدتْ إلى قتل هؤلاء الأشخاص، من هنا يبدأ اصطناع السّرد الهجين لأنماط الرّواية، حيث الواقعي والتأريخي يهيمنان على تحديد بنية الاستهلال، لما فيها من سرد واضح ومباشر لواقعية المجتمع العراقي المعاصر، بعد الانهيار الأمني ودخول القوات الأمريكية لبغداد، ليكون القارئ أمام لوحة تسجيلية لما حدث فعلياً، بسبب هذا الحدث التأريخي، الذي مثّل نقطة انطلاق مركزية لموجة العنف التي جرفتْ المجتمع، وكانتْ ظاهرة الاغتيالات إحدى مظاهرها، الظاهرة التي بُني عليها اتجاه الجريمة في الرّواية، إذ فرض هذا الاتجاه الكلاسيكي في الكتابة، أقانيم ثابتة لا يمكن مغادرتها عند معالجة الحبكة الرئيسة؛ لذلك ترسّخ مع هذا الشّكل الرّوائي في ضمن بنية (ظلال جسد) أسلوب الرّواية البوليسية، بما يتضمن من قتل وغموض وبحث وتحقيق، يُذَكِّر أحياناً بما كتبتْه أجاثا كريستي في رواياتها الشّهيرة، وهو ما يتحقق – أعني التّحول في السّرد – نحوَ دراما الجريمة مع حادثة مقتل المحامي، ثم تتبعه حادثة مقتل التاجر (أبو غسان)، ليكون ذلك متتالية حكائية تتكرر من خلالها بنيوياً، حكاياتُ قتل متعددة تدعم (الحكاية الأصل) المتمثلة بخوف الشخصية الرّئيسة في الرّواية وراويها (علاء البابلي) من التّصفية الجسدية، بتأثير التّحولات الخطيرة التي أصابتْ المجتمع بفعل التّدخل العسكري، وهذا ما تأطّر فنياً بـ (موت/اغتيال/تصفية) شخصيات أخرى للدلالة على ذلك، كونها نماذج إنسانية واقعية يمكن

رصدها في المجتمع العراقي أو أي مجتمع غيره، ممثلاً بـ (مالك المطعم المعروف بأبي مثنى والشاعر الشاب رأفت ثم طبيب العيون د. عامر الفهد)، غير أنّ مسرودات القتل والجريمة لا تكاد تنفك وثاقاً عن حكاية الواقع التأريخي، التي مثلتْ لفيفاً متواصلاً مع غيرها من أشكال الحكايات التي نضج بها رحم الرّواية، حينما يتوازى جنون الجسد والرّغبة الآيروسية، مع ما يحدث فعلياً في الشارع من عنف يومي، ليكون اعتماد السّرد الرّوائي على الحقيقة التأريخية إلى جنب المتخيل السّردي شرطاً لا بدّ منه، وبهذا تتموضع في ضمن المتخيلين السّردي والتأريخي، أحداثٌ يعرفها وعاشها القارئ خلال المدة (2006 – 2008)، محاولة لكسر دهشته وأفق توقعه الجمالي والعودة به دائماً، لوعي معاش ومشاعر سبق أن اختبرها، بوصفها معادلاً موضوعياً يعادل بين الحقيقي والمتخيل، مما يعادل كفة السّرد الواقعي والتأريخي مع السّرد البوليسي وتكهنات سرد الجريمة، حيث تعددُ أسماء الضحايا يتعانق مع تعدد أسماء هويّة المرأة صاحبة السّر، التي لا يبقى من حقيقتها في ذاكرة ضحاياها، سوى ذلك الوصف الآيروسي الأثير في ذهن الرّاوي (ابتسامتها ونظرتها المتوحشة بشهوة وحركة مؤخرتها).

غير أنّ هذه الأنماط الرّوائية جميعاً، تذوب فنياً بأسلوب واعٍ متمكن في ضمن شكل الرّواية النّرجسية أو الرّواية داخل رواية على طريقة الميتافكشن، كون الرّواية تبدأ منذ سطورها الأولى بسرد ذاتي سيري، على لسان بطلها وراويها علاء البابلي، الذي نعرف فيما بعد أنّه يوهم القارئ بلعبة افتراء مقصودة، تتعمد سحبه من أحداث الرّواية التي يقرؤها إلى أحداث الرّواية التي يكتبها البابلي نفسه، وبهذا تختلط

أحداث الرّواية التي تُقرأ سطرياً بعين القارئ الحقيقي، مع أحداث الرّواية التي يسردها تذكراً بطل هذه الرّواية نفسها، وحينها تتوازى في الذّهنية صورتان، صورة الكاتب الحقيقي كاتب الرّواية المقروءة (سعد محمد رحيم) وإن كان السّرد لم يذكر اسمه صراحة، وصورة الرّاوي/الرّوائي المفترض سردياً وهو كاتب الرّواية المتخيلة لأحداث الجريمة التي مثلتْ مرآة للحكاية الأولى «إنّ المكتوب لن يستطيعَ أبداً أنْ يدرأ عن نفسه تهمة التلفيق والتضليل والتحريف والخيانة، هكذا أبدأ كي لا ألعن أو أبكي بغضب، أو أقدم على ارتكاب حماقة مؤسفة بالنقر على لوحة المفاتيح»[*]، وهو ما ظهر ملياً في الرّواية، من أنّ الكاتب الحقيقي يزرع متقصداً في ذهنية راويه المفترض، وعياً وشكاً بخصوصية الكتابة ونوعها وطبيعتها الفنية، لا بل يجعله واعياً أيضاً حتى بمصادفات الدّراما وجنون افترائها المتخيل: «أجازف بكتابة رواية وما أنا بالرّوائي المحترف، واعذروني لأني لا أستطيع إلا أن أكتب تلك الحكاية مستعيراً شكل وتقنيات فن الرواية بعدما قرأت كل نجيب محفوظ وفؤاد التكرلي، ونصف دستويفسكي وفوكنر، وأشياء لا تحصى لآخرين. وفي أية حال إنها حيلتي، أو حيلة اللغة التي يتخللها زمن افتراضي، لا يعلم حتى الشيطان شيئاً عن مساربه، فتنفلق، أقصد اللغة، وتتناثر هكذا في جمل مبرقشة ومسرودات»[30].

ولعل ذلك ما منح الرّواية سمة غير محسوبة أحياناً، مثل المصادفات الدّرامية المفتعلة، والمبالغة في تعظيم الأشياء والتّعويل عليها، وعدم تسبيب أحداث مهمة بنيتْ عليها الحبكة الرئيسة، مثل تعلق الرّاوي بعشيقاته ومنح وقته كله لذلك، ثم لقائه المتكرر بالضحايا، وظهور د. حنين في حياته وغيرها، ولكن ما يبرر ذلك

فنياً، هو الاختلاط المتعمد بين أنماط روائية مختلفة، تفترض أحداثاً ومكونات وإجراءات، قد لا تتناسب مع غيرها من الأنماط الأخرى، وهو ما يوضح الكيفية النّصية والمفاهيمية في اصطناع الحكاية التي بحث عنها الاستفهام في بدء هذا الفصل، كون وعي الكتابة السّردية هنا، أعني في رواية (ظلال جسد.. ضفاف الرغبة) ينتمي لمنظومة معاصرة ما بعد حداثية، لا تؤمن بنقاء الجنس وتنطلق من هجنة نمطية في الكتابة، كونها تبتغي التّواصل مع أنماط الرّواية كافة أو أغلبها، للوصول إلى نمط مختلف ومغاير للمألوف واليقيني والمتعارف عليه، عمّا سبق أنْ تمظهر في مدونتنا العربيّة الحديثة، نمط هو أقل ما يمكن وصفه بكونه (رواية هجينة) تعي ذاتها وتتقصد كتابة أحداثها، بسرد نرجسي منعكس في مرآة حكايته؛ لكي تنقلب على قوانينها الأصلية التي تحددها في ضمن نمط واحد نقي معروف، وهو ما أجده سيتمركز بقوة، في مفاهيم درجة وعي الكتابة الرّوائية العربيّة، وإدراكها الجمالي في السّنين القادمة.

أما ما يخص الاتجاه الثاني المعني بنرجسية السّرد واصطناع مرآة المؤلف، فإننا سنؤكد وجوده في سرد الرّواية العربيّة ما بعد الحداثية، من خلال رواية (المقامة البصرية العصرية – حكاية مدينة) للروائي مهدي عيسى الصقر، وهي تعتمد أساساً فكرة إشراك المؤلف ذاته بشخصيته الحقيقية في الأحداث، والحكاية فيها تعتمد رؤية فنتازية صريحة، تَسْتَحضَرُ فيها شخصية (الحريري) صاحب المقامات الشّهير، وتتم إعادتها من التّأريخ الأدبي القديم، لتعيش مغامرة الاطلاع على البصرة في العصر الحديث، غير أنّ دليل هذه

الشخصية في رحلتها العصرية للمكان، هو مؤلف الرّواية ذاته (مهدي عيسى الصقر)، ليكون دليلاً له في هذه الرحلة وشاهداً على العصر الحديث، وبهذا يكون الصقر ليس جزءاً من الرّواية فقط بوصفه إحدى الشخصيتين المركزيتين فيها، بل هو أيضاً موضوع الرّواية لأنّ أحداثها تتقدم من خلاله، وهي مرتبطة به ومعبرة عنه بشكل كبير، لتقترب روايته هنا من محاكاة نسخة افتراضية صريحة لرواية سبقتها، هي رواية (تريسترام شاندي) للروائي الإنجليزي لورنس ستيرن، التي يمثل دخول مؤلفها في ضمن أحداثها علامة فارقة، كونه أصبح موضوعاً لها، أو حتى رواية (مزيفو النقود) للروائي أندريه جيد، الذي كتب رواية عن نفسه ضمن الرّواية، تحت ما أطلق عليه النّاقد العراقي عباس عبد جاسم مصطلح رواية الرّواية والمؤلف المنظور، وهو ما يُذكّر كثيراً بذلك الرّأي الذي أقره فوكو، بخصوص ضرورة ظهور المؤلف، كونه يحدّ من عشوائية الخطاب، بفعل هوية اتخذتْ شكل الفردية والأنا، فهو – المؤلف – لم يعدْ كما كان سابقاً في الإدراك العربي القديم، يعاني إشكالية الفرق بين المزيف والمؤلف الفعلي، لأنّه اليوم يتقصد زجّ نفسه في حقيقة النّص، طمعاً بتزييفها وخلق حالة من الوهم الجميل لدى المتلقي[31].

ولعل هذا التّغيير الكبير في بنية السّرد، كفيل لا بتمويه الواقع الحقيقي الذي يمكن أنْ تكتسبه الرّواية، من خلال ثلاثة ثوابت أساسية معبرة عن الواقع، مثل المؤلف والمدينة بوصفهما تعبيرين عن العصر الحديث، وشخصية الحريري بوصفها تعبيراً عن العصر القديم، أقول هو كفيل لا بتمويه فنتازي عن حقيقة الواقع فقط، بل هو كفيل بموت

الواقع نفسه، وإبداله بثانٍ افتراضي يمكن تصوره بوصفه نسخة ثانية معبرة عن الأولى، استبطنتها ثم خرجتْ من أديمها لتعيش المغامرة من جديد: «... قرأتها من أجل أن أكتب رواية عن البصرة، وأنني وجدت كثيراً من الأخبار متضاربة.. «مهما يكن فإن كتابة رواية عن البصرة سوف تكون عملاً شيقاً»... «وماذا ستسمي روايتك؟» «إني أفكر أن أدعوها (حكاية مدينة)»»»[32].

ففلسفة اللعب بالواقع له تأثير عميق في ذهنية القارئ، ولاسيما في لعبة الكتابة الرّوائية وصنعة تقديمها، من خلال تحطيم الفاصل بين هذا القارئ ومؤلف الرّواية، لا بل أماكن وشخصيات الحدث عموماً، كما فعل الصقر/الشخصية عندما أدخل في ضمن أحداث روايته المزعومة عن البصرة أشهر كتابها وجعلهم مادته في هذه المعادلة الكتابية، وبذلك قام بمحو واقع هذه الشخصيات جميعاً، ليثبته مرة أخرى في ضمن مدونته عن المدينة، ليكون هو وسيطاً بينهم وبين سلفهم الحريري، عندما تشملهم حكايته مُغيّراً بذلك ما يرومه وبحسب توجهات السّرد، الذي كان جزءاً منه ومعبراً عنه في الوقت ذاته، وهي مغامرة سبق أنْ جربها بقدرة كتابية عالية في السّردية العراقية من قبلُ، عبد الخالق الركابي في روايته (سابع أيام الخلق)، من خلال زرع نفسه راوياً وشاهداً على ما يحدث في العصرين القديم والحديث، فتتحقق بذلك بنية سردية خاصة في مثل هذا النّمط من الكتابة الرّوائية، بنية جديدة تمحو الواقع القديم للحكاية، وتستبدله بمتخيل مفترض قائم في منطقة ما وراء النّص، حيث المؤلف – كما يحدد عباس عبد جاسم – نسق من قيم معروفة للقارئ، وأنّ روايته

منفتحة على أساليب ورؤى متباينة تجمع النّقائض معاً، وتعبّر عنها بحرفة نصية جديدة، وهو ما يؤكد بوضوح أنّ الميتافكشن عموماً لم يعد عالماً من الحقائق، إنّما هو سلسلة من النتاج المصطنع المفرغ من جذوره المادية والوضعية المرتبطة بالواقع، فالمتخيل السّردي فيه يبني من خلال اللغة عالماً متخيلاً ذا شروط ومرجعيات كاملة بديلة للعالم الذي نحياه في الحقيقة، مما يمهد لتكوين عوالم بديلة مصطنعة تمحو العوالم الأصلية وتحلّ بدلاً منها[33].

إحالات الفصل الثالث:

(1) ينظر: الميتافكشن – المتخيل السردي الواعي بذاته (النظرية والممارسة): باتريشيا ووه: ترجمة السيد إمام: دار شهريار (العراق): ط1 – 2018: ص 8. المصطلح السّردي: جيرالد برنس: ترجمة عابد خزندار ومراجعة وتقديم محمد بريري: المجلس الأعلى للثقافة (القاهرة): ط1 – 2003: ص 130.

(2) ينظر: نظرية لا نقدية (ما بعد الحداثة، المثقفون، حرب الخليج): كريستوفر نوريس: ترجمة د. عابد إسماعيل: دار الكنوز الأدبية (بيروت): ط1 – 1999: ص 74 – 75.

(3) ثرثرة فوق النيل: نجيب محفوظ: دار القلم (بيروت): د.ت: ص 119.

(4) موت الأب: أحمد خلف: دار الشؤون الثقافية (بغداد): ط1 – 2002: ص 14.

(5) نفسه: ص 172 – 173.

(6) ينظر: الذاكرة في الفلسفة والأدب: ص 162.

(7) موت الأب: ص 278 – 279.

(8) ينظر: السواد الأخضر الصافي: الفصل الذي يحمل عنوان (حمامة اليعسوب): ص 70، الفصل الذي يحمل عنوان (دليل المرويات): ص 78.

(9) ينظر: الأدب والدلالة: تزيفتيان تودوروف: ترجمة د. محمد نديم خشفة: مركز الإنماء العربي (حلب): 1996: ص 41. بنية النص السردي (من منظور النقد الأدبي): د. حميد لحمداني: المركز الثقافي العربي: ط3 – 2000: ص 49.

(10) أجنحة البركوار: ص 7.

(11) نفسه: ص 80، 98.

(12) سيرة بحجم الكف: محمود عبد الوهاب: دار تموز للنشر والتوزيع (دمشق): ط1 – 2015: ص 16.

(13) نفسه: ص 34. وينظر أيضاً: حول الفوتوغراف: ص 175. التبادل المستحيل: ص 157.

(14) ينظر: معجم السيميائيات: فيصل الأحمر: منشورات الاختلاف (الجزائر): ط1 – 2010: ص 120. وينظر الإدراك السيميائي للصورة في فكر بارت في ضمن: أسطوريات (أساطير الحياة اليومية): رولان بارت: ترجمة د. قاسم المقداد: دار نينوى للدراسات والنشر والتوزيع (سوريا): 2012: ص 126. سيرة بحجم الكف: ص 35.

(15) سيرة بحجم الكف: ص 69 – 70. التبادل المستحيل: ص 158.

(16) فرانكشتاين في بغداد: ص 140.

(17) ينظر: نظام الخطاب: ميشيل فوكو: ترجمة د. محمد سبيلا: دار التنوير للطباعة والنشر والتوزيع (بيروت): 2007: ص 3 وما بعدها. أدب الفنتازيا مدخل إلى الواقع: ص 163.

(18) فرانكشتاين في بغداد: ص 145، 151 – 152. وينظر: نظام الخطاب: ص 8.

(19) ينظر: معجم السّرديات: ص 367.

(20) جماليات ما وراء القص (دراسات في رواية ما بعد الحداثة): تأليف مشترك: ترجمة أماني أبو رحمة: دار نينوى للدراسات والنشر والتوزيع (سوريا): 2010: ص 71.

(21) ينظر: ما وراء السرد – ما وراء الرواية: ص 24. الرواية العربية ما بعد الحداثية: د. ماجدة هاتو هاشم: دار الشؤون الثقافية العامة (بغداد): ط1 – 2013: ص 100، 102.

(22) شكاوى المصري الفصيح (نوم الأغنياء): يوسف القعيد: دار الموقف العربي (القاهرة): ط1 – 1981: ص 5.

(23) ينظر: مدخل لدراسة الرواية: جيرمي هوثورن: ترجمة غازي درويش عطية ومراجعة د. سلمان داود الواسطي: دار الشؤون الثقافية العامة (بغداد): 1996: ص 34. نظريات السرد الحديثة: والآس مارتن: ترجمة حياة جاسم محمد: المجلس الأعلى للثقافة: 1998: ص 239 – 240. أنماط الرواية العربية الجديدة: د. شكري عزيز الماضي: سلسلة عالم المعرفة (الكويت): العدد (355): 2008: ص 140.

(24) الصندوق الأسود: كُليزار أنور: المؤسسة العربية للدراسات والنشر (بيروت): ط 1 – 2010 : ص 32.

(25) نفسه: ص 69.

(26) ما وراء السرد – ما وراء الرواية: ص 25.

(27) ينظر: عالم الرواية: رولان بورنوف وريال اوئيليه: ترجمة نهاد التكرلي: دار الشؤون الثقافية العامة (بغداد): ط 1 – 1991: ص 192.

(28) الصندوق الأسود: ص 153 – 154.

(29) ينظر: الرّواية الهجينة: خالد علي ياس: صحيفة القدس العربي: 2019.

(*) ينظر مدخل الرّواية كونه مثل افتتاحاً واعياً، لبنية نرجسية حكائية تتأمل ذاتها من خلال الكتابة.

(30) ظلال جسد (ضفاف الرغبة): سعد محمد رحيم: كتارا (قطر): ط1 – 2017: ص 36. وينظر أيضاً الصفحات الآتية من الرّواية: ص 83، 168، 238 ، 322، 338.

(31) ينظر: ما وراء السرد – ما وراء الرواية: ص 45 – 47. الأدب والميتافيزيقيا (دراسات في أعمال عبد الفتاح كليطو): عبد السلام بنعبد العالي: نقله إلى العربية كمال التومي: دار توبقال للنشر (المغرب): ط1 – 21:2009 – 22. الكتابة والتناسخ (مفهوم المؤلف في الثقافة العربية): عبد الفتاح كليطو: ترجمة عبد السلام بنعبد العالي: المركز الثقافي العربي (المغرب): ط1 – 1985: ص 76 – 77.

(32) المقامة البصرية العصرية (حكاية مدينة): ص 24، 25، 26.

(33) ينظر: سرد ما بعد الحداثة: عباس عبد جاسم: دار الشؤون الثقافية العامة (بغداد): ط1 – 2013: ص 127. الميتافكشن– المتخيل السردي الواعي بذاته (النظرية والممارسة): ص 14، 125 – 126.

الفصل الرابع:

الذّاكرة المضادة

الزّمن المُصْطَنَع

وما وراء السّرد التّأريخي

- مدخل أولي
- الزّمنُ المُستعادُ (إعادة صوغ الماضي)
- قلب التّأريخ (حدس الماضي وافتراضات الحاضر)
- النّبوءة (عندما يَكونُ المستقبلُ ذاكرةً مُصْطَنَعة)

- مدخل أولي:

تحتل الذّاكرةُ مركزاً مهماً، في ميكانزمات الوعي السّردي للكاتب، كونها المنجم الذي تُصنَع منه الحكايات الجديدة، بحثاً عن عوالم مغايرة تنمُّ عن خزين متصاعد من اللحظات المفترضة، في استعادة الصلات بين ما كان وما يمكن أنْ يكون، حيث الرّاوي/السّارد يتفانى في مخادعة الزّمن؛ لغرض إعادة صوغه ماضياً وحاضراً ومستقبلاً أي صوغ ذاكرة الكتابة جمالياً، ليستحيل السّرد معها إلى زمن مستعاد، تتجلى منه فرضيات الحكاية، لذا تستغل الذّاكرة المصطنعة بطريقة منهجية، موارد الكتابة كونها لا تعتد باستحضار الوقائع فقط، بل تشدد على الانتقال من وعي الواقع، إلى وعي ما فوق الواقع، بعد أنْ أنتجتْ أشكال الرّأسمالية لما بعد الحداثة، بنًى مُغايرة من ثقافة فقدان الذّاكرة[1]، فأصبحتْ - الذّاكرة - (مُصْطَنعة) أكثر مما هي (مُمَثلة) كونها تنتج مكوناتها السّردية، اعتماداً على العلاقة الدّينامية بين هذين المستويين، لتشكل الحدث - واقعياً/فوق واقعي - بعيداً عن جذوره القريبة من الذّهنية الرتيبة فتغدو ما بعد حداثية، من منطلق أنّها تشكك بالأنساق الفكرية الكبرى التي تغذتْ عليها الرّواية طويلاً.

وبهذا يتأكد أنّ النّزوع النّقدي للخطاب الرّوائي المعاصر، يحتم

استقصاء العلاقة بين مقولات مأسسة هذا الخطاب معرفياً، وهي تتبين على شكل (إدراك جماعي/وعي ذاتي) مكوّن لـ (ذاكرة مُنتجة) تعمل على إنشاء (حدث مُسْتَرجَع أو متوقع حدوثه) مغاير للحدث الممثل بوصفه نسخة مصطنعة مغايرة لزمن الحدث الحقيقي، يعتمد في بنائه على نظام معرفي للأشياء التكوينية للرواية، فالكتابة هنا تعتمد على مستويات من الافتراض، منطلقة من الحدث بوصفه (وعياً) ثم بوصفه (متخيلاً) ثم بوصفه (ذكرى)، وهي جميعاً مرتبطة بثلاثة أنماط من الذاكرة، (ذاكرة ذاتية) ذات طابع سايكولوجي، و(ذاكرة جماعية) ذات طابع سوسيولوجي، و(ذاكرة أدبية) ذات طابع ثقافي، يَعملْنَّ معاً على تكوين كتابي مغاير للمألوف من يقينيات ومفاهيم ومعارف، يتمثل بنمط (ذاكرة مؤلفة)، حيث الانتقال من ذكرى إلى أخرى عن طريق التّداعي، فالسّردُ ذاكرة تتموضع مع الكتابة لإعادة صوغ الحقيقة بشروط اصطناعها لـ (ذاكرة مضادة لما فوق التأريخ)، ذاكرة تنفي قوانين التأريخ الحقيقي لكي تنتج قوانينها وتأريخها الخاص بها، وهو ما يتناغم تماماً مع الدعوى الفلسفية التي تأكد على ضرورة التّعامل مع التأريخ على أنّه عمل فني كونه يُقرأ ارتجاعياً بوصفه رواية، مما يسمح بتكوين سرد الميتافكشن – بحسب باتريشيا ووه – من منطلق أنّ التأريخ مساوٍ للمتخيل، فهو يضم حبكات مترابطة تتفاعل بشكل مستقل عن التفكير المقصود والتخطيطات، وعليه يمكننا تحديد مفهوم (الذّاكرة المضادة counter memory) كما اجترحتْه (برندا مارشال تأثراً بمشروعي (ميشيل فوكو) و(ليندا هتشون)، بأنّه «سيرورة لقراءة التأريخ ضد ميله الفطري والاضطلاع بدور فعال معترف به في تأويل التّأريخ، عوضاً عن مجرد الاكتفاء بدور المعاينة

السّلبية، إنّ الذّاكرة المضادة تعترض التأريخ ولا تكتفي بتسجيل وقائعه؛ وهذا الاعتراض، تحديداً، هو دور الأدب ما بعد الحداثي، الذي أطلقتْ عليه ليندا هتشون «الميتا رواية التأريخية»»[2]، ولكي تكون الذّاكرة المضادة مدلولاً مفترضاً مفارقاً لدلالة الواقع، أردنا بها هنا الاصطناع لا التّمثيل لنقل ذاكرة السّرد إلى مرحلة ثالثة، بعد مرحلتي تقديم التأريخ وتمثيله أو حتى الاعتراض عليه كما يرى فوكو وهتشون، فالغاية هنا مرتبطة بماهية اصطناع الزّمن نفسه وتقديمه على أنّه تأريخ خاص بالحدث الرّوائي، من خلال العمل على التّصور الميتافيزيقي له – الزمن – ، بكسر قوانينه الواقعية وإنتاج أخرى متوائمة مع واقع النّص، وهو ما يتناغم تماماً مع مفهوم (ما وراء الرّواية التّأريخية historiographic metafiction)، من خلال تكوين ذاكرة أدبية خاصة، بعالم متخيل مغاير في قوانينه التي انتقلتْ من الواقع إلى (ما – فوق الواقع)؛ بسبب أفول العلاقة بين الدّال والمدلول واعتماد نمط من الخيال المعاصر للنص الرّوائي، يجتهد لإثبات لا مشروعية اختفاء الواقع فقط، بل موته أيضاً بتكسير قوانينه المباشرة، مما حفزه – النّص الرّوائي – للانتقال إلى فعالية جديدة تغدو السّوسيولوجية إثرها، مجرد صورة مقدمة وليستْ السّوسيولوجية كما هي بمنظومتها المعهودة، صورة أخرى متولدة عن صور مغايرة مذابة في (ذاكرة المؤلف)، تقترب تارة من الواقع المعاش وتبتعد عنه تارات كثيرة، حتى يتداعى في ضوء ذلك الاعتيادي والسّائد حد الانمحاء النّهائي، لغرض إعادة صوغ الواقع غاية بمحوه.

بيد أنّ الإشارة السّابقة إلى (الذّاكرة الأدبية) توجب تحديد تأريخ علاقة الرّواية بهذه الثيمة؛ لما لذلك من تأثير في تشكيل ذاكرة النّص

الرّوائي، ولعل رائعة مارسيل بروست (البحث عن الزمن الضائع) هي المثال الأرسخ في تأريخ الذّاكرة الثقافية الغربيّة لتصنيعها نمطاً من السّرد، يعيد إنتاج الماضي بالانتقال من الذّكرى الإرادية إلى الذكرى اللاإرادية القادرة على استعادة الذّاكرتين، الذاتية والجمعية للمبدع وصهرهما، في منفى الخيال الجامح وصولاً لنمط من الأحداث المفترضة، التي تبنى عليها الحكاية، وهي صوغ إبداعي تكرر عند آخرين مثل ماركيز في (ذاكرة عاهراتي الحزينات) التي اعتمدتْ الذاكرة الذّاتية للإيروس، أما الرّواية العربيّة فقد تشكلتْ ذاكرتها الثقافية نتيجةً للتحولات الكبرى التي أعقبت الاحتكاك بثقافة الآخر، فضلاً عن تفاعلها الحيوي مع الموروث العربي الحكائي بوصفه ذاكرة ثقافية موروثة، وقد عمدتْ إلى تشكيل ذاكرتها انطلاقاً من هاتين الثقافتين معاً، كما في نصوص مثل: (رحلة ابن فطومة) لنجيب محفوظ باعتمادها رؤية سحرية لذاكرة المجتمع العربي، و(موسم الهجرة إلى الشمال) للطيب صالح باعتمادها أسلوب طمس الذّاكرة عن طريق التّذكر والنّسيان، و(عائد إلى حيفا) لغسان كنفاني التي شكلتْ بعداً أيديولوجياً للذاكرة، فضلاً عن روايات أخرى اعتمدتْ المدينة والتّراث وثقافة الجريمة في إنشاء ذاكرتها مثل: (شارع الأميرات) لجبرا إبراهيم جبرا، و(سيرة مدينة) لعبد الرحمن منيف، و(كتاب التّجليات) لجمال الغيطاني، و(هشام أو الدوران في المكان) لخيري الذهبي، و(ضائعة في دهاليز الذاكرة) لآية ياسر وغيرها الكثير، ومع أنّ هذه النّماذج تبنتْ رؤية التّأريخ بوصفها رؤيتها للعالم، بتمويه الماضي بالحاضر انطلاقاً من عنصرين أساسيين هما (الزّمن) و(الذّات) كونهما عنصرين حاسمين في الذّاكرة(3). غير أنّ

الرواية ما بعد الحداثية لدينا، بدأتْ تتعامل مع الأمر بشكل مغاير يغادر منطقة استرجاع الذّكرى المباشرة إلى منطقة تصنيع زمنها من جديد، على وفق تحولات الرّؤية المعرفيّة للنص المعاصر، أي نقل الاستفهام الوجودي: (ماذا حدث؟) إلى استفهام معرفي يتعلق بصعوبات معرفة: (ما كان قد حدث؟) و(ما يمكن أن يحدث؟)، بمعنى أنّنا تحت تأثير المعاصرة نتعامل مع نصوص مخادعة تغادرها رجاحة العقل التّنويري، كونها تجد الواقع مشروطاً بالزّيف والافتراء، فهي تنتج عالماً مفترضاً يصطنع الحقيقة ولا يعمل على نقلها، فكيف يمكن أنْ يصطنعَ الرّوائي ذاكرةً مضادة لحكايته؟.

- الزّمنُ المُستعادُ (إعادة صوغ الماضي):

لقد وجد الفيلسوف الجمالي (هيغل) أنّ الأشكال المثالية للإبداع متعلقة بعصر الأسطورة، لذا فإنّ سواها متعلق بحاضره عن طريق الاصطناع، وهو أمر لا يتم ما لم تتحقق المتغيرات؛ بسبب العودة إلى الماضي من خلال الانتماء إلى الذّكرى التي تغلف تلقائياً الطباع والأحداث والأفعال برؤية كلية، طامسة بذلك ظاهرة الجزئيات الخارجية والعرضية (ذكريات تأريخية)، فالتأريخ والنّص ليسا كيانين منفصلين، بل كيان واحد - كما تؤكد التّأريخانية الجديدة - ، لذلك يتوجب قراءة النّص من منظور ظرفيه التّأريخي والثّقافي، لتحديد الزّمن النّصي وصولاً إلى نصيّة التّأريخ، في غياب الشّاهد المادي على العصر(4).

لذا؛ فمادية الرّواية تتعلق بطبيعة صوغ واقعها، ذلك الواقع

المأزوم الذي جعل منها نصاً هجيناً يتلمس حداثته شكلياً؛ لأنّ منظومته الاجتماعية تعيش نكوصاً معرفياً جعلته يقتات على المؤجل ويلتمس حريته في فضاءٍ مكبلٍ بسلطة تأريخية، لا تقبل الذّاكرة كما هي بل تدعو ضمنياً لاصطناعها بعيداً عن الحقائق المجردة، وبهذا يتحفز الوعي المبدع لكي يخترع حكايته المغايرة ليقينيات هذه السّلطة مولداً الفارق، ولكنْ على وفق رؤية معاصرة تنطلق من فكرة، أنْ لا يُفهم الماضي من خلال الحاضر، إنّما اعتماداً على تشكيله الخطابي الخاص ومنظوره، أي بطريقة (فوكو) التي تؤكد تخليص التّأريخ من صورته القديمة، التي تجعل منه وثائقَ لاستعادة الذّكريات، والعمل على منحه مركزية أكثر في حفريات المعرفة، لكن بتشكيل خطابي يذهب لما وراء معقولية الزّمان والمكان، وهذا أمر أكده (بودريار) كثيراً، لكنْ بروية متطورة أكثر في وعي سلسلة تحولات الواقع التأريخي، عندما وجد أنّ التأريخ ما هو إلاّ سيناريو ماضٍ، احتلتْ الفنون ولاسيما السّينما مكانة التّعبير عنه، كونه اندمج فيها بشكل هائل، فتفككتْ بذلك مرجعياته المركزية، واحتضر الواقع بعد انفتاحه على عصر الاصطناع[5]، ولو تتبعْنا هذا التّحول الخطير في النّزوع لمفاهيم التّأريخ، من خلال الخطاب الرّوائي العربي ما بعد الحداثي، وجدْنا أنّه واعٍ بتحولاته المعرفيّة، نحو جمالية ما وراء سردية الزّمن المصطنع، الدّال على تأريخانية حقيقية أو منسوخة عنها، بهذا الإدراك تستعيد رواية (آخر الملائكة) للروائي فاضل العزاوي زمناً من تأريخ العراق الحديث، محاولة إعادة تصنيعه بما يتناسب مع سحر الأسطورة التي ينتجها المجتمع المقيد بشتى أنواع الرّفض والعدمية، إذ ينطلق السّارد العليم بسرد موضوعي وتبئير خارجي من مكان

محدد، هو محلة جقور في مدينة كركوك، مُرصعاً هذا السّرد بأحداث وشخصيات شديدة المحليّة، تمثل القوميات المختلفة هناك تأريخياً، إلاّ أنّ حياة هذه الشّخصيات بما تنجزه من أفعال ليستْ نتاج ذاكرة حقيقية بتفاصيلها جميعاً؛ لأنّه يشدد على كسر هذه الحقائق بما هو سحري شعبي مصطنع في ذاكرة تأليفية أُذيب فيها الذّاتي مع الجمعي، حينما يجتمع السّاخر مع المدهش، والنّقدي مع الدّرامي، من خلال استعادة مرحلة تأريخية ممثلة بالملكية، ومع هذا الانتقال الذي لم يعدْ الواقعُ الحقيقي مجاله، تلتقي مجموعة مغمورة من النّاس الاعتياديين بالملك لغرض حل مشكلة مقبرة المحلة، التي أرادتْ السّلطة شق طريق عبرها، بثيمة تذكرنا بذلك الصراع، عندما أراد الإقطاعي الملكي شق الطريق وسط مزارع القطن، في رواية الأرض لعبد الرحمن الشرقاوي: «ما كاد النّاس في محلة جقور يسمعون بنية البلدية في شق طريق عبر المقبرة القريبة، الواقعة في المصلى، حتى اتصلوا بخضر موسى طالبين إليه التّدخل لوقف هذا الانتهاك الفظ، والتوسط لدى المتصرف أو حتى الملك»[6].

فمن هذا الحدث البسيط ينفتح النّص على تأريخانيته، باستعادة ذاكرة واصطناع أخرى، بالعودة إلى الأحياء الشّعبية وبروح ملحمية ساخرة قريبة من منيبية باختين، حيث جنون الانقلابات السّياسية، إلى جنب الخرافة المُصطنعة شرقياً من الدّيني والسّياسي والاجتماعي، فالملك بجنب الصّعلوك، والأجساد المقدسة بجنب المدنسة، والغائب المنتظَر بجنب الحاضر المحتضِر، والنّص في ذلك كله يركز على الأوهام والخيال، في رسم الاتصال بالأشياء لاختلاق بنية اجتماعية

مغايرة في علاقتها مع الواقع، مما يولّد ذاكرة سردية مصطنعة تقتات على النّظم المرجعية جميعها، مولدة بذلك نظاماً سيميائياً المقصود منه استبدال السّائد (الدّال)، بعلامات إجرائية معبرة عنه (المدلول)، بمعنى أنّ الأحداث في الحاضر، تتواصل معرفياً مع آلية استعادة بعضها من الماضي، كون الزمنان وسيطين بين الوعي والاستشعار، فالذّاكرة لا تنتج موضوعاتها وتنظمها على وفق نسق من العلاقات المعروفة، بل على وفق دمج تجارب مختلفة، للوصول إلى تجربة مجازية في الحاضر السّردي، وحقيقة الأمر أنّه جزء مركزي من ميكانزمات تشكل الذّاكرة الإبداعية ؛ كونها لا تسترجع الماضي في الحاضر بنمط سايكولوجي، وإنّما تستعيده بالإضافة والحذف في سياق اللحظة الراهنة للزمن المستعاد، فالواقع الجديد – النّص – ليس مصنوعاً من حقائق، بل من خيارات وسيناريوهات عالم أُختلِق بواسطة اللغة فماتت الحقيقة فيه، ثم يجري إبقاؤه متماسكاً من خلال مجازيات ومعانٍ، من منطلق أنَّ ما بعد الحداثية لا تؤمن بصنع التأريخ واستعادة مجرياته، إلاّ من خلال اختلاق حكايات مغايرة يمكن الذوبان فيها، بعيداً عن ضجة الواقعي والحقيقي(7).

ولعل ذلك ما تحقق في النّهاية السّحرية، التي خُتمتْ بها تحولات التأريخ في هذه الرّواية، عندما عاد الغائب المنتظر خطأً – برهان عبد الله – تحت أنظار المغيبة أصواتهم وبحضور رمزي لجيش يأجوج ومأجوج، حينها تحولتْ يداه إلى جناحين هائلين، ليرتفع ويغيب عالياً في السّماء، فكانتْ دلالة الذّاكرة المصطنعة محددة في ذلك الخواء المعرفي، الذي يكوّن مآسي الإنسان العربي ودرجة

انفصامه العقلي والرّوحي، في سردياتنا التأريخية الحديثة، وهو ما دلّ عليه أيضاً تمثيل الحكاية، الذي جمع في وحدة سردية، شكلين ورؤيتين متناقضتين تجمعان بين الوعي ونفيه «كان وحيداً وكان الجنود يتقدمون صوبه شاهرين حرابهم، فقال بحزن: «لا يمكن أن أموت لا أستطيع أن أتصور نفسي ميتاً حتى إذا كان العالم كله قد انتهى»... رأى عيونهم المدورة المغسولة بالدم، تتقد وتنظر في عينيه، فرفع يديه عالياً، مثل رجل يتأهب للموت، إذ ذاك وكان قد فقد كل أمل في النجاة، رأى يديه تتحولان إلى جناحين هائلين، ضرب بهما الهواء فارتفع عالياً محلقاً في السماء وغاب»[8].

غير أنّ هذا الانفصام كان حاضراً أيضاً، في مجاز نصوص أخرى مثل: (كراسة كانون) للقاص والرّوائي محمد خضير و(السواد الأخضر الصافي) للروائي عباس عبد جاسم، من خلال محاولة البحث في (ما حدث) ومحاولة تصنيع أحداثه نحو (ما يمكن أنْ يحدث)، فإذا كانتْ الذّاكرة التّقليدية تستعيد الماضي صوراً ومعانيَ، فإنّ ذاكرة نصوص ما بعد الحداثية تفترض صوراً تغاير بها هذا الماضي، بحثاً عن إمكانية الحدوث في خيالات فوق واقعية ترغب دائماً في محو ما دونها، لكي لا تجرد هذه الصور، من محسوسها للمعنى الكامن في الحاضر والمتطلع إلى المستقبل، مع عدم إنكار أنّ نسخ الذكريات عن التأريخ الأصلي، لا يقدم التفاصيل كما هي، وهنا تكمن المغايرة، فـ (كراسة كانون) لا تستدعي الماضي، بوصفه حرباً بل تعمد على أنْ تروي نصاً مفترضاً مركزيته أحلام فنيّة لـ (غويا وبيكاسو)، لتكون الرّواية دالة بذلك على أنّ حرب الخليج غير واقعة فعلاً – كما أكد

بودريار في مقاله الشهير – ، كونها مفترضة خالية من المواجهة الحقيقية، فهي مجرد «مكعب بانورامي لمدينة عراقية»[9].

فاختفاء الواقع أو موته حتى، يُولَّد في الرّواية نتيجةً لحتمية غياب العلاقة المباشرة، بين الدّال (النّص/ الذّاكرة) والمدلول (الصورة / الحرب)، جراء مضاعفة فعالية الأحداث بما فيها، من واقع تأريخي وسوسيولوجي، وتصييرها إلى لوحة تكعيبية تختلط فيها أدوات الحرب وأشياؤها، بين التّأريخين النّازي الألماني والرّأسمالي الأمريكي، فليس الواقع كما هو ما قدمتْه الرّواية، ولا هو صورة عنه، بل هو صورة صنعها السّرد، عن صور أخرى هي بدورها مُصَنعة من ذكريات، مؤلفة من الجماعي والذّاتي والثّقافي معاً، فغدتْ نسخة ثالثة مختلفة «تنهض رسوم الكراسة عندما تدلهم الليالي... كنتُ على الأرجح أتحرك على سطح مدينة أُنتسختْ صورتها من ذاكرة المدن السومرية، مركبة من خيال بيكاسو المكعب أو حلم غويا العقلي المتعدد السطوح»[10]، فاصطناع الذّاكرة، هنا، صوغ مموه عن ذات ذائبة معرفياً وثقافياً في وعي جمعي، أنتجه الوهم وفنتازيا الواقع المرير، صوغ مقدم على هيأة (سرد نرجسي) يحاكي أسلوب الميتا سرد التأريخي (historiographic metafiction)، سرد جربه إمبرتوإيكو في (اسم الوردة)، وصنّع به جمال الغيطاني تأريخ القاهرة في (رسالة البصائر في المصائر)، ثم عمد محمد خضير في هذه الرّواية، على إدراجه بصورة ومعنى مغايرين ومنفتحين على تداخلات نصيّة، لا تتبرأ من الماضي لكنّها تعمد إلى إعادة صوغه وافتراضه من جديد، من منطلق أنَّ هذا النّمطَ من القص

يبدي عناية فائقة، بالأسس الفوتوغرافية المدمجة مع الحقائق، لإنتاج نوع كتابي مفارق للواقع المباشر[11]. فالرّاوي يحتل مركز العملية السّردية بوصفه ذاتاً يتحقق تبئيرُ النّص من خلالها، ليغدو صوتاً يسرد نصاً متداخلاً أكثر، مما يسرد أحداثاً متلازمة بحثاً عن حبكة ما، وقد توضح ذلك من البناء الفني للرواية، فقد تخلتْ عن إطارها السّردي بشكل منفتح متعدد المراكز المعرفيّة، يسردها من الداخل راوٍ/علوان يصعب مفارقته عن ذات المؤلف؛ لذلك تأخرتْ معرفته إلى نهاية رواية النّص (فصل ذات الأثافي)، إذ نتعرف عليه وعلى شخصية (ز) الشّابة، وهما في طقس كرنفالي لإعداد وليمة، يتوهم متلقيها بين واقعها وكونها مشهداً مستلهماً من إحدى الجداريات، وهذا ما يحيل واقع/تأريخ/ماضي النّص الرّوائي، إلى ذاكرة مصورة متخيلة وهمياً، من حياة مقموعة بفعل الحروب والحاجة الاقتصادية، وهي تجرب تأويل الوجود عزلاً عن الواقع المباشر، مما يجعلها نمطاً معرفيّاً معاصراً اعتمده الأدب لأنَّ «قصدية الخيال تتجه نحو الوهمي، القصصي، غير الحقيقي وغير الواقعي، والممكن واليوتوبي [بينما] قصدية الذاكرة تتجه نحو الحقيقة السابقة، الواقع السابق»[12].

وبهذا يتحقق اصطناع الذّاكرة كون النّص الرّوائي، لا يلتفتُ إلى الزّمن المستعاد من الواقع، بل يعمل على إنتاج مسودته الخاصة، لكي يُماهيَ بين المُنتج والمُستعاد، والوهمي والحقيقي، والمتخيل والتأريخي، حيث التداخلُ النّصيُ والانشغالُ بذاتيته وانعكاساته الفنية؛ لهذا يتحقق التأريخ/الواقع – الحرب العالمية / حرب الخليج – بوصفه أمراً مفترضاً رغم دلالته الحقيقية، لأنّنا لا يمكننا إدراكه، إلاّ من خلال

اصطناع الحركة، التي بها يتحول النّصان/اللوحتان – لوحة الغورنيكا لبيكاسو، ومجزرة في كوريا لغوياً / كراسة كانون – ، إلى صورة حاضرة تُصاغ بها الأفعال، والمخيال السّردي من جديد، فتَذَكُر حدث تأريخي بهذا الأسلوب، لا يعني استرجاعه المباشر، أو حتى انفصاله التّام عن الواقع، إنّما يعني إعادة إنتاجه وتصنيعه بنمط فوق واقعي، لا يُقَدَم على أنّه معطيات غائبة، بل يقدم بوصفه معطيات حاضرة أو مصطنعة عن الماضي(*)، الأمر الذي تعمدتْ الرّواية تكراره على مدى صوغ التّداخل لبؤر النّص المختلفة[13] «««غويا هو الذي ودع عالم (المايات) الجميلات في الساعة نفسها التي قصفتْ بها الطائرات مدينة بغداد بالقنابل عام 1991، هو الذي سأتكلم بأحلامه، أحلام العقل والجنون»... «الرسم يتجاوز الحياة، والواقع يطيع إرادة الرسم، ليت هذا يحدث في الكتابة، فينقذف الكاتب إلى خارج نصه. متى يحدث أنْ يكون النص مكعباً، مركباً، مرسوماً بأكثر من وجه؟ متى ينعكس الكاتب في كتاباته كما ينعكس الرسام في رسومه؟ إني أدع هذا يحدث لي كي أنعكس في شخصياتي... كي أنقذف معها إلى سطح من سطوح المكعب الواقعي»... «اخترعتُ شخصيات تصعد من السطح السادس لمكعب المدينة إلى سطحه الأفقي الأول... لم أستعمل في كراستي مواد تلصيقية (طائرة، قطاراً، برجاً، فرناً، تمثالاً، ملجأ...) لاعتراض السرد بوثائق تأريخية أو الإيهام بحقيقتها الواقعية، فقيمة الحقائق السردية تنمو من خامة الحلم المرئي في مساحة تخطيطية وهمية»»، فهنا يتحول الواقع التأريخي الحقيقي، إلى مجرد إنتاج فني مُصَنَّع، بعيداً عن جذوره، ليغدو سطحاً تكعيبياً مُتجذراً، في الذّاكرة الذّاتية للراوي، وهو يذكر المتلقي دائماً بحلمه الوهمي لواقع مغاير،

عندما تتحول الأشياء جميعاً من شخصيات وأماكن وأحداث على وفق نظام خاص، إلى جزء من إعادة إنتاج هذه الذكرى، المفتونة بتأسيس عالمها المتجاوز لانعكاسات الواقع، مروراً بانعكاسات اللغة / النّص، وصولاً إلى انعكاسات الذّات السّاردة (الراوي/المؤلف).

هكذا تبدو الصّيغة السّردية لعالم الكراسة، مجرد نُسَخ متكررة لانطباعات وصور انزاحتْ عن الواقع الأصلي، الذي تمظهر بدوره على هيأة تخطيط رشيق، وكأنّ المنظومة السّردية برمتها تفوهات حُلمية تُذكّر بموضوعات الواقع لكنّها ليستْ هو، فهي كما يُشخص الوعي علمياً، إعادة إنتاج للذكريات المدمجة بإدراك شخصي للخيال والواقع معاً، وهو ما تقصد نص كراسة كانون إيهام القارئ به[14]، وهو وهم سردي يتمركز أيضاً في رواية نص (السّواد الأخضر الصافي) لعباس عبد جاسم، ولاسيما في تبنيه أسلوب ما وراء سرد التّأريخ، لمدونة / مخطوطة سلطة تأريخية، تقبع وراء اللغة السّردية بتطريساتها التي تُجزئ النّص إلى مركز وهامش/حاشية، إذ يتمظهر الخطاب الرّوائي فيها على وفق المقولات المعاصرة كونه ظاهرة مركزية تتجلى منه السوسيولوجية، فليس لتطور التّأريخ معنى عام أو عالمي، فالأفراد / الشّخصيات غير مؤهلين لتصميم ذواتهم أو تصنيعها في الزمان، كون التأريخ ليس له معنى في إنتاج مستقبل معروف لديهم لا بل غائب تماماً، أي ثمة تشكيك واضح إزاء الميتا – حكايات أو سرديات المجتمع الكبرى؛ بسبب الخرق الواعي للتأريخ الذي قصده النّص، من خلال أمور عديدة أهمها، إنتاج سردية نرجسية تبيح لـ (أنا) المؤلف الاختباء خلف كواليس الذات السّاردة (الرّاوي)

بأسلوب (لا شخصي)، والعمل على توليد تداخل مربك بين الواقعي والمتخيل، عن طريق اصطناع بنية افتراضية تتحدد بما هو فوق واقعي، ثم إعادة إنتاج ذاكرة المكان المعاصر والتأريخي، بما فيه من نزق ديني وكرنفالي، واللجوء إلى ما يناسب هذه البنية الافتراضية، من أطراس دالة على المحذوف والمصطنع البديل، من خلال المنقوص والفراغ والتنقيط والحذف والتشطيب والهامش المرتبط بمتن النّص، لإنتاج بنية قابلة للتأويل المستمر للحاضر، بتأثير الزّمن المستعاد من التّأريخ والأسطورة والتّراث والدّين واللغة.

إنّ الرّواية/النّص تستهل سردها بمشهد دال، على خروقات الكتابة الهجينة لما بعد الحداثية، إذ يتحدد المتلقي بمرتكزين معرفيين[15]، أولهما في المتن: «مؤكد أنّ الذي روى وقائع الجلسة لا يعلم مَنْ كان يتكلم نيابة عني، مما بدتْ الوقائع أكثر غرابة لمنْ استمع إليها، فقد روى أنّ فقيه الجلسة ذكر: أنّ رقوق السواد آخر مقطع من مقاطع «تغريبة السواد الأخضر الصافي» لإبراهيم الإبراهيمي، وأن هذه الرقوق هي «أعراف مطموسة»...»، وثانيهما في الهامش: «ربما لا يعلم الـرّاوي كيف مُحيتْ منها النصوص وكُتبتْ فوقها أمجاد وبطولات وهمية، وأشياء أخر لا صلة لها بأخضر السواد الصافي»، فالمشهد/الصورة في النّظام السّردي لهذه الرّواية، يمثل الملاذ الخيالي في وجه الحقيقة التأريخية المصطنعة، بسلطة لغوية معارضة لسلطة الواقع، إنّه شكل من أشكال الفرار الفنتازي من السّلطة التأريخية، عن طريق لغة غامضة يتناوب على سردها أكثر من راوٍ؛ لذا يتعالق الحدث مع الصورة لتغدو افتراضية أكثر مما هي مستعادة من واقع

تأريخي، كونها لا تستدعي الحدث كما هو، بل تعمل على إنتاجه، أي محاولة خفي المتن الأصلي المطموس بنسخة جديدة، تمثل بيئة افتراضية أشبه بالبؤرة المنتجة لتأريخها الخاص، بحيث يولّد السّرد مقولاته جميعاً، بأسلوب مغاير للحقيقة، وإنْ ارتبط بها بين الحين والآخر، ويتمظهر المكان بوصفه ذاكرة متعلقة بالصور المُنتَجة، كونه علامات استذكارية خاصة بالعالم المُصنّع من الخيال المفارق لواقعه أو كما يسمى فلسفياً (مكان الذّاكرة)، الذاكرة التي تحيل المتلقي إلى الميزوبوتوميا/أرض السواد، ولكنْ برؤية هجينة تجمع ماضي المكان مع حاضره، عندما ينقسم الزمنان بين المتن والهامش، فيغدو اجتياح الإسكندر المقدوني مثلاً حدثاً عابراً بجنب مرور السيارات في شارع الرشيد، ويبدو ما ينقله الرّاوي المعاصر من أحداث، متداخلاً مع ما ينقله رواة الحكاية المتخيلة، فما ليس له معنى أو ما يبدو كذلك، هو كما يرى (فلوبير) له معنى متفوق على الذي يبدي معناه بسهولة، كون جمالية النّص هنا تتمظهر، بصناعة أدب مستحيل تتقدمه درجة كتابية خاصة، درجة تجمع بين المتناقضات جميعاً، حيث الحياة والموت، والحاضر والماضي، والخيالي والحقيقي، والسّلطوي والتّابع، ولعل مثل هذا النّمط من الكتابة الرّوائية الحديثة، هو ما حفز (رولان بارت) على وصف الرّواية بالموت، كونها تصنع مصيراً من الحياة، ومن الذكرى فعلاً، ومن الديمومة زمناً موجهاً ودالاً، فسلطة المجتمع هي التي تفرضها بوصفها نمطاً كتابياً متخيلاً[(16)].

إذاً.. التّصادم المعرفي بين أشكال الخطاب الرّوائي ما بعد الحداثي، أساسٌ في إمكانية التّمثيل السّردي لتجريد المعنى بين العالم الحقيقي

والنّص، مما يذكرنا دائماً بضرورة وعي السّياقات الأيديولوجية، التي لا تختزل كلّ تمثيل للماضي أو الحاضر، وهو تصادم يمكن تشخيصه في أشكال عديدة من ما وراء السّرد التأريخي، كما في السّرد الذي يتشكل في النّص على شكل متاهة تضيع فيها الشخصيات، مثال ذلك رحلة الرّاوي الأول مع شخصيتي (سلمان) و(مشتت)، وهي تذكر بقوّة بـ (عوالم بورخس السّحرية وخرائطه) التي يدل تحللها الخيالي، على تحلل المكان وإحلال آخر مفترض بدلاً منه، ففي متن الرّواية تصنع المتاهة هكذا: «أحسب أنّ ساعة مرت أو تزيد، فتنبهت إلى أنّ ما يجري في السواد المستور قد يشغلنا لساعات أخر، ونحن لم نعثر بعد على وجودنا في تضاريس الخريطة، ولم نعرف حتى الآن: أنى نتجه؟»[17]، فثمة انعكاس واضح لمرايا النّص، ورسم لخريطة جغرافية افتراضية، تصطنع الواقع بدلاً من أنْ تقترب منه بعد موت الحقيقة، والرّواية بهذا لا تتعمد نسخ الواقع التأريخي الحقيقي – النّسخة الأصلية – ، لذلك تُكَوّن أحداثها وتفترضها لتكون سبيلاً جديداً لماضٍ مستعاد من ذاكرة مصطنعة من الأحداث نفسها، من منطلق أنّ المرايا والخرائط المفترضة خيالياً، واحدة من أهم الوسائل الفنية التي لجأتْ إليها الرّواية ما بعد الحداثية، لذلك فإنّ الشخصيات والأحداث في هذا النّمط التأريخي من الميتافكشن، يخضعان لإعادة تسييق في الفعل الكتابي من خلال التّغيير المستمر للمعنى والهوية، مما يجعل التّأريخ يبدو وكأنّه مجموعة من عوالم بديلة[18]، فالخريطة ومتاهاتها وما ينعكس منها في ترميم الخيال، سيكون أكثر تأثيراً ورسوخاً من الأحداث ذاتها (فصل دليل المرويات – ص78)، عندها تختفي الذّاكرة المسترجعة، لتحل بدلاً عنها ذاكرة مغايرة، تصنع أحداثها

بحسب الحالة من دون عودة إلى الماضي، لتحقيق نمط من الغرابة المقصودة غير المفتعلة، من هنا تكون المتاهة وذاكرتها المفترضة، ضرباً معرفياً للتعبير عن أيديولوجية السّلطة الموروثة عبر التأريخ، لكنّها في رواية السواد الأخضر الصافي، تُقدَم بوجهات نظر متعددة تعدد الرواة واللغات والمفاهيم: «الدكة التي تقوم عليها البناية، لا يمكن الوصول إليها إلاّ عن طريق بوابة تحرسها مخلوقات متوعّدة بالخطر، تحيط بها كتلة من ظلام يتنافذ من داخل المبنى القائم فوقها»[19].

إنّ هذا النّمط من التّفكير – أعني ما بعد الحداثي – ، يتأسس على مقولات مركزية، هي جُلّ ما يعتمده النّقد للنزوع نحو النّص الرّوائي المعاصر، مقولات مثل البعد السوسيوثقافي الذي رسخه رايموند وليمز، وعنف السّياسة وحفريات المعرفة الذي رسخه ميشيل فوكو، والوضع الاجتماعي القلق والواقع المفترض الذي رسخه ليوتار وبودريار، وهي جميعاً أثرتْ في تشكيل هذا النّص والنّصوص الأخرى بشكل أو بآخر، لذا تصبو الرّواية إلى تجريد التّأريخ من طبيعته، بخلق وعي معاصر يميز بين أحداث الماضي، والوقائع الناشئة من الحقيقة، بإضفاء معنى جديد عليها، من خلال اصطناع ذاكرة سردية مغايرة في رصد المسكوت عنه، وافتراض أحداث مختلفة تتناسب مع الرّؤية المعاصرة؛ ليكون التّأريخ ليس كما كان بعد أنْ أُلبس إهاباً جديداً من معرفة المبدع وخيالاته، وهذه صفات مشتركة، بين الرّوايات التي توقفنا عندها في هذه الفقرة، من منطلق أنّ استعادة زمن الذّاكرة فيها، متناغم مع تأريخ مُصاغ أكثر مما هو مُسترجَع، فهي تستعيد ما يظن المتلقي أنّه مطلع على ماضيه (سجلات رسمية،

متون تأريخية، حقائق واقعية)، لكنّها حريصة على تقديمه متخيلاً، بما يتناسب مع الشك المعرفي الحداثي المتعلق بطبيعة المعرفة التأريخية وافتراضاتها، فأية حادثة تحولتْ إلى تأريخ؟ وأية حقيقة؟ ومَنْ فاعلها؟ تساؤلات معرفيّة، تؤكد ذوبان الماضي بالحاضر، بحثاً عن المستقبل، كون الكتابةُ السّردية الواعية بتأريخ معين موجود لكنّه خفيٌّ، جزءاً فاعلاً من مهمة الكتابة الرّوائية المعاصرة، التي بدأ الكتّاب العرب يطمحون إليها برؤية تأريخانية جديدة.

- قلب التّأريخ (حدس الماضي وافتراضات الحاضر):

في تساؤلات الفقرة السّابقة، أكدتُ فكرة الذوبان الكرونولوجي للزمن، خدمة لفكرة اصطناع النّص لتأريخه الخاص، من خلال الانتقال من محكيات التّأريخ إلى ما وراء هذه المحكيات، فيبدو التّأريخ حينها مضاداً لذاته، باحثاً معترضاً على ما حدث فعلاً، وهذا في جزء معرفي منه، يتناسب مع أطروحة ميخائيل باختين التي توقفتُ عندها سريعاً في الفصل الأول، ممثلة بمسألة (القلب التأريخي) التي يراها قائمة على فكرة البحث عن القيم الإيجابية عند فقدانها، مما يدفع الشخصية على لا استرجاع الماضي فقط، بل تخيله أيضاً، لذلك يجد «أنّ العصر الراهن مأخوذ خارج علاقته بالماضي، والمستقبل يفقد وحدته ويتفكك إلى ظواهر وأشياء متفرقة، ويصبح خليطاً مجرداً منها»[20]، وهي مسألة في حقيقتها، مناسبة جداً لفكرة نشوء الذّاكرة المضادة، من خلال فكرة اعتراض الماضي القديم، ومحاولة تحويله إلى مجاز بلاغي مناسب لوهم الاصطناع، مما يفتح الباب أمام الرّوائي

للبحث في منطقة ما وراء سردية الخبر المباشر، والتّحول بوثوق نحو المحكيات المسكوت عنها خلف ذلك في حاضر الكتابة.

ولعل حديث الذّاكرة وقلب سيرورة الزّمن، في مظهر بنيوي دال على الـ (ما وراء – التّأريخ)، يظهر بوضوح في رواية (متاهة أخيرهم) للروائي محمد الأحمد، ليس بوصفه متاهة نصيّة لخريطة مفترضة، بل بوصفه علامة لموضوع مصطنع عن الحقيقة التأريخية، يمثل حالة من الحكي المعبر عن مجاز سلطوي قامع، أنتجته ذاكرة المجتمع فغدا مظهراً ثقافياً مسكوتاً عنه، وللأمر دلالة متداخلة مع ما سبق لـ (إمبرتو إيكو) أنْ حدده، بصدد حديثه عن أنماط العلامة بوجود نمطين: أحدهما علامات طبيعية والآخر علامات اصطناعية، وما يعنينا هنا علامات الموضوعات الاصطناعية، إذ يؤكد أنّ الغاية من هذه العلامات، غاية دلالية على معنى معين ومنها حالة الكلام[(21)]، فكيف يمكن أنْ يتحقق ذلك في متاهة أخيرهم؟ وحقيقة الأمر أنّها باتخاذها (حكاية اليهود) في العراق ثيمة مركزية تبني عليها السّرد، تتحقق هذه الغاية من منطلق أنّ الرّواية بما فيها من مكونات فنية، تغدو حالة سردية/كلامية لهيأة سوسيولوجية قد تمَّ إقصاؤها ثقافياً وسياسياً، ومن هنا تحديداً يبدأ النّص باصطناع ذاكرة خاصة لحكايته، فهو لا يكتفي بحقائق تأريخية لفئة اجتماعية معروفة، بل يعمد على إنتاج تأريخانية جديدة من خلال قراءته وتأويله؛ كونه يسعى إلى أرخنة ذاته – النّص – وتنصيص التّأريخ، ومع أنّ هذه النّمطية السّردية، لازمتْ الرّوايات السّابقات أيضاً، إلاّ أنّها هنا تحديداً، تأخذ بعداً أكثر خصوصية لسببين، (أولهما) أنّها ابتعدتْ عن العمومية التي

يمكن أنْ تشمل فئات المجتمع جميعاً، متخذة من اليهود فئة خاصة تنطلق منها، و(ثانيهما) أنّها عُنيتْ بالمجاورة بين النّصي والتّأريخي، لصوغ حكاية جديدة متخيلة عن المتون التّأريخية الواقعية، للوصول إلى ركيزة مهمة في اصطناع الحكاية، هي توجيه ذهنية المتلقي، نحو علاقة الخطاب الرّوائي، بالخطابات الأخرى التي أسهمت في تشكيله، أي قراءة الرّواية من منظور الظرف التّأريخي والسّياق الثّقافي للمتلقي نفسه، وهنا تكمن سرية بناء هذه الأعمال الرّوائية جميعاً، كون قارئُها يرتكز في تأويله على ثلاثة متون مركزية، سردية وتأريخية وسوسيوثقافية.

تبنى الرّواية سردياً على وفق تقسيم تناوبي للحدث ومنحني في بناء الزّمن، وهي محددة بثلاثة أقسام، الأول معنون بـ (باب الدخول)، والثاني معنون بـ (مكابيوس)، والثالث معنون بـ (باب الخروج)، وهي تعتمد سرداً ذاتياً يتناوب عليه راويان، يعملان على تقديم الحكاية، على وفق تحولات سياسية تبدأ من (1966) وتنتهي في (1979)، ولعل للمرحلة التأريخية التي بُني عليها متن الحكاية وأُنتج النّص فيها، تبريراً كون الرّواية علامة اصطناعية مرتبطة بحالة تعبيرية كلامية عن مسكوت عنه، في مجتمع ما زال لا يتحلى بعقلية الحرية الدينية، وهو أمر يُكشف من خلال سرد شخصية محمد إبراهيم/الرّاوي الأول لحكاية عائلته اليهودية وكيفية ترحيلها من العراق، ولاسيما أنّه اكتسب اسماً لا يمس بصلة لديانته، بعد أنْ فُقدَ وتربى في كنف عائلة مسلمة، فتحول اسمه وكذلك ثقافته وديانته بعد أنْ كان (مكابيوس يهودة)، فهذا التّحول الثقافي في الهويّة، متبين

في النّص بسمة مدلول على قمع معرفي لثقافة راسخة؛ لهذا لا يجد متلقي الرّواية المتن التأريخي للحكاية الواقعية كما هو، بل هناك اصطناع لواقع فوق الحقائق التاريخية، مما يتناسب مع خيال السّرد ورغبة التّمويه بعيداً عن المباشرة، وبهذا يكون النّص في نواحٍ واسعة، من سردياته مجازاً تأريخياً؛ لأنّه يحكي ما وراء التأريخ لا التأريخ نفسه، فالسّرد يصطاد الجدل المتراكم حول وضعية التّمثيل القصصي للحكاية وعلاقتها بذاكرة ذاتية مؤلّفة للكاتب، في ضمن علاقتها بالذّاكرة الجماعية، المنتجة بتأثير فعل سوسيوتأريخي، بهيأة تحديات ميتا – شعبية متشابكة مع الذّاكرة تشابكاً لا فكاك منه: «تزامنتْ حادثة نهب بيت «يهودة» وتفريغه من محتواه خلال فترة دعوة «أبي» لأداء الخدمة العسكرية الإلزامية»... «أُكتشفتْ جريمة قتل «العم موشيه» عقب انتهاء عرض فيلم الكابوي الأمريكي «من أجل حفنة من الدولارات»»[22]، وهو ما حدد النّص بمسألة القلب التأريخي، فالرّواية مأخوذة بعلاقات سردية حكائية خارج علاقتها بالماضي، لكي تنتج مستقبلاً مفككاً، نتيجة ظواهر ثقافية مرتبطة بالمجتمع والهويّة والسّياسة، وعليه فقد رفضتْ مقولات تبنتْها السّرديات الكبرى للرواية الكلاسيكية، مثل: الغاية، والمَثَل الأعلى، والعدالة، والكمال، والانسجام الاجتماعي، والتّركيز على ما هو غاية في التّحقق المستقبلي وكأنّه تمَّ في الماضي، أي اصطناع صورة مستقبلية لغاية السّرد الباحث في قمع الهويّات الثّقافية، لا البحث في ماضٍ لواقع تأريخي معروف، وهو أمر تحقق فعلاً في الجزء الثالث من الرّواية، عندما انتقل سرد الحكاية مع الرّاوي الثاني (خليل إبراهيم)، الذي سرد تصوره لحكاية العائلة اليهودية، من خلال حكاية

الأخ المتبنى محمد إبراهيم، برؤية تدل على مستقبل ما سوف يحدث وليس بما حدث فعلاً: «يوم بدأت تنظيم ملزمة الأوراق المكتوبة بلا حبر، كنت قد بلغت الثانية والثلاثين من عمري، أي بعد سبع وعشرين سنة على خروج «مكابيوس» من متاهته ملتحقاً بوالده»[23].

وهذا ما يؤكد التّناوب في سرد الحكاية الواحدة عن طريق تعدد الرواة وتوجيه ذلك بأسلوب الرّوايات الرّسائلية نحو الميتا – فكشن بإنتاج رواية داخل رواية لم تكتملْ، استعارها الرّاوي الثاني (خليل) من الأول (محمد/مكابيوس)، ليتم إعادة صوغها وتتبع سرية وغموض فقدان الرّاوي الأول فيها (مُصْطَنع الحكاية)، مما فرض تعدداً في بؤر السّرد، بلجوء الرّاوي الثاني لرواة آخرين، شهدوا الحدث وحكوه بهيأة (تبئير داخلي متعدد)، يقدم تأريخ الشّخصية برؤى متضادة، مع رصد لطقوس الكتابة وطرائق تدوينها ذاتياً، للجمع بين عالم الحكاية وعالم ما وراء سرد التّأريخ، والمتلقي بهذا يستشعر روح المؤلف ورؤيته للعالم مزروعتين في ضمن الحكاية، لتكون ذاكرة إعادة صوغها وتمثيلها مرة أخرى، مضادة لزمنها التّأريخي، إذ يعمل المؤلف والرّاوي والقارئ معاً، لكي يكشف المعنى، مما يؤكد إدراج ذهنية التّأليف وحضورها للقارئ، وهو بهذا – القارئ – لا يكشف المعنى فقط، بل يشارك بإنتاجه، على وفق طروحات ما وراء الرّواية التأريخية ما بعد الحداثية، فأحداث حكاية اليهود العراقيين، لم تَعُدْ مجرد خطاب تأريخي معروف، إنّما هي سياقات زمنية يمكن إعادة تشكيلها واصطناعها، من جديد لتغدو مضادة للحقائق جميعاً[24].

لكنّ هذا الأسلوب ما بعد الحداثي، يتجدد بشكل صريح أكثر مع

رواية (المقامة العصرية البصرية) للروائي مهدي عيسى الصقر، إذ يزجّ الرّوائي/الرّاوي نفسه داخل الأحداث، ليتشاركها مع شخصية تمّ استدعاؤها من التّأريخ الأدبي العربي القديم، ممثلة بصاحب مقامات الحريري، وهنا تبدأ رحلة خيالية مفرطة على الرغم من حدوثها في مدينة البصرة الحديثة، فنحن لسنا أمام استعراض تأريخي مزيف بفنية عالية فقط، إنّما نحن أيضاً قراء لنص أدبي على وفق ظروفه التأريخانية، التي يساعدنا الماضي من خلالها لإدراك حاضر الأحداث المتخيلة المقلوبة عنه، بإغراء حكائي تغريبي، مما يضعف تلك الرّوابط الزّمنية بين الحكاية وماضيها الفعلي، فسمة التضاد تكتسب هنا؛ لأنّ الأحداث التأريخية تكتسب واقعيتها المصطنعة ليس بسبب كينونتها الفعلية ثم وقوعها، بل لأنّها في نفس ذاكرة السّرد، وهي قادرة بالضرورة على القبض على مكان معين لأحداثها على وفق ترتيب زمني خاص، ولكي تكتسب صفة التأريخية فعلاً، لا بدّ لها من أنْ تكون حاملة للشك في أصالتها، بوصفها مدلولاً واقعياً لا الواقع نفسه كما هو، للوصول إلى أكثر من حقيقة دالة على الأحداث ذاتها: «سألته باهتمام: «أو ستكتب لها مقامة جديدة!؟» «بعد أن أدرس ما خفي عني من تأريخها» «ستكون مقامتك هذه، يا مولانا، هي المقامة الواحدة والخمسون» «وسوف أسميها (المقامة البصرية العصرية) كان يتكلم بحماسة أديب اكتشف موضوعاً يصلح محوراً لعمل جديد، امتدحت فكرته واختياره لعنوانه، سألني: «وماذا ستسمي روايتك؟» «إني أفكر أن أدعوها (حكاية مدينة)»»»[25].

إنّ هذا الاتجاه النّرجسي الذي يعكس النّص وذات المؤلف في

مرآة الكتابة، يعتمد تماماً على فكرة قطع الشواخص الحقيقية عن تأريخها المعروف، فلا الشّخصيات (الحريري والصقر)، ولا المكان (البصرة) كما هم، إذ ثمة تكهن واضح للزمن والتأريخ، يعمل على خرق الصورة الحقيقية وإبدالها بثانية متوهمة، أي ولادة تأريخ جديد مضاد للحقيقي، تأريخ خاص بهذه الشخصيات والأمكنة والحكاية، التي تصطنع سرديتها الخاصة، متكئة على سمة قلب الأحداث، من خلال استدعاء الماضي وخلط سديمه بالحاضر ؛ لأجل إعادة صوغه من جديد بأسلوب وعين معاصرة في تأويل ما حدث فعلاً وما يمكن حدوثه، فرواية الصقر (الشخصية) هي في حقيقتها ذاكرة مضادة لرواية الصقر (المؤلف)، وهي تذكر بتلك السّاعة التي وصف عملها كولن ولسن بـ (التّكهن النّفسي)، عندما كان المحقق (شارلوك هولمز) في الرّواية البوليسية الشّهيرة، يشرح تأريخ شقيقه المدمن على الخمر لـ (واطسون) اعتماداً على ساعة يده فقط، أي قراءة تأريخ خاص مصطنع هو تأريخ الأشياء، وهو تأريخ مصطنع يؤدي فعلاً إلى ما تصفه ليندا هيتشون بـ (تجريد التأريخ الكلي من كليته)، حيث القصة بنية مصطنعة ليستْ حقيقية، وسواء أكانتْ تعتمد التّأريخ الحقيقي أو الخرافة الوهمية، فإنها بسبب بنيتها المتخيلة واكتسابها معنى ونظاماً خاصاً بها، ستفقد تلك الكلية (Totalizing) المتشكلة نتيجة السيرورة الحقيقية للتأريخ، لهذا يمثل أسلوب (السرفكشن)(**) أو أسلوب إدخال المؤلف ذاته داخل الرّواية، رؤية ما بعد حداثية في تفكيك الخطاب التّأريخي، فهو تأريخ يُكْتَب لكي يختفي، كون سؤال ما وراء الرّواية التأريخية لا يتعلق بحقيقة التأريخ نفسه، ولكن بما هو ضد المنجز فعلياً من الأسئلة الخفيّة، التي تقدمها هذه الرّواية ممثلة

بـ (ماهية التّقديم؟ ومَن يقدم؟ ومَنْ يقرأ ويؤول؟ ولأية غاية؟)، كون المؤلف / الرّاوي يكتب بوعي تام، مطالباً القارئ بإدراك هذا الوعي، والمشاركة في خلق الصورة النّهائية، وهذا – كما أجد هنا – أعلى سمات التّلاعب بتصنيع الحدث التّأريخي، وتوليد ذاكرته المضادة لكل ما هو واقع فعلي[26].

لقد فطن (هيغل) بوقت مبكر، من خلال دراساته المهمة في فلسفة التّأريخ، إلى (مبدأ التّوحيد) الذي يفترضه التّأريخ ما بين العاملين (الموضوعي) و(الذاتي)، أي يشير إلى سرد الأشياء التي حدثتْ، بمقدار إشارته إلى الأشياء التي حدثتْ ذاتها، ليكون الفعل (حدث) بحقيقته التّأريخية الواقعية موازياً للفعل (سرد) بمخياله وافترائه في توليد الوهم، وهذا ما يجعل من الماضي مادة متداولة في الحاضر، من خلال محاولة قلب الزّمن الماضي، على أنّه حاضر فعلي قابل للصيرورة الفعلية، ولعل هذا ما حفز ناقداً سوسيولوجياً مثل (جورج لوكاتش)، للتّأكيد على ما أسماه (المفارقة التّأريخية الضرورية)، التي تؤدي لغوياً، دوراً حاسماً في تأويل بنية الملحمة، بوصفها تفسيراً لشيء ماضٍ، يقيم علاقة لغوية وثيقة مع الحاضر، وعليه تكون (اللحظة التأريخية) المستعادة في الحاضر المتطلع للمستقبل، جزءاً مركزياً من خاصية المتخيل السّردي، غير أنّها مع الرّواية ما بعد الحداثية، ستغدو حالة من الميتافيزيقية في تصورها للزمن، وهنا تجب خاصية كسر ديمومة الزّمن، ورفض الواقع المعاش للوصول إلى حقيقة الزّمن الأدبي – كما يؤكد غاستون باشلار – الذي يعتمد تجدد اللحظة، ودوام خصوبتها وانفصالها، فالصورة المتخيلة ليستْ امتداداً للماضي، لكنّها وليدة الحاضر[27].

من هنا نؤكد، أنّ الرّواية العربيّة المعاصرة أدركتْ الزّمنَ، ونزعتْ نحوه إبداعياً بأدوات جديدة مغايرة، غاية هذه الأدوات كسر أفق التّوقع في الوعيين الجمعي والفردي معاً، لكي تصطنع بنى سردية مغايرة، بتنوعها وامتلاكها لحساسية جديدة مختلفة الرّؤى، في تقبلها للواقع، ومن أهم موضوعات ذلك الواقع، الحدث التّأريخي السّياسي، وتراجيديا الحدث المذاب وسط مرحلة تأريخية قلقة أيديولوجياً، كما فعل الرّوائي محمد الأحمد في روايته الأخيرة (دَمُهُ)، التي تمثلتْ التأريخ القديم من خلال الحقبة الأموية، وهو يشير في ضمن ذلك في صدر روايته إلى أهم مصادرها التأريخية التي اعتمدتْ، فضلاً عن إعلان براءتها من حقيقة ما حدث، كونها تقدم وهماً عن التّأريخ، أنّها لا تنقله كما هو: {الإجراء الوحيد الذي يمكننا اتخاذه، بشأن الشائن من التأريخ المكتوب، هو إعادة كتابته. ص7} ، فمرجعيتها تتحدد بحقبة (الحجاج بن يوسف الثقفي)، في ضمن خلافة (هشام بن عبد الملك)، وما شهده ذلك من مقتل أحد العلماء الأتقياء، هو (الجعد بن درهم) على يد والي العراق حينها (خالد القسري)، لكنّ تمثيل التّأريخ يتم بأسلوبين دالين على نسختين للواقع، (النّسخة الأولى) حقيقية التزم بها السّارد العليم بسرد موضوعي محايد، وهي تتمثل ما حصل فعلاً من خلال وظيفتي التّفسير وتقديم المعلومات، أما (النّسخة الثانية) فهي معنية باصطناع التّأريخ، عن طريق قلبه حاضراً بوساطة الرّاوي المشارك، الذي يعتمد سرداً ذاتياً تذكرياً بلسان الأخ الشقيق للمقتول، غاية في تحليله ومناقشته بحثاً عن مركزيات السّلطة العربيّة الإسلامية، برؤية مطلة على الحدث التأريخي بوعي حاضر: «««خرجَ من عنده القضاة الثلاثة مرعوبين.. كأنما إشارته لهم بالمغادرة قد أعادتهم من الحياة، خرجوا

تباعاً متسارعين، مرتجفي الأوصال، باضطراب بيّن»... «قضيتُ حياتي كلها مع المخطوطات، أو بينها أقرأ فيها قبل أن أفهرسها كأنما أعيش معها»»[28]، فما وراء السّرد التأريخي في هذه الرّواية، يتحقق من خلال أمور عديدة، أهمها استمدادها الحدث والشّخصيات، من تأريخ سياسي إسلامي معروف ومثبت في المدونات، لكنّها – دمُه – أيضاً لم تقفْ عند عتبة الحقيقة التّأريخية، إنّما عملتْ على خلق إيهام واضح وخلخلة محسوسة في ذاكرة الحكي، لتتجاوز هذه العناصر محدودية زمنها، فبدتْ عتبة نصية جمالية، تنتمي للكتابة في الزّمن الحاضر، لتقلب بذلك (صيرورة) التّأريخ إلى (ديمومة) اللحظة المعاصرة، وهي في حقيقتها لحظة قطع الرأس، وما دعم ذلك فنياً خرقُ ثوابت التّأريخ وقلبها على خلاف سيرورتها، وقد تمّ هذا الخرق فعلاً، بتنويع تمثيل السّرد ما بين موضوعي وذاتي، فكان (السّارد العليم) بؤرة سردية تلاحظ عن بعد لتنقل ما حدث فعلاً، ليكمل عمله (الرّاوي المشارك)، الذي عاصر الأحداث وشهدها عن قرب، فكان ناقلاً لما يمكن حدوثه، وهكذا بقي التّأريخ ثابتاً وصار السّرد متغيراً، لكنّ تغيره هذا مضاد للحقيقة لأنه يعمل على اصطناعها دائماً.

إذ تُذكّر عتبات التّأريخ في رواية (دَمُهُ)، كثيراً بمثيلاتها – مع اختلاف الأسلوب واللغة والرّؤية طبعاً – في روايتي، (مجنون الحكم) للروائي سالم حبيش، من خلال إعادة إحياء شخصيات وأحداث تأريخية سياسية حقيقية، ذات مدلول عنيف «بادر بجرة واحدة، واضعاً نصله على رقبة المعلم، وساحباً إليه النصل تاركاً الرأس يسقط دون أنْ تسقط عنه عمته، حيث بقي الجسد منتصباً متخشباً، كأنه يريد البقاء بانتصابه حتى آخر قطرة»[29]، ورواية (الزيني بركات)

للروائي جمال الغيطاني، من خلال عدم التّعامل مع المدونة التأريخية كما هي، بل العمل على خلق شخوص ومرويات جديدة طمعاً في سدّ النّقص الحاصل في الحكاية الأصلية «على ظهر حمار، أجوب المدن والقرى بحكاياتي، أحكي للأولاد والمسنين متناغماً مع خطوه، أراه سئم من ذكر السيرة الطيبة التي حزّها سيف ظالم»(30)، ليكون إلى جنب كل (وثيقة حقيقية)، (وثيقة متخيلة) تعمل على التّشكيك بيقينيات القارئ بما يتلقاه من الحكاية، وهكذا يكون (التّأريخ) ناقص الحقيقة، بينما تكون (الحكاية) مكتملة الخيال، كونها لم تعتمدْ ذاكرته بل اصطنعتْ ذاكرة مضادة لأحداثه، مما جعلها نسخة مغايرة تماماً على الرّغم من إحالاتها المرجعية، فخاصية اللحظة الزّمنية فيها – ظاهراتياً – محددة بمأساة الحدث.

وهذا ما يجعلنا قريبين جداً من واقعها المصطنع، الذي عمل على موت الحقيقة التّأريخية وانفصالها عن المتخيل السّردي، إذ ليس للزمن من واقع إلاّ في اللحظة، كونه واقعاً محصوراً فيها ومعلقاً في عدميتها، وهذا الافتراض هو ما يجعل الرّواية قادرة على منحنا، الرّخصة في إدراك بريء للتأريخ، برؤية مغايرة من خلال الكتابة واللغة، لأننا حينها لا نستطيع إلاّ أنْ نشكك تماماً بالحقائق، ليصير التّأريخ تواريخ متخيلة ذات أحداث معينة(31)، وهو ما يتحقق في أنماط الرّواية ما بعد الحداثية، التي تعتمد ثيمة ما وراء التّأريخ في بنيتها، فهي بذلك تجعل من الحقيقة التأريخية وهماً مصطنعاً، من خلال تلك (التّعالقات النّصية) مع التأريخ الحقيقي بوصفه نصاً، إذ تعيد تقديم النّص التّأريخي برؤية جديدة داخل النّص السّردي، مما يسمح لخيالات

الرّوائي بتكوين رؤية حاضرة مضادة لتلك القديمة، مدعومة بيومياته ووعيه ورؤيته الخاصة للعالم، فيختفي بذلك تمثيل التأريخ الحقيقي؛ ليحل بدله اصطناع المتخيل عنه بانتقال الحدث من دلالة التّأريخ إلى مدلوله الثّقافي المغاير بتناسبه المعرفي مع تحولات حاضر الكتابة، كما فعل الأحمد في رواية (دَمُه) عندما قلب تأريخاً سياسياً تراجيدياً، ممثلاً بحادثة القتل من عصرها الأموي، ومحاولة إعادة إنتاجها بما يناسب تحولات مجتمعه السياسية والثقافية في العصر الحاضر.

وهو ما فعله روائيون آخرون غيره أيضاً، مثل بهاء طاهر في رواية (واحة الغروب)، عندما جمع بين تأريخ مصر القديمة ممثلة بالمعبد الذي يرمز للإسكندر الأكبر، وتأريخ مصر السّياسي في العصر الحديث، وقت اجتياح القوات البريطانية لمدينة الإسكندرية، ليكون المكان / واحة سيوة بؤرة لقلب التأريخ واستعادة الماضي في الحاضر، رغبة في تحقيق مستقبل لم يقعْ بعد، وربيع جابر في رواية (بيروت مدينة العالم)، الذي عمد للتلاعب بمرويات مدينة بيروت التّأريخية، بما فيها من أحداث وشخصيات وأماكن، لتتداخل الحقيقة بالمتخيل طمعاً في التّعبير عن حاضر رمزي، الأمر الذي سيطر على رواية شاكر نوري الأخيرة (خاتون بغداد)، عندما بث الحياة في شخصيات شكلتْ تأريخ العراق الحديث، بحسب رؤية معاصرة تتسلل لما وراء التّاريخ الحقيقي لسياسة الغرب في شرق المتوسط، فإذا كان الرّوائي حقيقياً – كما يؤكد رينيه جيرار في حديثه عن عالم دستويفسكي(32) – فإنّ الشخصيات والأحداث تكون مزيفة، وهي مزيفة لأنّها تداعب وهمنا بالاستقلال، وما الأبطال والشخصيات إلاّ

أكاذيب رومانسية جديدة، غايتها تمديد الأحلام التي يتمسك بها العالم الحديث بيأس، ولعل هذا ما جعل من (صورة الحمار)، التي استدعاها الرّاوي/البطل في رواية (دمُه)، من موروث التّأريخ العربي بوصفها تنويعاً ساخراً، كما تجسد من قبلُ في شخصية (جحا) ورمزيته المعارضة للسياسة، بتكراره جملة (بقيت محدثاً حماري ص117)، أقول: ما جعلها مدلولاً على الكذب الرّومانسي للتأريخ وغبائه، في اصطناع وهم السّلطة وزيف واقعها، أمام الحقيقة السّردية للرواية، مما يؤكد الطابع الميتافيزيقي للحظة الكتابة، كونها تؤول الماضي بحاضر مختلف، للوصول إلى قلب التّأريخ لصورة زائفة، يتحقق اصطناعها في مستقبل مجهول، وفي ذلك خرق لديمومة لحظة السّرد في الماضي، غاية بالانتقال إلى سيرورة الزّمن، نحو نبوءة المستقبل، وهذا حتماً يتطلب تحولاً مغايراً، في تخيل الأحداث واصطناع ذاكرتها.

- النّبوءة (عندما يَكونُ المستقبلُ ذاكرةً مُصطنعة):

في رواية (1984) للروائي البريطاني الشّهير جورج أورويل، يتكهن السّرد على لسان سارده العليم، رؤية خيالية واعية بتحولات مستقبل الأيديولوجية على خريطة السّياسة العالمية، إذ يجد متتبع حكاية بطل الرّواية (ونستون سمث)، أنّ ما كتب ماضياً في عام (1948)، ما هو إلاّ رؤية سوف تتحقق مستقبلاً عام (1984)، عندما تذوب الأيديولوجيات جميعاً في بؤرة واحدة كونها تتشابه في القوانين والثوابت والمتغيرات، فكان ذلك استباقاً واعياً لحلول القطب الواحد وثقافة العولمة، ممثلة ببرغماتية رأس المال وتفرد العالم الغربي، وهو

أمر أثر في كثير من الرّوائيين – غربيين وعرباً – ، خلال تصديهم لفكرة الزّمن وأثرها في تشكيل تأريخ النّص وتأريخ الأحداث، فهل يستطيع الفن الرّوائي فعلاً، أنْ يصطنع تأريخاً مفترضاً للمستقبل، بعد أنْ استطاع إعادة صوغ الماضي؟ وهل يمكن أنْ ينجح في تحويل افتراءات المحتمل إلى قوانين راسخة، تنقل التّأريخ السّردي من الحقيقة إلى ما فوق الحقيقة؟.

تُكمِل هذه الأسئلة المعرفيّة، السّؤال الذي طرحتُهُ في صدر الفصل، ممثلاً بفكرة البحث عن ذاكرة مضادة بما وراء السّرد التأريخي، وكان حول كيفية اصطناع الذّاكرة المضادة للحكاية المقدمة في الرّواية، لتكنْ الأسئلة جميعها متمحورة بماهية متجددة، بدءاً بماضٍ مستعاد، مروراً بحاضر مفترض عنه، وصولاً لمستقبل مصطنع منهما، وبهذا تتحقق صيرورة جديدة للزمن السّردي، هي (صيرورة مصطنعة) نتيجة التّلاعب الفني، بديمومة الزّمن السّردي للرواية؛ لأنّ الحديث عن موضوعة زمنية مهمة في السّرد مثل الذّاكرة تعني بالضرورة الحديث عن الزّمن السّردي التّأريخي مرتبطاً بصيرورته، وهذا أمر يتناسب مع تحولات لحظة السّرد بين الماضي والحاضر والمستقبل، إلاّ أنّ التّعبير عن ماضي الذّاكرة بافتراض مستقبلي، هو ما يناسب نبوءة السّرد بوصفها ذاكرة مضادة مختلفة، فهي قادرة في هذه الحالة على وعي صيرورة الحاضر والماضي، مفترضة بذلك لحظة مستقبلية حرجة، تتناسب مع وعي المؤلف الذي استطاع الخروج بوعيه هذا، من قوانين التّأريخ الواقعي الحقيقية، لكي يصل بها إلى لحظة زمنية، يمكن وقوعها أو يتوقع حصولها

فعلاً، وهذا مناسب لفكرة الاصطناع، التي تعمل باحترافية عالية على موت الواقع من خلال افتراض قوانين جديدة له، كون الزّمن أحد هذه القوانين، وأنّ ذاكرته مسوغ فعلي لأحداثه، سواء أكانتْ في ضمن صيرورتها (ماضٍ، حاضر، مستقبل)، أو في ضمن لحظة زمنية متوقعة (زمن الحدث)، لهذا تتناسب نمطية النّبوءة التي نبحث عن ماهيتها هنا، مع نمطية النّبوءة العلمية التي لا ترضى بخرافة التّوقع، بل بوعيه المعرفي على أساس إدراك صارم، لتحولات قوانين المجتمع والتّأريخ والتّفكير على حد سواء(***).

في رواية (الشاهدة والزنجي) للروائي مهدي عيسى الصقر، تتحقق نبوءة تشاؤمية تأريخية صريحة، ولاسيما أنّها مرتبطة بالمشهد السّياسي في العراق، لما بعد الاجتياح العسكري الأمريكي، على غرار نبوءة يوسف السباعي السّياسية في روايته الشّهيرة (العمر لحظة)، التي تنبأتْ النّصر بعد الهزيمة برؤية تنبؤية متفائلة تحققتْ عام 1973، وقد نما الزّمن المستقبلي فيها – الشاهدة والزنجي – ، منذ اللحظة السّردية الأولى الدّالة على ماضي الكتابة، كونها كتبتْ في العقد الثّامن من القرن العشرين، حتى زمن نشرها في عام (1988)، ومع أنّ تأريخ العراق الحديث لم يتكلمْ نهائياً عن احتلال أمريكي، تكلمتْ الرّواية عنه وكأنّها صورة فوتوغرافية، لما سوف يحصل فعلاً بعد عام (2003)، من خلال تمركز الثكنات العسكرية قرب المدن: «قبل أنْ ينزل حميد إلى النهر، لمح أحد رجال البوليس العسكري الأمريكي، بقبعته البيضاء وحزامه الأبيض العريض ومسدسه الكبير واقفاً على الجرف، يداه على خصره يتأمل صفحة النهر، رجل ضخم

طويل، بوجه أبيض مورد وشعر أشقر يظهر من تحت القبعة»[33] ، فبهذه الصورة التّسجيلية لواقع مفترض، تبدأ الرّواية راصدة أحداثها وشخوصها، من خلال تخيل مصطنع لا يبحث عن التأريخ الماضي، بقدر اجتهاده في اصطناع تأريخ لمستقبل محتمل وقوعه، وإذا كان مستقبل الفرد – الرّوائي هنا – ، مرتبطاً بالضرورة بقيم مجتمعه ووعيه الفردي الخاص، وأنّ هذه القيم متأصلة في إدراكه لصيرورة الزّمن التأريخي، فضلاً عن كون هذا الفرد مبدعاً قادراً على قراءة التّحولات المهمة في التأريخ، فإنّ ذلك سيولد حتماً جدلية خاصة في تعبيره عن الأحداث المتلاحقة وما ستؤول إليه، وهذا ما سيمنحه فرصة لكتابة التّأريخ، أي كتابة تأريخ جديد مختلف للمكان غير الذي عرف به، تأريخ محتمل الوقوع كونه في الأصل واقعاً ناشئاً عن حقيقة، تطورتْ مع الوقت فتحقق بها المستقبل، لكنّه مستقبل مفترض عن شروط الحقيقة التي أدركها وعي الرّوائي، بمعنى تمركز فلسفة الاحتمال الواقعي بتوفر الأسس الموضوعية التي تتحقق بتحقق الشروط، ولعل هذا قريب جداً مما أطلق عليه لوكاتش (تشويه التّأريخ)، في ضمن حديثه على سانت بيف، وهو يتكلم عن عالم فلوبير الرّوائي، عندما وسم الأخير صفة الرّومانسية في القرن السابع عشر، بشيء من الوحشية، وهو ما تحقق في عالم زولا الرّوائي فيما بعد، مصوراً ضمن حياة العمال والفلاحين العصريين حينها، فغدا ذلك نبوءة متوقعة ودالة على تطور مستقبلي فعلي للأنماط الاجتماعية[34]، ومثله ما حدث تماماً بتطور النّمط التّأريخي والاجتماعي، من خلال رواية (الشاهدة والزنجي) لما حصل بعد 2003 في المجتمع العراقي، لاسيما تلك العلاقات الدّقيقة النّاشئة بين المدينة، وما فيها من ثقافات

محلية من جهة، والمعسكر الأمريكي وما مثّله من ثقافة كولونيالية شهوانية متوحشة من جهة ثانية.

ومع أنّ الرّاسخ في دراسة ظاهرة الأدب المتكون نتيجة التّأثير الكولونيالي عموماً، يتحدد بنمطين ثقافيين ثابتين هما: نمط أول ينطلق من مفاهيم الكولونيالية حينما تكون الثّقافة واقعة تحت وطأة الآلة العسكرية، فتكون الثقافة المنتجة – ومنها الرّواية – حينها تمثل ردة فعل لذلك وتكون مرتبطة مباشرة بالاستعمار، وهو ما يسمى بـ (السّرد الكولونيالي)، ونمط ثانٍ يبدأ بنهاية النّمط الأول لينتج كتابته في مرحلة ما بعد الكولونيالية، وابتعاد درجته عن المركزية الأيديولوجية للاستعمار، ثم الانشغال بمؤثرات اختفاء الاستعمار وذاكرته، ويسمى بـ (السّرد ما بعد الكولونيالي)، أما في حالة توقع حدوث فعل إمبريالي لم يقعْ بعد، ويجب تخيل إرهاصاته ومآخذه المعرفية وتأثيرها في الثقافة والفكر والمجتمع، فهذا ما يمكن أنْ نطلق عليه تسمية (السّرد المصطنع للكولونيالية)، وهو يعتمد الافتراض والتّنبؤ والتّوقع لما سوف يحدث، نتيجة غزو الثقافة المعادية للثقافة الأصلية، متوهماً من خلالها مدلولات معبرة عن الواقع لا الواقع ذاته، مع بقاء إطار ثقافي واقعي دال على مفاهيم جغرافية حقيقية، رغبة في التّمويه والانتقال، من النّسخة الأولى للواقع إلى النّسخة الثانية المتوهمة، عن مشهد كولونيالي متحقق في عالم النّص، الذي سيمثل حينها الواقع الجديد، وهذا ما حدث فعلاً في رواية (الشاهدة والزنجي)، عندما بدأ السّرد يغرق رويداً رويداً في تفاصيل واقعية تأريخية، لم تتحققْ وقت كتابتها بعد، مثل علاقة الجيش الأمريكي بأهل المدن وتعامل الناس معهم

اقتصادياً وثقافياً، ليصل مدلول الأحداث بُعْدَهُ المركزي، في حادثة الاغتصاب والاعتداء على فتاة بريئة (نجاة)، من قبل اثنين من الجنود الأمريكان الزنوج، بموافقة حبيبها (إبراهيم) الذي كان يعمل مترجماً في المعسكر: «راحتْ تركض بكل ما في جسدها الفتي من قوة.. لكنّ يدين قويتين – ليستْ يدي [كذا] إبراهيم – خطفتاها من على الأرض بخفة، ووجدتْ نفسها بين ذراعي زنجي عملاق أنفاسه الحارة اللاهثة تلفح وجهها... فأطبق بإحدى يديه على فمها وكتم صوتها، وكانتْ يده الأخرى تمزق ثيابها بوحشية، وساقاه القويتان تطبقان عليها مثل كلابتين...»[35].

توقفتُ في الفصل السّابق عند فكرة الـ (مجاز البلاغي) في أثناء الحديث عن شخصية بوغيز العجائبية، في ضمن فعلها للاغتصاب الجنسي، الذي تحول إلى مدلول معبر عن الواقع، غير أنّ الحديث هنا عن الجندي الأمريكي الزّنجي، الذي مثل اغتصابه للفتاة الشابة، مدلولاً كولونيالياً واضحاً في رواية (الشاهدة والزنجي)، يمكن تسميته بـ (مجاز الاغتصاب)، إذ مَثّل التّأريخ في الحدث وإنْ لم يقعْ بعد، كونه مَثّل الوجه الآخر المطابق للسرديات الغربيّة ذات البعد الإمبراطوري، وقد عبرتْ عن وعيها برؤية استشراقية، ذات طابع جنسي وإذلال جسدي، واغتصاب للمرأة البيضاء من قبل الفحل الشرقي الأسود، فغدتْ حادثة الاغتصاب في الشاهدة والزنجي، مجازاً مشابهاً لمستقبل كولونيالي وقع بعد ما يقارب عقدين من توقعه، ليتحقق به وجهاً همجية الغرب وخضوع الشرق، وهو دليل على اختفاء التّأريخ الحقيقي، إذ ظهرتْ حادثة الاغتصاب بوصفها حدثاً تأريخياً مضاداً،

لأنّها لا تشبه حادثة وقعتْ فعلاً فهي فوق – مشابهة، كون المشابهة دالة على نسخة في الماضي، وهو ما لم يتوفرْ زمنياً في سرد أحداث الرّواية، في ضمن علاقتها الاستعارية بتأريخ العراق الحقيقي؛ لذلك يتحقق التّأويل الفعلي لهذه النّسخة بعد أحداث عام (2003)، عندما يتيقن القارئ حينها أنّ شخصيات (نجاة) الفتاة المغتصبة، و(الجندي الأمريكي) الزنجي المغتصب، و(إبراهيم) المترجم، ما هي إلاّ نسخ مصطنعة لتأريخ وقع الآن فعلاً، ممثلاً ببغداد والجيش الأمريكي ورجال السّياسة في العراق قبل وبعد 2003، فقد اقترحتْ تجربة الكولونيالية، نمطاً من العلاقات المغايرة للأنماط الأصلية، حينما أخضعتْ المُسْتَعمَرين لعلاقة تبعية مع مركزها الاستعماري، لكنّها – العلاقة – هنا أصبحتْ بديلاً، ليس للعلاقة مع الطبيعة – كما يذهب لذلك د. عبد الله إبراهيم – طمعاً بالموارد الاقتصادية فقط، بل بالطمع الرّمزي بجسد الوطن، وجغرافيته واغتصاب ثقافته الأصلية، مما يؤكد أنّ الرّوائي في وعيه الإنساني، كان كما يصف (غاستون باشلر) في حديثه حول جدلية الزّمن في الفكر الإنساني، كاشفاً زمنياً شديد الحساسية في نشاطه الإنساني ، كون إيقاف حركة الزّمن في الحاضر تبقى مصطنعة، وليس للحاضر من قدرة على فصل حقيقة الماضي عن المستقبل، ليبدو المستقبل مركزاً لقوى الماضي مما يوحد صيرورة التّأريخ[36].

وهو وعي تحقق مرة ثانية ولكنْ برؤية علمية مستقبلية، تعتمد ثيمتها أساساً لقوانين تطور الحبكة ممثلاً بالتّنبؤ (prediction)، ففي رواية الخيال العلمي (بداية بعد نهاية) للروائي طالب ناهي الخفاجي،

تتمثل الرّؤية التّنبؤية التّشاؤمية أيضاً، لكنّها هنا مصاغة على وفق مبادئ أدب الدّستوبيا (Distopia) بما فيه من أفكار علمية تعتمد خراب الحضارات، وانتهاء عالم الإنسان وموته ثم أفول الثقافة برؤية غرائبية فنتازية تتوسم قوانين العلم منطلقاً لها، وحقيقة الأمر أنّ هذه الرّواية لم تكنْ من الرّوايات التّنبؤية، لولا تحقق نبوءتها في الواقع التأريخي الفعلي – تشاطرها بذلك رواية الشاهدة والزنجي – ، فكانتْ بهذا قد صاغت تأريخاً لم يقعْ بعد، اعتماداً على متخيل ووعي الرّوائي وحده، من خلال إدراكه للمتغيرات، وقد أصبح ذلك فيما بعد، مشترطاً مجازياً لما وقع فعلاً، ولعل تحقق هذه النّبوءة التأريخية أيضاً، أخرجها من فكرة كونها مجرد محاكاة فنية لروايات الخيال العلمي، التي اشتهرتْ فيها الرّواية الأمريكية والأوروبية، فهي إذاً في ضمن ما يمكن أنْ أسميه (رواية تنبؤية للحقيقة).

تبدأ أحداث الرّواية بسرد موضوعي ممثل بسارد عليم ومؤرَخ عام (1998)، وهو زمن مغاير للزمن الحقيقي لإنتاج النّص وطباعته، الذي تمّ في منتصف العقد الثامن أو قبله بقليل من القرن العشرين، أي بفارق أكثر من عقد من الزمن، ومنذ استهلال الرّواية يوضع القارئ أمام الفكرة المركزية فيها كونها تبدأ من الذّروة، عندما يؤكد بطلها عالم الفيزياء (د. عادل سليم)، أنّ مراكز البحوث الفضائية العالمية والمحلية جميعاً تتوقع حدوث كارثة كونية؛ بسبب اجتماع الكواكب معاً على خط معين بهيأة معينة مما يفتح المجال لأنواع مختلفة من الكوارث بالحلول، مثل الزلازل والفيضانات وغيرها، غير أنّ هذه الأوصاف لا تجعل من الرواية نبوءة، إنّما محاكاة لروايات

علمية تنبؤية، لكنّ ما يجعلها تنبؤية ذات مدلول مصطنع على زمن تحقق فعلاً، بعد أعوام من نشرها توقعات البطل لما سيحدث نتيجة للكوارث في المجتمع: «الذين ينجون من الكارثة تتعرض أعصابهم إلى اضطراب وظيفي بسبب تدهور الحياة الاجتماعية، أي تتخلى المجتمعات عن قيمها الأخلاقية ومبادئها، وتتحول إلى مجتمعات تعبد الشهوة واللذة وتؤمن بالمتعة الوضيعة وكسب المال غير المشروع، ويزداد العنف بين الناس بحيث يصبح القتل وإزهاق الأرواح أموراً طبيعية لا تثير اهتمام أحد أو استنكاره»[37].

فمعنى المستقبل ومدلوله مشار إليه من خلال الحاضر، كون لحظة السّرد نشأتْ فعلاً داخل الزمكان، أي أننا إذا تعاملنا مع الماضي على أنّه مجرد ذكرى، ومع الحاضر على أنّه فعل آني، فيجب أنْ نصطنع لهما مستقبلاً معقولاً، يتناسب مع هاتين الوحدتين ليغدو نبوءة يمكن تصديقها، لهذا يأخذ المستقبل سمة السّوداوية دائماً كونه مرتبطاً بنهايات الأزمنة، وعليه يفرغ من محتواه وفكرته للحياة، لذلك كان لصيقاً بماهيات السّرد الافتراضي للعوالم العلمية، وما تنتجه من كوارث ونهايات، مثل نهاية العالم والحضارة والإنسانية... إلخ، وهذا ما كان ظاهراً ومترجماً من قبل الواقع الحقيقي، في رواية بداية بعد نهاية، عندما حلتْ تسعينيات القرن العشرين وما بعدها، فتحقق حينها تطابق كبير بين وهم المتخيل السّردي لها، وتأريخ البلد الذي حلتْ به كوارث الحروب، والانتحار، والحصار، والعوز الاقتصادي، والأخلاقي، مرموزاً لها بتفشي أشعة (دلتا)، حيث الموت، والضياع، والانتحار، والقتل، والرّواية هنا تضع سنوات ثابتة مثل عام (2001)

الذي مثل زيادة ملحوظة بالانتحار، وعام (2002) الذي كان شتاؤه قصيراً وجافاً، وعام (2003) الذي زادتْ الضحايا فيه بشكل عجيب بسبب انتشار أشعة (دلتا)، وعام (2004 – 2010) تدهور الحال لدرجة الموت الجماعي، الذي بدا أشبه بوباء يذكرنا برواية سارتر الشّهيرة (الطاعون)، وهذه هي النّقطة التي يلتقي فيها حاضر السّرد بمستقبله، فلو عدنا إلى التّأريخ الحقيقي والثقافي للمجتمع الذي أنتجتْ فيه الرّواية (العراق من 1998 – 2010)، وجدنا تطابقاً عجيباً بالوصف، بين ما تنبأتْ حصوله الرّواية، وما حدث فعلاً بسبب الحروب، وهو ما مثل الرّؤية التّنبؤية للحقيقة، قبل وقوعها باصطناعها تأريخاً لم يحدثْ بعد[38].

في حديثي السابق أكدتُ رسوخ نمط واعٍ بزمن المستقبل، من خلال تحليل نماذج روائية تنتمي لما أسميته بنمط (الرّواية التنبؤية للحقيقة)، وقد تمظهرتْ في الرّواية العربيّة ما بعد الحداثية، بمؤثرات مختلفة أهمها محاكاة رواية الخيال العلمي والرّواية التأريخية في الأدب الغربي، غير أنّه يجب عليّ التأكيد هنا أنّ سردياتنا العربيّة، قادرة هي أيضاً على إنتاج مروياتها المتخيلة الخاصة، بتنبؤات لحدوث نمط من نظام الأشياء فيها، على وفق متخيلنا العربي الذي استطاع التنبؤ بأحداث، تقع اعتماداً على موروث معين أو تطير أو غيره، ويكون ذلك في ضمن نمط يمكن أنْ أسميه (رواية تنبؤية للمتخيل)، عندما يكون التّنبؤ بوقوع حدث معين، نتيجة لتطورات أحداث الرّواية ذاتها منقطعاً عن الحقيقة الخارجية، أي زمن مصطنع من خلال زمن الحكاية في نسختها المفارقة للواقع؛ لذا فإنّ قضية

التّأكد من صدق وقوع هذه النّبوءة وحدوثها، يتم من خلال أحداث الرّواية ذاتها، وليس من خلال حدث حقيقي، وقع تالياً لزمن كتابة الرّواية، يؤكد نبوءتها كما في النّمط الأول، ولعل روايتي (واحة الغروب) للروائي بهاء طاهر و(ساق الغراب) للروائي يحيى أمقاسم، من الأعمال العربيّة المعاصرة الدّالة على ذلك، والحقيقة أنّ ولادة النّبوءة ضمنياً، من خلال مجاز استعاري تتضمنه الرّواية في عالمها، بوصفه مدلولاً ذا معنى لما يحصل فيما بعد، أو لربما ما سوف يحصل في نهايتها، يذكر كثيراً بتلك التّقنية الفنية التي قال بها جان ريكاردو تحت مسمى (الإرصاد)، وهو يصف بنية الزّمن في الرّواية الحديثة، من أنّ حدثاً معيناً يكون رصداً لأمر سيق في مستقبل أحداث الرّواية، للتدليل على أمر معين يتطلبه الحكي، كما في مستهل الرّواية الشهيرة لفؤاد التكرلي (الرجع البعيد)، عندما تشاهد الشّخصية (فؤاد) كلباً ميتاً على قارعة الطريق، بطريقة معينة نتيجة دهسه بسيارة، ثم يفاجأ القارئ فيما بعد بموت فؤاد، بالطريقة نفسها التي مات بها الكلب، مما يجعله يتوهم الأحداث برمزية واضحة.

غير أنّ النّبوءة في واحة الغروب وساق الغراب، مرتبطة بشكل كبير بالموروث العربي، وطبيعة الثقافة البدوية المؤمنة بالتطيّر أو تتبع الشر المتوقع حصوله، فالشيخ صابر في الواحة يتوقع حدوث شر كبير برؤية تنبؤية تشاؤمية، بسبب ما انسلخ من محكيات متداولة، من رحم الواقع الشعبي والخرافي للمجتمع المصري، ثم إعادة اصطناع هذه المحكيات، ممثلة بحكاية شخصية مليكة / (الغولة)، التي مات عنها زوجها بسبب الصراع بين الشرقيين والغربيين، وبدلاً من

الانتظار لبداية جديدة مع زوج ثانٍ، نفضتْ (مليكة) عنها غبار الحزن قبل أوانه، خارقة بذلك التابو الاجتماعي للقرية، مما جعلها شؤماً ونبوءة بحلول لعنة ما، فاكتسبتْ بذلك لقب (الغولة): «رعب أكبر من كل نبوءاتي حلّ بكم يا أهل بلدي! كنتم تسخرون من النبوءات فها قد جاءكم ما يزرى بها، الرعب الذي لا كاشف له، والذي دخل بيوتكم منذ خرجتْ عليكم الغولة، تستدعون الشيوخ والساحرات لمعرفة ما يمكن أن يخلصكم من اللعنة التي تسرح في الواحة»[39].

فالنّص الرّوائي هنا يتكلم عن زمن سيقع مرتبطاً بلعنة، لكنّه اعتمد في ذلك على محكيات وخرافات أنتجها الواقع فغدتْ حقيقة يمكن تقبلها، كونه لا يصطنع الحكاية فقط أو مجرد يأخذها عن واقعها، بل يعمل على نسج تأريخ لها، يبدأ من حاضر الحكاية لينتهي عند زمن غير معلوم، مرتبط بمستقبل المكان وذاكرته، لتغدو حكاية الغولة تأريخاً خاصاً مضاداً، يعارض تأريخين في الرّواية، تأريخ مصر الحقيقي المرتبط بالاجتياح البريطاني وثورة عرابي، ثم تأريخ المكان/الواحة بثقافته وهيئته الجغرافية الدّالة على تأريخ متخيل عن الحقيقة، إنّ تأريخاً ثالثاً يروى إذاً خلف مخيال السّرد، الذي أخذ على عاتقه إيهامنا بحقيقة المكان وذاكرته، هو تأريخ مصطنع لا يرتبط بأية صيرورة زمنية، كونه منقطعاً عن جذوره في الماضي والحاضر، فأصبح مولوداً مصاغاً من محكيات المجتمع وخرافاته، فكان ذلك سبباً لموت الأرض والنّاس معاً، كون الغولة حكاية مصطنعة قديمة للأجداد، تحققتْ الآن بعد أنْ تبلورتْ أحداثها، ونسج زمنها وتحدد تأريخها، بذاكرة (كتاب النّبوءات) الذي غدا تأريخاً جديداً للواحة،

فالتأريخ وإنْ توهمناه حقيقياً، يبقى ذاكرة لأسطورة مغلقة على ذاتها، لكنّها أسطورة حقيقية تعمل الرّواية على إعادة إنتاجها دائماً بحرفية عالية تتوخى الجمال، مما يسمح لا بإيهام أحداثه فقط، بل باختفائه ليحل بدلاً عنه تأريخ وذاكرة جديدة متخيلة، هي نسخة ثانية لما يمكن أنْ يكون، وبهذا فإنّ الرّواية تمنح التأريخ الجديد قوة، بجعله صورة متعددة الوجوه، فإذا كان للحقيقة ثقل في الماضي، فإنّ ثقل الاصطناع في المستقبل الذي ظهر وكأنه مقطوع عن أي واقع، وهذا ما يؤكده كلام (كولن ولسن) عن الزّمن، في أنّه يذكر بالتّوقعات لمتغيرات المكان والمجتمع، كونه يمثل (البعد الرّابع) الذي تحدث عنه بطل رواية (آلة الزمن) لكاتب الخيال العلمي الشهير (هـ.ج.ويلز)، عندما جعل من الزّمان بعداً رابعاً للمكان، إذ تغدو تحولات عمر الإنسان صوراً ثلاثية لكائن رباعي الأبعاد بعد انتمائه لمكان محدد؛ لهذا لا يمكن أنْ تتحقق النّبوءة المتخيلة في الرّواية إذا كانتْ أحداثها مرتبطة بالبعد الزّماني المباشر للتأريخ ممثلاً بماضٍ أو حاضر منقطع، كما ذهب لذلك د. فيصل دراج، عندما عدّ روايات مثل: (اللجنة) لصنع الله إبراهيم، و(وقائع الزعفراني) لجمال الغيطاني، و(اللاز) للطاهر وطار وغيرها، نبوءات للمستقبل وهي في حقيقتها تمثل ردة فعل في الزّمن الحاضر لفعل في الماضي[(40)]، فالزّمن المستقبلي يبدأ من الانفصال عن الحاضر نحو المستقبل لا بعودته للماضي، كون ذاكرته يجب أنْ تكون متوقعة مصطنعة مضادة لذاكرة الماضي، لتغدو استرسالاً جديداً في ذاكرة النّص.

كذلك هو ما قامتْ عليه النّبوءة في رواية (ساق الغراب)، التي

تعتمد سرديات الظاهرة البدوية القديمة في الحروب والاعتداء، وما ينقل من الأجداد إلى الأحفاد من نبوءات تحميهم من شرور المعتدين على الأرض والعرض: «انضم «بشيبش» إلى الرجال الماثلين أمام الشيخ «عيسى الخير» وهو يذكرهم بنبوءة والده الشريف «مشاري» التي رأت أنّ حاكماً سيخرج من إحدى مدن «ص» يعني «صَبْياء» أو «صَعْدَة» أو «صَنْعاء». وقد تحققت تلك النبوءة في رجل خرج من العامة هو «الإدريسي»»[41]، فالنّبوءة بوصفها فاعلاً زمنياً أسطورياً، كونتْ تأريخاً مصيرياً للقرية وأهلها، جعلتْهم مجتمعاً مختلفاً في تقبله للواقع، بمعنى أنّها نقلتْ المكان من تأريخه الحقيقي إلى ما ورائه، بالاعتماد على سرديات حكاية قديمة متناقضة مع ذاتها، فالحرب التي لم تقعْ، ما هي إلاّ اختراق لذاكرة التّاريخ غرضاً بالانتقال نحو مرحلة مختلفة، تصطنع من خلالها القرية أسطورتها وتأريخها، الذي سيكون مضاداً في ذاكرته للتأريخ الحقيقي للمكان، لهذا يؤكد (د. عبد الله أبراهيم)[42] على وجود نمطين من النّبوءة في هذه الرّواية، (نبوءة توكيد) ثم (نبوءة نقض)، أي اصطناع الذّاكرة التّأريخية ونفيها، بالانتقال إلى ما وراء الحكاية التي تسردها، كون الميتا رواية التأريخية، تعمل دائماً وبإصرار على تقديم التّأريخ ليس كما هو، وهذه هي، ربما، إرادة اللغة التي كثيراً ما ذكرها ميشيل فوكو، في أثناء توصيفه للتأويل السّردي للمتخيل التّأريخي، كون الرّواية ما بعد الحداثية ومنها ما وراء الرّواية التأريخية، لا تنقل المعنى ولا تقوضه، بل تصطنعه بما يتناسب مع ذاكرتها الجديدة، التي ستكون حتماً مضادة لأحداث التّأريخ السّابقة جميعاً.

إحالات الفصل الرابع:

(1) ينظــر: مفاتيح اصطلاحية جديدة (معجــم مصطلحات الثقافة والمجتمع): ص 347.

(2) تعليــم مــا بعد الحداثــة (المتخيل والنظريــة): برندا مارشــال: ترجمة وتقديم الســيد إمــام: المركز القومي للترجمة (القاهــرة): ط1 – 2010: ص 195. وينظر: الميتافكشن – المتخيل السردي الواعي بذاته (النظرية والممارسة): ص 64 – 65.

(3) ينظر: الذاكرة في الفلســفة والأدب: ميري ورنــوك: ترجمة فلاح رحيم: دار الكتاب الجديد المتحدة: ط1 – 2007: ص 152.

(4) ينظر: دروس في الإســتطيقا (مج1): ص 227. مدخل في نظرية النّقد الثقافي المقارن: د. حفناوي بعلي: منشورات الاختلاف (الجزائر): ط1 – 2007: ص 54 وما بعدها.

(5) ينظر: حفريات المعرفة: ميشــال فوكو: ترجمة ســالم يفــوت: المركز الثقافي العربي: ط2 – 1987: ص 8 – 9. المصطنع والاصطناع: ص 99 – 100.

(6) آخر الملائكة: فاضل العزاوي: رياض الريس للكتب والنشر (لندن/قبرص): ط1 – 1992: ص 121.

(7) ينظــر: الخيال (مفهوماتــه ووظائفه): د. عاطف جودة نصر: الهيئة المصرية العامــة للكتــاب:1984: ص 45. عصــر الوصــول (الثقافــة الجديدة للرأســمالية المفرطــة): جيرمي ريفكين: ترجمة صباح صدّيــق الدملوجي ومراجعة د. حيدر حاج إســماعيل: مركز دراســات الوحدة العربية: بيروت – ط1: 2009: ص 258 – 260.

(8) آخر الملائكة: ص 372.

(9) كراسة كانون: محمد خضير: دار الشؤون الثقافية (بغداد): ط1 – 2001: ص 9.

(10) نفسه: ص 9.

(11) ينظر: المصطنَع والاصطناع: ص 17. ومما تجدر الإشارة إليه، أنّ مصطلح (historiographic metafiction)، إحدى أهم القضايا التي توصلتْ إليها الناقدة الإنجليزية ليندا هتشيون، في ضمن بحثها عن الرّواية ما بعد الحداثية، التي تعتمد في سردها إشكالية صُنْع القصص والتأريخ. ينظر: الحداثة وما بعد الحداثة: إعداد وتقديم بيتر بروكر: ترجمة د. عبد الوهاب علوب ومراجعة د. جابر عصفور: منشورات المجمع الثقافي العربي (أبوظبي): ط1 – 1995: ص 360. سياسة ما بعد الحداثية: ليندا هتشيون: ترجمة د. حيدر حاج إسماعيل ومراجعة ميشال زكريا: مركز دراسات الوحدة العربية: ط1 – بيروت:2009: ص 111 وما بعدها.

(12) الذاكرة، التأريخ، النسيان: بول ريكور: ترجمة وتقديم وتعليق د. جورج زيناتي: دار الكتاب الجديد المتحدة (بيروت): ط1 – 2009: ص 34.

(*) يجد النّاقد والرّوائي عباس عبد جاسم، أنّ واقعية السّرد قد انعدمتْ تماماً في (كراسة كانون) حتى تلاشتْ الحدود بين الواقع والوهم، وهذه نتيجة صحيحة مع اعتراضي الكبير على كلمة (تماماً)؛ لأننا لا يمكن أن نخفي الواقع تماماً بل نتتبع أثره في إنتاج فوق واقعي يتناسب مع نصوص المعرفة ما بعد الحداثية المنتجة بفعل العوالم الرقمية والتكنولوجية، وهو بهذا لم ينعدم تماماً، بل تحولتْ صورته مع تحولات المجتمع ما بعد الصناعي، كما أقر بذلك مفكرو ما بعد الحداثة مثل ليوتار وبودريار، وهذا ما يوحي بموت الواقع. ينظر: ما وراء السرد – ما وراء الرواية: ص 79.

(13) كراسة كانون: ص 17، 24، 118.

(14) ينظر: الخيال (مفهوماته ووظائفه): ص 52. الذاكرة، التأريخ، النسيان: ص 74.

(15) السواد الأخضر الصافي (رواية نص): عباس عبد جاسم: منشورات الغسق (بابل): ط2 – 2002: ص 9.

(16) ينظر: درجة الصفر للكتابة: رولان بارت: ترجمة محمد برادة: دار الطليعة للطباعة والنشر (بيروت): ط1 – 1980: ص 56. ولمعرفة مكان الذاكرة ينظر: الذاكرة، التأريخ، النسيان: ص 82.

(17) السواد الأخضر الصافي: ص 18.

(18) ينظر في ذلك: المرآة والخارطة – دراسات في نظرية الأدب والنقد الأدبي:

ص 67 ومـا بعدهـا. المصطنَع والاصطنـاع: ص 45 وما بعدها. الميتافكشـن – المتخيل السردي الواعي بذاته (النظرية والممارسة): ص 132.

(19) السواد الأخضر الصافي: ص 18.

(20) أشكال الزمان والمكان في الرواية: ص 88.

(21) ينظر: العلامة (تحليل المفهوم وتأريخه): ص 69 – 70.

(22) متاهـة أخيرهم: محمد الأحمـد: المطبعة المركزيـة – جامعة ديالى: ط1 – 2013: ص 26، 41.

(23) نفسه: ص 319.

(24) ينظر: تعليم ما بعد الحداثة (المتخيل والنظرية): ص 196 – 197.

(25) المقامة البصرية العصرية (حكاية مدينة): ص 26. وينظر أيضاً: الدراسات الثقافيـة (مقدمـة نقديـة): ص 95. محتـوى الشـكل (الخطاب السـردي والتمثيل التأريخـي): هايدن وايت: ترجمة د. نايف الياسـين، مراجعة د. فتحي المسـكني: هيئة البحرين للثقافة والآثار (المنامة): ط1 – 2017: ص 64.

(**) يطلـق النّاقد والرّوائي عباس عبد جاسـم هذا المصطلح على هذا النّمط من الكتابـة السّـردية التي تنتمي إلى مـا وراء الرّواية، ويتحدد بدخـول الرّوائي إلى الرّواية. ينظر: ما وراء السرد – ما وراء الرواية: ص 24.

(26) ينظر: دراسة كولن ولسون (الزمان نهباً للفوضى) وهي منشورة في ضمن: فكـرة الزمـان عبر التأريخ: تأليف مشـترك: ترجمة فؤاد كامل، مراجعة شـوقي جلال: عالم المعرفة (الكويت): 1992: ص 287. سياسة ما بعد الحداثية: ص 159. تعليم ما بعد الحداثة (المتخيل والنظرية): ص 197.

(27) ينظـر: محتـوى الشـكل (الخطاب السـردي والتمثيل التأريخـي): ص 48. الروايـة التأريخيـة: جورج لوكاش: ترجمـة د. صالح جواد الكاظم: منشـورات وزارة الثقافة والفنون (الجمهورية العراقية) – دار الطليعة (بيروت): 1978: ص 283. حدس اللحظة: فاستون بشلار: تعريب رضا عزوز وعبد العزيز زمزم: دار الشؤون الثقافية العامة (بغداد): 1986: ص 5.

(28) دَمُـهُ: محمد الأحمد: دار فضاءات للنشـر والتوزيـع (عمان): ط1 – 2018: ص 13، 27.

(29) نفسه: ص 112.

(30) نفسه: ص 65.

(31) ينظـر: حدس اللحظـة: ص 19. تعليم ما بعد الحداثـة (المتخيل والنظرية): ص 191.

(32) ينظر: الكذبة الرومانسية والحقيقة الروائية: ص 310.

(***) يعتمـد (التّنبؤ العلمي) أساسـاً علـى المنجز العلمـي وفتوحاته في الزمن الحاضـر، ومـا يتوقع الحصول عنـه في المسـتقبل، نتيجة العمل علـى تطويره باسـتمرار، بينما يكون (التّنبؤ التّاريخي) للأحداث السّردية المتخيلة، معتمداً على وعي الرّوائي في قراءته الكاشـفة للأحداث التّاريخيـة، في الزّمنين الماضي بعد وقوعهـا، والحاضر عنـد وقوعها، ثم بعدهـا التّكهن افتراضياً بما سـيكون عليه المسـتقبل لكن في ضمن قوانين تطور تلك الأحـداث. للاطلاع على قوانين التّنبؤ العلمي ينظر: التنبؤ العلمي ومستقبل الإنسان: د. عبد الحسن صالح: عالم المعرفة (الكويت): (48) 1981: ص 5 وما بعدها.

(33) الشاهدة والزنجي: مهدي عيسى الصقر: دار الشؤون الثقافية العامة (بغداد): 1988: ص 7.

(34) ينظر: الرواية التأريخية: ص 276. مذاهب ومفاهيم في الفلسـفة والاجتماع: ترجمة وتأليف د. عبد الرزاق مسلم الماجد: منشورات المكتبة العصرية (بيروت): د.ت: ص 107 – 108.

(35) الشاهدة والزنجي: ص 92.

(36) ينظر: التخيل التأريخي (السّـرد والإمبراطورية والتجربة الاستعمارية): د. عبد الله إبراهيم: المؤسسة العربية للدراسات والنشر (بيروت): ط1 – 2011: ص 241. جدلية الزمن: غاستون باشلار: ترجمة خليل أحمد خليل: المؤسسة الجامعية للدراسـات والنشر والتوزيع (بيروت): ط3 – 1992: ص 85. حدس اللحظة: ص 22 – 23.

(37) بداية بعد نهاية: طالب ناهي الخفاجي: شـركة آسـيا للطبع والنشر المحدودة (بغداد): ط1 – 1985: ص 9.

(38) ينظر: نفسه: ص 30 – 36.

(39) واحة الغروب: ص 188.

(40) ينظـر: فكرة الزمان عبر التأريخ: ص 288. الرواية وتأويل التأريخ (نظرية

الروايــة والرواية العربية): د. فيصل دراج: المركــز الثقافي العربي (المغرب): ط1 – 2004: ص 114 وما بعدها.

(41) ســاق الغراب (الهَرْبة): يحيى أمقاسم: منشورات الجمل (بيروت – بغداد): ط1 – 2009: ص 18 – 19.

(42) ينظــر: التخيل التأريخي (السّــرد والإمبراطورية والتجربة الاســتعمارية): ص 177.

ما بعد المتن:

كيف اصطَنَعتْ الرّوايةُ العربيّة واقعَها من الموروث السّردي القديم؟

- خصوصية السّيرة (إعادة صوغ مصير إنسان).
- فضاء الرّحلة (محاولة كشف الأسرار).
- المخطوطة (أطراس الكتابة - أطراس الواقع).

يؤكد (المتن) بفصوله الأربعة، قضية تأثر الرّواية العربيّة ما بعد الحداثية، ببنى ورؤى الرّواية الغربيّة ومفاهيم ثقافة الآخر ومعرفته، وأعني هنا في تحولات الرّواية لإدراك الواقع المغاير للواقع الحقيقي، عن طريق مفاهيم تبنتْها بوعي أو لا وعي، أدى إلى محاكاة صريحة لنسخة مختلفة، من الكتابة السّردية تمّ اصطناع الواقع بتأثيرها، ومن خلال ذلك اهتدتْ روايتنا العربيّة لنظرية (موت الواقع)، عن طريق اصطناع واقع جديد لها، باعتماد مفاهيم سبق للرواية الغربية، أنْ جربتها بحسب واقعها وظرفها الثقافي والسوسيولوجي، فكان (أثرُ الواقعية الافتراضية واستثمار الخرافة المتحولة إلى واقع فنتازي بديل، ثم بنيتا ما وراء السّرد التأريخي / ما وراء الحكاية)، أقانيمَ أساسيةً تبنتْها روايتُنا للتعبير عن رؤيتها وبنيتها الجديدة، بما يتناسب وتحولاتها في ضمن الحساسية الجديدة التي اكتسبتْها.

لذا؛ سيكون (ما بعد المتن) إشارة تحليلية تُكْمِل ما بدأه المتن – على الرغم من أنّها مختلفة عنه في الوعي والرّؤية والبناء – ، بالعودة إلى التّأصيل الذي حققتْه الرّواية العربيّة ما بعد الحداثية في متنها المعاصر، وهو منتمٍ إلى الجذور العربيّة السّردية القديمة، ومحاولة إعادة اصطناع واقعها من خلال هذه البنية القديمة، بما فيها من مكونات

سردية تصلح للتعبير على تحولات الواقع ومحاولة تموهيه بنائياً ورؤيوياً، عن طريق إعادة اصطناع الحكاية، بما يتناسب وحساسية البنية ما فوق الواقعية، فهي إذاً محاولة نصية نقية في تطورها عن الجذر الثقافي، لكسر الواقع ببث الحياة من جديد في هذه (الأساليب التراثيّة) التي لجأ إليها الرّوائي، بما يناسب الوعي بالتّجديد وكسر النّمط القصصي بالتّهجين المقصود، حيث الانطلاقُ في السّرد من تمثيل الحدث الشّفاهي المستجمع لعلامات متباينة، سمعيّة وبصرية، زمنيّة ومكانيّة، داخل أنماط رمزيّة على شاكلة البلاغة الكلاسيكية، التي رتبتْ المحسناتْ بهيأة ثنائيات وتقابلات مولّدة لانحرافات واضحة في اللغة الحقيقية والمجازية، بما يتناسب مع هندسة النّص الرّوائي المتبني لنظام الاصطناع، وقد توازن ذلك مع أساليب عربيّة شهيرة ولو ضمنياً مثل: (الإسناد) و(الإنشاء)، فضلاً عن الأساليب الفنيّة الرّاسخة مثل أسلوب (المقامة) بما يميزه من استخدام القناع والألفاظ الغريبة والشهادة بما يراه الرّاوي، والبحث في سيرة معينة بما فيها من أسرار وخفايا، وهو من أسلوب (فن السّيرة) الذّاتية والغيرية/الموضوعية، كذلك ما يتحقق من خلال (مغامرات الرحلة) وغموضها، فضلاً عن استعارة شكل (الكتابة المخطوطة) وأدوات التّأريخ ولغته وطريقة روايته للأحداث، مع تنميّة واضحة لصراع درامي (ملحمي) خفي يحدد مصائر الشخصيات لا في تعبيرها عن قضية شعب، بل لمعرفة ذاتٍ مأزومةٍ على هيأة أبطال نصف إشكاليين؛ كونهم لا يقدرون على مواجهة التحديات فيلجؤون إلى سرد الحكايات الغامضة، ليتأكد بذلك الأثر المتعالي للنص، الذي ولدتْه مجموعة نصوص غائبة، على شكل سرد منفتح على الطروحات ما

بعد الحداثية مثل: اللغة والفنون القديمة المبتكرة، والتّهجين، وتعدد الأصوات والرّواة، والتّلاعب بالزمن وأساليب السّرد.

لذا؛ تحقُ لنا الوشاية هنا بمسميات نصية وروائية أثرتْ وتأثرتْ مثل: (المقامات)، وحكايات (ألف ليلة وليلة)، و(السّير الشعبية)، و(الرحلات الخيالية)، ورواية (حدث أبو هريرة قال) لمحمود المسعدي، ورواية (لعبة النسيان) لمحمد برادة، وروايتي (الزيني بركات) و(رسائل البصائر في المصائر) لجمال الغيطاني، ورواية (سابع أيام الخلق) لعبد الخالق الركابي، وروايتي (السواد الأخضر الصافي) و(بوز الكلب) لعباس عبد جاسم، وغير ذلك الكثير مما تزخر به الذّاكرة السّردية العربية القديمة منها والحديثة، وعليه سنختصر حديثنا هنا على ثلاثة أقانيم/أشكال عربيّة قديمة تبنتْها روايتنا ما بعد الحداثية، في اصطناع واقعها الجديد مع الحفاظ على نكهتها السّردية الأصل، وهي: السّيرة، والرّحلة، والمخطوطة.

1 - خصوصية السّيرة (إعادة صوغ مصير إنسان):

السّيرة من الأشكال السّردية، التي طوعتّها روايتنا العربية ما بعد الحداثية، في تمثيل الأحداث واصطناع الواقع المغاير، لما انطلقتْ منه في التّعبير بعيداً عن الظروف السوسيوثقافية المصاحبة لتكوين متن الحكاية الأصل، وذلك من خلال إعادة صوغ السّيرة الذّاتية/الغيرية، بما فيهما من محمولات حقيقية وتأريخية، يجب محوها للوصول إلى إنتاج شخصية وأحداث جديدة، هي في حقيقتها من مكونات مصطنعات النّص؛ لذلك يتبنى الرّوائي هنا بنية سردية ثابتة تعتمد

حياة شخصية شهيرة على أساس مرجعياتها – المكتوبة والشّفوية والتّأريخية – بالعودة إلى الوثائق، حيث العمل على تمثيل، أحداث ارتدادية في زمنها، لوجود شخصية تعبر عن ذاتها، بهيأة سيرة ذاتية دالة على وجودها وتأريخها الخاص، أو ترجمة لحياة الآخرين، وبحث في حقيقة حياتهم بهيأة سيرة غيرية، عن طريق الشّواهد والشّهادات والوثائق[1]، لكنّ ما يعنينا في ذلك، التّحول في إدراك الرّواية العربيّة لمثل هذه السّرديات القديمة، حيث العملُ على الانتقال من سيرة الرّواية إلى رواية السّيرة، من خلال اصطناع تأريخ شخصية معينة وأحداثها ومتغيراتها في الوعي، لتكون على الرغم من دلالتها على واقعها الحقيقي، شخصية من نتاج النّص الرّوائي، الذي ابتكر عالمه بتأثير شكل السّيرة القديم، وهو ما يتناسب مع مقولة مبكرة للناقد الروسي ميخائيل باختين، عند حديثه على زمكانية السّيرة؛ حيث المهم فيها يتحقق من خلال الزّمكانية الواقعية للشخصية في ضمن حياتها الخاصة التي قدمها النّص، وهنا يتحقق مفهوم بطل الرّواية السيرية، من خلال ثلاثة أسس فنية، تبعد الشخصية عن واقعها المباشر، وهي أنْ يكون له إرادة ليكون بطلاً، ثم أنْ تتحقق له الأهمية في حياة الآخرين، وأنْ يكون محبوباً، كذلك إرادة استثمار فكرة الحياة وتنوع حياته الدّاخلية والخارجية[2]، مما يهيئ النّص الرّوائي للانتقال من كونه سيرة ذاتية/غيرية تعتمد على الحقائق، إلى كونه رواية سيرية تتواصل بمتخيلها المقصود عن طريق اصطناع العالم السّردي، الذي تتم داخله عملية إعادة صوغ إنسان السّيرة وبطلها، بحسب قوانين العالم الجديد المفارق للعالم الحقيقي للشخصية في المتون التأريخية، وهذا ما نعوّل عليه في تحولات الرّواية العربيّة ما بعد الحداثية، في

تجديدها لواقعها من خلال قدرتها الهائلة، في إعادة إنتاج موروثنا العربي السّردي القديم.

ومن النّصوص الرّوائية المهمة التي قصدتْ هذا التّجديد، رواية (موت صغير) للروائي محمد حسن علوان، فقد قدمتْ بتقنية جمالية عالية، إعادة صوغ سيرة المتصوف العربي الشّهير (محيي الدين ابن عربي)، وعملت على اصطناع حياته وما فيها من أحداث كثيرة امتدتْ حتى موته، حيث يعتمد الاصطناع لا بتخيل حياة وسيرة هذه الشّخصية فقط، بل من خلال البنية السّردية التي اعتمدتْها الرّواية، من خلال قدرتها على إذابة واقعها الحقيقي حتى الموت، ثم العمل على تقديم بديل له، ممثلاً بالسّيرة الرّوائية السّردية لحياة عاشق متصوف، يعتمد الرّحلة والسّفر عبر البلدان للوصول إلى غايته، وهي تعتمد أسلوب تعدد الرّواة لكي تقدم حكايتها عن هذه الشخصية، حيث الرّاوي الأول فيها صاحب السيرة نفسه (ابن عربي)، الذي يحكي حكايته من منطقة فوق واقعية بعد موته، ممثلة بحياة البرزخ، أما الـرّاوي الثّاني فهو (سودكين) تلميذ ابن عربي، وهو يحكي الحكاية ويعمل على حفظ مخطوطة كتاب ابن عربي ونقلها، بينما يكون الرّاوي الثّالث مكملاً للحكاية ومتمماً لرحلة المخطوطة إلى مكانها، وهو حفيد سودكين تلميذ ابن عربي والأمين على مؤلفاته ممثلة بمخطوطة (الفتوحات المكية)، ولعل هذا ما يجعل تناول الرّواية لشكل سردي عربي قديم مثل السّيرة، مختلفاً كونها تعتمد بوعي معاصر على رؤية مغايرة لواقعها، غير ما اعتادتْ عليه الرّواية العربيّة ما بعد الحداثية، في استلهامها الخيالي من السّرد

الرّوائي الغربي، إذ انمازتْ (موت صغير)، باصطناع واقعها وخرق منظومته، وما فيه من حيثيات المنطق الحياتي الموروث عن الشخصية الحقيقية، ولاسيما من خلال تمثيل الشّخصية لحكايتها من منطقة متخيلة مثل البرزخ، فضلاً عن عملية تشظيّة الحكاية بتقديمها من بؤر ورؤى مختلفة لرواة مختلفين، وهذا ما يتناسب تماماً مع فكرة الكرامات الصوفية لابن عربي، التي كانتْ واحدة من الأسس التي استطاع من خلالها النّص، الابتعاد خطوتين عن حقيقة الشخصية وسيرتها، فكانتْ خطوة التّخييل السّردي للحكاية، ثم خطوة اصطناع الواقع الجديد لمصير الشخصية وسيرتها، التي ارتبطتْ برحلة البحث عن العلم والعشق معاً، في ضمن رحلة البحث عن الأوتاد والمعرفة الحقيقية بالذات الإلهية: «كنتُ نائماً عندما بايعتني القوى العلوية في الليلة التي سبقتْ خروجي من ملطية، جذبتني فارتفعت عن فراشي معلقاً في الهواء قيد شبر محمولاً بإرادة العزيز الجبار، لم تكنْ جذبةً مفاجئة بل انتظرتُ حدوثها في أي لحظة منذ أنْ أكملتُ طوافي على أوتاد الأرض طوافاً كتب عليّ قبل ولاتي»[3].

فسرد حكاية ابن عربي ليس مُخْلِصَاً لشكل السّيرة فقط، بكل ما فيه من تمويهات للحقيقة وتوجيه تأريخي، بل هو واعٍ بكيفية جذب هذه التّمويهات، وإعادة صوغ مصير الشخصية من خلالها، لتكون شخصية (ابن عربي) في الرّواية، نسخة محسنة مخيالياً عن النّسخة الحقيقية لـ (ابن عربي)، كما عرفتْ من خلال كتب التّأريخ والسّير، ولعل هذا من أهم ما ينتج عن روايات السيّر، حيث التّداخلُ لموضوعية الحقيقي والمتخيل معاً أمام القارئ، مما يتداخل النّصان معاً – سيرة

ورواية السّيرة – ، على وفق مفاهيم متخيلات الذّاكرة، والقناع الذي يُكشف من خلاله الشخصية[4]، لتكون هذه المفاهيم فيما بعد ومع تقدم الحكاية والإغراق بسحر أحداثها، أساساً في تكسير قوانين الحقيقة، التي ورثها النّص من واقع الشخصية وتأريخها، لتتحرر بعد ذلك سيرتها في تنويع الأحداث والمصائر، بما يتناسب والرّؤية الافتراضية، التي يبنى عليها الواقع في حكاية السّيرة الجديدة، المنبثقة في الرّواية، ولعل هذا الافتراضي المنبثق أصلاً من أطراس العجائبي الذي طُمِس في الرّواية، هو ما تسرب إلى الحكاية المصطنعة، من خلال نصوص / معارج ابن عربي جميعاً، ممثلاً بما كُتِب وما وصل إلينا، بوصفنا متلقيين للحكاية المصطنعة الجديدة، بعالمها وقوانينها وواقعها، حيث رحلة السّالك – ابن عربي – في كتابه (الفتوحات المكية) يمثل حقيقة مليئة بعجائبية التّفكير والتّصديق، فهو ليس مجرد نص عجيب ينتمي للواقع بقوانينه، بل هو نص قادر على اختراق هذه القوانين لتأسيس أخرى، كون معراجه العرفاني يحتمل المتخيل بحسب ما يحمله من حكايات البطل الصوفي، وهذا ما نما من أصل حكاية ابن عربي بوصفها نسخة أولية للواقع، عملتْ رواية (موت صغير) على إنضاجه بمفاهيم جديدة تتناسب وطبيعة الحكاية التي تبنتْها، عندما تترسخ فيها صورة البطل الصوفي الذائب في عشق الإله والمرأة، خائضاً معركته في الحياة، ليس بوصفه بطلاً إشكالياً بالمعنى الأيديولوجي للمصطلح، ولكن بوصفه بطلاً روحياً مصدقاً للمتخيل والعجائبي والغريب، جاعلاً منه حقيقة واقعة ملموسة، وهو أساس في تجلياته وأسفاره التي رسختْ مع شخصية (ابن عربي) الحقيقية في التّأريخ الإسلامي، فكانتْ منطلقاً للشخصية في ما قام

عليها من مرويات سردية مصطنعة تبنتْها صراحة مثل (موت صغير) أو بالدّلالة ورسوخ معنى المدلول (تجليات الغيطاني): «نظرت إلى البحر الممتد أمامي سادراً ومخيفاً فرأيت شخصاً على بعد في ضوء القمر كأنه يمشي على وجه الماء باتجاهي، اختنق صوتي من الخوف ولم أقوَ أنْ أنادي أحداً من القوم ليروا ما أرى، بلغ حافة المركب ورفع قدمه اليمنى أمامي فنظرت إليها فإذا هي جافة بلا بلل، ثم رفع اليسرى فإذا هي كذلك، ثم سلم عليّ وأولاني ظهره وانصرف ماشياً على الماء كما جاء وكان يقطع قرابة الميل الواحد في خطوة أو خطوتين»[5].

إنَّ مصير البطل الرّوائي في (موت صغير) ليس هو مصير الزّاهد الصوفي الشّهير، على الرغم من تداخل الرّؤية المعرفية المؤسسة للأبعاد الإنسانية، كون كتابة سيرة في رواية تعتمد مبدأ إعادة صوغ هذه السيرة بتأثير الوهم السّردي المولد لثغرات الخروج عن واقع الشخصية الحقيقية، وهذا ما يميز رواية (موت صغير) بوصفها سيرة غيرية لأحد أئمة العرفان المعروفين في العالم الإسلامي، إذ إنّ رواية السّيرة تعتمد خطاً بيانياً لسردها يمثل أساساً لبنيتها الفنية، من خلال تتبع الشخصية زمنياً على وفق صيرورة التطور الحياتية (طفولة ثم شباب ثم كهولة)، لهذا تعتمد صيرورة التّجرد من الحقيقة، والتّطور الفعلي للشخصية كما هي في النّسخة السردية الأصل (السيرة الحقيقية لابن عربي)، غير أنّ فكرة الزمان السّيري فيها أساس لهذه البنية، كونه انطلق من مرحلة خاصة في حياة ابن عربي ممثلة برحلته العرفانية، وتحول الشّخصية من اعتيادية إلى شخصية فوق واقعية،

وهو ما يتطابق تماماً مع ما ذهب إليه باختين من أنّ رواية السّيرة، لا تعرف الزمان التأريخي الحقيقي، وبهذا تتحدد خصوصية العالم فيها، حيث طبيعة تكوّن الأحداث والأماكن والعلاقات وحتى الأشياء الثانوية، مما يفقد شخصية البطل تلك المركزية المعهودة[6].

ولعل ذلك كله ما سهل في رواية (موت صغير)، فكرة اصطناع عالم واقعي جديد للشخصية، بقطع النّظر عن جذورها الفعلية ومصيرها المحتوم في التّأريخ المعروف، وهو ما تمّ إسناده بثوابت نصيّة تنوّع الحكاية وتجددها، لكي يتولد فيها نمط من التّشويق المختلف لسيرة الشخصية، كما في اعتماد نمطية السّرد المتكرر لحكاية معينة، وهو ما حدث في سرد حكاية الحبّ المتعالي بين ابن عربي ونظام، التي يكتشف القارئ بشكل صادم في نهاية الأحداث، أنه لا يجوز لابن عربي الارتباط بها؛ كونها تمثل له الوتد الثّالث في رحلته الرّوحية نحو التّصوف، كذلك اعتماد حكايات جانبية داعمة، مثل حكاية كرامات (الحسين بن علي)، وحكاية (ابن رشد)، وحكاية اختفاء الخليفة (يعقوب بن يوسف) وغيرها، مما مثل للمتن الأصل للحكاية توجيهاً خيالياً مغايراً لواقع الشخصية الحقيقي، وهو ما يتناسب مع الأساس السّردي للمتن، الذي قامتْ عليه الرّواية منشطرة بين أمرين، (الأول) تشظي حكاية المخطوطة ونقلها من خلال أكثر من وجهة نظر لرواة مختلفين بأزمنة وأمكنة مختلفة، أما (الثاني) فيتحدد بالرّحلة الخاصة لابن عربي وتنقلاته بين المدن، ليتكلل ذلك كله برؤية وهمية صريحة تصطنع واقع الشخصية لا نقله كما هو، ممثلة بسرد الحكاية برؤية ذاتية على لسان صاحبها بعد ما فارق

الحياة، ليبقى القارئ تحت حيرة السّرد في مصداقية ما عرض عليه من أحداث، بأنّ الرّاوي إذا كان ميتاً فعلاً، مَنْ الذي كان يسرد الحكاية إذاً؟: «جلست لألتقط أنفاسي ثم حاولت الوقوف مرة أخرى، مادت بي الأرض سقطت على وجهي، تقافز الدجاج من حولي هلعاً، تعلق نظري بورقة صفراء لم أجرفها. متّ. ما أسهل حياة البرزخ. أن تتأمل الحياة وأنت مجرد من الإرادة...»(7).

2 - فضاء الرّحلة (محاولة كشف الأسرار)(*):

إذا كان (أفق الانتظار) أساساً إجناسياً اعتمده هانس روبير ياوس، في التّدليل على كل جيل نصي جديد، يجمع بين انتظار النّظام القديم وأفق التّجديد من خلال التّغيير، من منطلق أنّ الجنس الأدبي ثم النّوع المنبثق عنه، يعتمد خاصية افتراضات الدّيمومة ثم الاستقلال على وفق حالة خاصة من التّطور التأريخي لاستمرار الأجناس الأدبية(8)، فإننا هنا يجب أنْ لا نغفل أهمية تأثير الأشكال السّردية العربيّة القديمة، في تشكيل رؤى معاصرة تبنتْها الرّواية العربية ما بعد الحداثية، في رحلتها نحو استكشاف هويتها، من خلال اصطناع نمطيّة بنيوية نقية، تعيد إنتاج الموروث وتوظفه، بحسب أهم تحولات نظرية الرّواية وقوانينها في المعاصرة، وهو ما كررتْه روايتنا العربيّة بعد استثمارها لشكل السّيرة بإعادة الهيبة مرة ثانية وبرؤية تجديدية لبنية أدب الرّحلة، ولعل (رواية الرّحلة) بوصفها شكلاً هجيناً يجمع بين نوعين سرديين، يعد مثالاً جيداً على هذا الأفق المتطور عبر التّأريخ(**)، من خلال اجتماع قوانين النّوعين معاً لتكوين نوع

روائي جديد معني بأدب الرّحلة، لكنّه ليس أدباً ممثلاً لتجربة حقيقية ينقلها صاحب الرّحلة، إنّما هو رؤية تخييلية مصطنعة، تتمثل أمام القارئ بغية استكشاف أسرار مختلفة، تقوم عليها الحبكة وتطورات الشّخصيات وطبيعة تقديم الحكاية، فشروط مثل: أنْ يكون بطل الرّحلة متجرداً من أهم سماته ويمثل النقطة المتحركة في المكان، إذ تبنى شخصيته بعيداً عن عناية المؤلف وهي تعتمد الترحال سامحة بالمغامرة والمجازفة، تعتمد التنوع المكاني ويختفي فيها الزمن الفني لحد كبير ليحلّ بدلاً منه الزمن الفيزيائي/البايولوجي لعمر الشخصية المرتحلة، فضلاً عن ارتباط الاكتشاف وما تؤديه الرّحلة بإعادة صوغ الهوية، وهو يعتمد اكتشاف المكان الجديد وإعادة صوغ الذات، من خلال تغيير رؤية الشخصية المرتحلة لذاتها وعالمها[9].

تمثل رواية (رحلة ابن فطومة) للروائي الكبير نجيب محفوظ، انزياحاً في عالمه وتطوراً في رؤيته نحو التّجديد والانتقال لمرحلة ما بعد الحداثة، التي تمثل مرحلة جديدة في عالمه، بعد أربع مراحل تكللتْ برؤى تأريخية وواقعية ورمزية/فلسفية ثم نفسية، لتمثل مرحلة ما بعد الحداثة الرؤية الخامسة لديه من التجديد، ومع أنّ بنية الرّواية – رحلة ابن فطومة – قائمة على متن سردي قديم ممثلاً بالرّحلة، إلاّ أنّها لا تعتمد فكرة استذكار الرّحلة الحقيقية لشخصية المؤلف أو شخصية واقعية سبق أنْ عاصرها، لتكون رحلته نسخة أولى يمكن محاكاتها في ضمن محكية روائية معاصرة، لكنّها عملت على اصطناع رحلة متخيلة لشخصية وهمية نسجتْ على غرار نسخة سابقة لرحلة عربية شهيرة ممثلة بـ (رحلة ابن بطوطة)، فكلا

النّصين يعتمدان رحلة شاب يبحث عن الأسرار والرّغبة بكشف هوية العالم المجهول، من خلال الانتقال بالمكان وعدم الثبات فيه بالسفر إلى مدن عربية وغير عربية مع أحداث ومغامرات وتشويق، إلاّ أنّ الرّواية تجاوزتْ الرّحلة بمصطنعات خيالية أخفتْ الواقع تماماً لتبني لنفسها واقعاً خاصاً بها لتكون نسخة ثالثة مصطنعة عن (أولى) تمثل حقائق الرّحلة، و(ثانية) تتمثل شكل الرّحلة وقوانينها ممثلة برحلة ابن بطوطة، من تلك المصطنعات تغيير تمثيل الحكاية من مجرد سرد منقول يقدمه (ابن جزي) مبيناً ما حدث في الرّحلة مع ابن بطوطة، إلى سرد ذاتي على لسان صاحب الرّحلة ذاته (قنديل محمد العنابي) المشهور بابن فطومة، كذلك تتمثل الحكاية شكل المخطوطة وهو أمر بارز في تغييب الواقع وموته، لجأتْ إليه الرواية العربية مؤخراً، إلى جنب شكل قديم معروف مثل السّيرة كما حدث في رواية (موت صغير) أيضاً، أو مع الرّحلة كما في (رحلة ابن فطومة)، إذ يبدأ بطل الرّواية وراويها (قنديل محمد العنابي) بسرد رحلته، برؤية ذات طابع وجودي متحير بين الحياة والموت، والحلم واليقظة، وبتأثير مباشر من أستاذه الشيخ مغاغة الجبيلي يعشق الرّحلات، ومن هنا تبدأ الحكاية تنسج أحداثها، حيث الرّحلةُ إلى بلدان الغرب والشرق بعد مفارقة الوطن، مروراً بخمسة بلدان هي في حقيقتها أسرار لخمس ثقافات متنوعة، أطلق عليها الرّاوي أسماء ثابتة هي: (دار المشرق) و(دار الحيرة) و(دار الحلبة) و(دار الأمان) و(دار الغروب)، وحقيقة الأمر أنّ رحلة قنديل أو ابن فطومة مختلفة الرؤية عن رحلة ابن بطوطة، على الرغم من تشابههما بالبنية الخارجية، كون رحلة ابن بطوطة مرتبطة بحقيقة الرحلة نفسها، الحد الذي ينقل فيه الرّاوي

عن ابن جزي ما علمه حقيقة عن رحلة ابن بطوطة من دون أي خيال أو افتراء، مع أنّ حكايات الرحلة مليئة بالخرافات والعجيب، إلاّ أنّ نقلها وتقديمها على لسان رحالة وشخصية حقيقية غير مفارقة للواقع يجعل منها نسخة أولى واقعية، وهي النسخة التي انطلقتْ منها رواية (رحلة ابن فطومة) بوصفها نسخة مختلفة عملت على إنتاج واقعها منقطعاً عن واقع رحلة ابن بطوطة؛ لهذا جاءت أسماء الأماكن والشخصيات والأحداث متوهمة لا صلة لها بواقع النسخة الأولى للرحلة «فكما تكون الرحلة، حيث يقوم الرحالة بها فعلاً على أرض الواقع... يمكن للرحلة أن تكون خيالية أيضاً. ففي الرحلة الخيالية يطلق الكاتب عنان تفكيره لينقله بعيداً عن واقعه وعالمه إلى أماكن أخرى، وأزمنة متباعدة»[10].

فالرّحلة في رواية محفوظ قائمة على فضاء متخيل لواقعها الخاص، تجمع بين حقائق وافتراضات ومتخيلات سردية لكشف أسرار الذات والعالم، وهي غير مرتبطة تماماً بسيرة المؤلف أو عالمه الحقيقي، كونها بدأتْ محاكية لنسخة سابقة للرحلة وانتهت عند المجهول وغياب الحقيقة بوصفها نسخة لرحلة وهمية قام بها صاحبها لكشف الأسرار فلم يصل إلى شيء مما يبتغيه فكانتْ هذه متاهته، فما يجعل الرّواية – عوداً على فكرة باختين – استكشافية في خيالها وفي قدرتها على تكسير قيود الواقع، ذلك التضخيم الهائل للمكان بوصفه حاضنة للأسرار، وتنوعاً للعالم وتناقضاته الحادة، ومرتعاً لتحولات زمنية لم تعد مؤثرة في أحداث الرّحلة أو حتى شخصياتها، لدرجة أنّ السّرد يتجرد من مقولات الزّمن ومن الدّلالة الجوهرية له

وحتى من التأريخ، ليبقى أمام القارئ فقط الزمن البايولوجي لعمر صاحب الرّحلة، وهو يتحول من شاب إلى هرم متجهاً في ذلك نحو متاهة غير معروفة، ولعل غياب الواقع هنا مرتهن حدوثه بغياب الزّمن والتّأريخ معاً، مما يظهر فعلياً قصدية النّص في موت واقع حقيقة الرّحلة، والانتقال إلى واقع مصطنع من مفاهيم محفوظ نفسه ورؤيته للعالم، وتخيله لواقع يراد له أنْ يكون رواية رحلة معاصرة، فالخطاب السّردي يحمل توجيهاً مختلفاً لزمكانية الرّواية، هو توجيه يتساوى فيه الواقعي والافتراضي المصطنع معاً، وبهذا لا يمكننا التّمييز بين قوانين النّسختين معاً، نسخة الرّحلة المستقاة عن تجربة حقيقية، ونسخة الرّحلة المتخيلة في الرّواية، كون هذا من أهم سمات الأدب الخيالي، كونه يجمع بين متخيلات العجيب الذي صادفتْ شخصية المرتحل في رحلته عبر أماكن مختلفة في الرؤى والأفكار والعقائد والعادات ونمطية العيش، وحقيقة المجتمع الإنساني وتفكيره المستمر بكشف أسرار العالم من حوله بوصفها رؤية واقعية قارة، ليكون بذلك عالم الرّواية قائماً على الاحتمالات التي هي وثيقة الصلة بالعالم المصطنع الافتراضي أكثر مما هي وثيقة الصلة بحقيقة التأريخ والمكان والإنسان والمجتمع[11]، ولعل هذا ما يدعمه في النّصين معاً – رحلة ابن بطوطة ورحلة ابن فطومة – ذلك المتن الواسع من حكايات الخرافة والمعتقدات الشعبية، التي جعلتْ من صاحب الرّحلة في هذين النّصين منقطعاً عن واقعه، ليكون شخصية خيالية أنتجتْها مخطوطة من الافتراض المصطنع لعالم حكائي مغاير:

«بهذه الكلمات ختم مخطوط رحلة قنديل محمد العنابي الشهير بابن فطومة، ولم يرد في أي كتاب من كتب التأريخ ذكر لصاحب الرحلة

بعد ذلك، هل واصل رحلته أو هلك في الطريق؟ هل دخل دار الجبل وأي حظ صادفه فيها؟ وهل أقام بها لآخر عمره أو عاد إلى وطنه كما نوى؟ وهل يعثر ذات يوم على مخطوط جديد لرحلته الأخيرة؟ علم ذلك كله عند عالم الغيب والشهادة»[12].

3 - المخطوطة (أطراس الكتابة - أطراس الواقع):

لقد أصبح أسلوبُ لجوء الرّوائي العربي، إلى تقنية فنية مخاتلة في تمثيل حكايته بشكل مغاير، أمراً مفروغاً منه في السرديات ما بعد الحداثية، ولعل واحداً من أهم تلك الأساليب - كما بينتُ سابقاً - العودةُ لبث الرّوح في أدوات وأشكال ومفاهيم عربية قديمة، وهي محاولة سردية تعتمد منهجية إعادة إحياء تلك النكهة من درجة الكتابة العربيّة، التي بدأتْ تأفل في الأدب العربي الحديث، ولكن بما يوافق مبادئ الكتابة المعاصرة، ومن هذه الأدوات المعبرة عن أسلوب السّرد العربي القديم، (المخطوطةُ) بوصفها شكلاً كتابياً يجمع المكتوب بالشفاهي، وهي شكل ليس غريباً على الرّواية العربيّة منذ تأسيسها الأول، وإنْ كان ذلك بغير وعي ومقصدية نصية في توجيه تجديدي حينها، فهذا محمود أحمد السيد الرّوائي العراقي الذي أدخل في روايته (جلال خالد - 1928)، أسلوب الرّسائل وكانتْ أشبه بمدونة كتابية مخطوطة تنقل جزءاً من الحكاية، ثم لم يلبثْ الأمر كثيراً حتى شرع محمود المسعدي الرّوائي التونسي بكتابة روايته (حدث أبو هريرة قال)، التي تبنتْ بوعي واضح شكل وأسلوب عربي قديم، يوازيها مع أسلوب كتابة الحديث والسيرة، ويؤكد كاتبُها في

تمهيدها أنّها صحائف قديمة أعيدتْ كتابتها، غير أنّ الرّواية العربية ما بعد الحديثة التفتتْ إلى بنية المخطوطة وعياً وقصداً، بوصفها أسلوباً معاصراً في التعبير، يجمع أجواء التّسريد العربي ومخياله مع رؤية معاصرة في كتابة بنية روائية معبرة، وهو توجه ساد وتراكم بشكل لافت، ولاسيما مع ظهور الوعي برواية الميتافكشن، كون المخطوطة نمطية من كتابة داخل كتابة أو حكاية داخل حكاية.

وهي تتحقق في الرّواية العربية باتجاهين، (الأول) منهما يعتمد المخطوطة وشكلها وموضوعها أساساً في تشكيل بنية الرّواية، كما في روايات مثل: شكاوى الفلاح الفصيح ليوسف القعيد، وعزازيل ليوسف زيدان، وسابع أيام الخلق لعبد الخالق الركابي، والسواد الأخضر الصافي لعباس عبد جاسم، وبوغيز العجيب لضياء الجبيلي، وموت صغير لمحمد حسن علوان، ودمه لمحمد الأحمد، بينما (الثاني) يعتمد المخطوطة بوصفها تنويعاً سردياً داعماً للبنية الأصل التي بنيتْ عليها الحبكة، كما في روايات مثل: الكائن الظل لإسماعيل فهد إسماعيل، وواحة الغروب لبهاء طاهر، ورحلة ابن فطومة لنجيب محفوظ، وموت الأب لأحمد خلف، ولعنة ماركيز لضياء الجبيلي، ولكي ندرك طبيعة هذا الاتجاه في الرّواية العربيّة ما بعد الحداثية، سنقف على أمثلة دالة من الاتجاه الأول لما له من أهمية في استحواذ النّص كله، تظهر من خلالها سمة الاصطناع الواقعي المتحقق من اللجوء لمثل هذه التقنية/البنية، وهو ما يدل في الوقت ذاته على طبيعة اصطناع المخطوطة في الاتجاه الثاني، الذي دعم حكايته الأصل ببنية المخطوطة.

في رواية (عزازيل) للروائي يوسف زيدان، تتولد البنية السّردية من منطلق افتراضي وهمي، إذ تقوم فيه خرافة الـ (ما وراء) بدورها الأساس في تحفيز الرّاوي على روي حكايته، عندما يعلن بمقدمة متخيلة معنونة بـ (مقدمة المترجم) أنّ حكايته المقدمة على شكل ثلاثين من اللفائف أو المخطوطات (رقوق)، مكتوبة بتحفيز مباشر من عزازيل/الشيطان، الذي طالبه بتدوين كلّ ما رآه في حياته، ولعل البدء بتدوين الذّاكرة السّردية للأحداث التي عاشها بطل الرّواية الرّاهب هيبا المصري، هو في حقيقته افتراض متولد من أطراس جديدة متولدة عن أطراس تمّ محوها لتعاد كتابتها من جديد، وهو ما يؤكد موت واقع الحكاية الأول وولادة واقع مفترض جديد مع التدوين، أي الكتابة وإعادة تقديم الواقع على شكل مخطوطة محفوظة عبر الزّمن والذّاكرة والتّأريخ، فقيمة النّص متحققة بما يكتب عليه إن كان قابلاً للتغيير أو التزييف أم لا، لتأتي أهمية الرّقوق الجلدية خلافاً للورقية بوصفها حاملاً أميناً لا يغير المعنى أو الكلمات عبر الزّمن[13]، وهذا ما تحتفي به (عزازيل) كثيراً، فهي سيرة متخيلة معبرة عن وقائع مصطنعة بوساطة نص وهمي على شكل مخطوطة، لهذا هي واقع محذوف (نسخة أولى) دال على (نسخة ثانية) لا يمكن استحضارها سردياً إلاّ بغياب الأولى، ليكون أثر الطرس المحذوف وراء المخطوطة واقعاً جديداً سيرسخ من خلال الكلمات عليها، مكوّناً بذلك طرساً جديداً لواقع الحكاية الممثلة بسيرة ووقائع حياة الراهب هيبا، وبهذا يختفي (الدّال) الكتابي تماماً بوصفه واقعاً أولياً فارقته الحكاية، ليظهر بدلاً منه (المدلول) المولد للواقع الجديد المفترض من أوهام الكتابة ومصطنعات التخييل: «يضم هذا الكتاب الذي أوصيتُ أن يُنشر بعد

وفاتي، ترجمة أمينة قدر المستطاع لمجموعة اللفائف (الرقوق) التي اكتُشفتْ قبل عشر سنوات بالخرائب الأثرية الحافلة، الواقعة إلى جهة الشمال الغربي من مدينة حلب السورية... وقد جعلتُ فصول هذه (الرواية) على عدد الرقوق التي هي متفاوتة الحجم بطبيعة الحال، وقد أعطيت للرقوق عناوين من عندي، تسهيلاً لقارئ هذه الترجمة التي يُنشر فيها هذا النص النادر لأول مرة»[14]، إذاً، فراوي الأحداث لم يكتفِ بإعادة نسخ النّص وتقديمه بنسخة جديدة، لكنّه أيضاً بدأ يضيف لواقع النّص، ما يجده مناسباً لما يريد سرده من حياته السّرية الخاصة، لتكون روايته مثل مخطوطة أية وثيقة، تمثيلاً للأصل المعبر على وقوع حدث معين، وهي بذات الوقت المرجع الأصلي للحدث التأريخي، الحدث الذي يظهر هنا ممثلاً بتأريخ الشخصية نفسها، وحكايتها المصطنعة بالتّعبير عن سيرتها، التي مثلتْ بذاتها حدثاً تأريخياً خاصاً، يمكن اكتسابه من المدة الزمنية للكتابة أو الأماكن الحقيقية التي تناقلتْ الأحداث فيها، وهي بذلك تقترب في بنيتها ورؤيتها للعالم، من بنية ورؤية الخرافة ما بعد الحديثة، التي تجد لندا هتشون أنّها تعمل على تحويل الأحداث إلى وقائع من خلال تصفية وتقطير وثائق السّجلات المحفوظة وتأويلها[15].

وكون اختار النّص شكل المخطوطة تعبيراً له، قربه ذلك من شكل مصادر العصور الوسطى الإسلامية، ولاسيما أنّ عدد أجزائها (الرّقوق) بعدد أجزاء القرآن الكريم، مما يضع نظرية محاكاة الشكل الخارجي للقرآن واردة، بوصفه مخطوطة دينية أو نسخة أولية انطلقتْ منها الرّواية، وهذا بحد ذاته يمنح الحكاية فرصة كبيرة

في محاولتها لمحو الكتابة وإعادة سردها بشكل مغاير، لكي يسمح بالتّلاعب بأطراس واقع النّص ومحوه، للتحول نحو واقع جديد خاص بشخصية الراهب هيبا، الذي أعاد سرد سيرته من خلال مخطوطة مترجمة، تعتمد في حقيقتها على محفز افتراضي منطلق من الحكاية القديمة للصراع بين الإنسان والشيطان، منذ حكاية الخلق الأولى مروراً بمرويات نيتشه في فاوست، عندما يغري الأخير الإنسان بملذاته مقابل الخلود الوجودي، ولعل هذا الواقع المفترض من سرد حكاية الخرافة، هو ما يفتح الباب أمام الاصطناع لكي يتحقق في واقع الحكاية الجديدة ومعناها المتخيل، لتتحول شفاهية الحكاية إلى أطراس كُتبتْ ثم محيتْ، ليعاد تقديمها من وجهة نظر صاحبها، بإرجاع الحقائق إلى مصادرها بحسب العامل الذاتي، الذي سيطر على حكاية الرّاهب، منذ الرّق الأول الذي بدأ به سيرته، وصولاً إلى الرّق الثلاثين الذي ختمها به: «أمضيتُ يومين بالمكتبة أحاور عزازيل حتى أقنعه بأمور، وأقنعني بأمور كنت متردداً فيها... أدوّن خلالها ما رأيته في حياتي منذ هروبي من قرية أبي، حتى رحيلي عن هنا، غدا، للقيام بما اتفقنا عليه... وها هو الرق الأخير، لا يزال معظمه خالياً من الكتابة ولسوف أترك هذه المساحة بيضاء، فربما يأتي بعدي مَنْ يملؤها»(16).

قلتُ بصدد وصف هيأة الاصطناع في رواية (عزازيل)، إنّ الطرس المحذوف وراء المخطوطة، يمثل واقعاً جديداً سيرسخ من خلال الكلمات عليها، مكوّناً بذلك طرساً جديداً لواقع الحكاية، هو بمثابة واقع ثانٍ بعد موت الأول المرتبط بالحقيقة، وهذا ما يرسخ ملياً

وبوضوح تام في رواية (السّواد الأخضر الصافي) للروائي عباس عبد جاسم، الذي عمد بسيميائية بنيوية لتقسيم نصه إلى متن وهامش، يمثلان بمدلولات معبرة عن أطراس الكتابة وشطوبها المحذوفة، مرتبطة ودالة على أطراس الواقع وأحداثه المصطنعة، ولاسيما أنّ مؤلفها يحاول منذ مناصاتها الأولى، بزجّ نفسه داخل العمل من غير تصريح مباشر بذلك، عندما يؤكد في مرحلة ما قبل نصية، أنّ ما فيها من حواشٍ وتعليقات بخطه وأنّها – الرّواية – بنية افتراضية متخيلة لا أساس لها من الواقع، وهذا ما سوف يتماشى فعلياً مع نمطية الاصطناع الذي كثيراً ما أدهشني في أثناء قراءة هذا النّص المبتكر، من خلال ما يمكنني تسميته بـ (البنية التّكميليّة) في الرّواية بين المتن والهامش، إذ إننا نجد في المتن ومنذ الفصل الأول في الرّواية الموسوم بـ (وقائع الفاتحة) ما يأتي[17]: «مؤكد أنّ الذي روى وقائع الجلسة لا يعلم مَنْ كان يتكلم نيابة عني، مما بدتْ الوقائع أكثر غرابة لمن استمع إليها، فقد روى أنّ فقيه الجلسة ذكر: أن رقوق السواد آخر مقطع من مقاطع (تغريبة السواد الأخضر الصافي) لإبراهيم الإبراهيمي وأنّ هذه الرقوق هي (أعراف مطموسة)...» وهذا نص يمثل دالاً تأريخياً مفترضاً من الحكاية، وقد طُمِس منه معنى المدلول الذي ستتم إعادة كتابته واقعياً، بعد محوه من المتن على هذه الشاكلة السّردية في الهامش: «ربما لا يعلم الرّاوي كيف مُحيت منها النصوص، وكُتبتْ فوقها أمجاد كاذبة وبطولات وهمية، وأشياء أُخر لا صلة لها بأخضر السواد الصافي».

فالمتن لا يكتمل إلاّ بظهور الهامش، في الوقت الذي يفقد الهامش قيمته بغياب المتن، ليتداخل هنا الدّال بالمدلول والمتخيل بالحقيقي

فيكون الافتراض بديلاً لهما؛ لهذا فإنّ هذه المخطوطة/الرّواية لا تتأسس على مرجعيات واقع المؤلف/الرّوائي وزمنه التأريخي كما يذهب إلى ذلك بعض من درسها[18]، فهي بوصفها نصاً متعالياً على الواقع، قادرة على اصطناع واقعها بعيداً عن أية إحالة مرجعية خارجية، وهذا ما عمل على بعثرة محمولات الدّال فيها، وتعويضه بمدلول النّص، مما فسح مجالاً للمعنى الجديد، لكي يأخذ مكان الواقع ويحل بدله من خلال اللغة والبناء السّردي، وهو وعي رسختْه الرّواية ولم تنكره، كونها أكدتْه في فصلها الموسوم بـ (دليل المرويات)، عندما وصف راوي الحكاية دخوله إلى دار المخطوطات وضياعه فيها، مذكراً بشخصية بورخس التي صور متاهتها في المكتبة البابلية، وهنا تؤدي الفنتازيا دوراً كبيراً في تكوين العالم السحري للحكاية، مذاباً فيها أجزاء واسعة من حقيقة التأريخ والأماكن وسير السّلطة والحكم، لتكون هذه المكونات جميعاً جزءاً من النّص نفسه ودالة على واقعه، لا الواقع الحقيقي بأيديولوجياته وعهوده وقوانينه، لنعرف بعد ذلك أنّ المخطوطة والرّواية شيء واحد، فما يحدث في الدّليل فعلاً هو ما يحدث في الرّواية أمام أعين القارئ.

وبهذا يتيه المؤلف في روايته ويتيه الـرّاوي في المخطوطة، ويتطابق الأمران معاً في إنتاج واقع واحد، ولاسيما أنّ (النّص/ الرّواية/المخطوطة) يضع فصل (دليل المرويات) وسطاً بين فصلين، في بدايته يكون فصل (وقائع الفاتحة) وفي نهايته يكون فصل (فاتحة الوقائع)، لينحسر سرد الحكاية على أربع شخصيات خامسهم الـرّاوي نفسه، فاتحاً الذهن على حكاية الكهف والزّمن المتوقف

فيها، وحقيقة الأمر أنّ هذا ما يعمل على موت الواقع، الذي أحاط بالظروف السوسيوثقافية المنتجة لهذه الحكاية، فالنّص/الرّواية يقدم نفسه وحكايته بنفسه، من خلال التّداخل في طبقاته ومروياته، مما تتداخل الحكاية المقدمة خيالياً مع حكاية الحكاية التي يقدمها الرّاوي، فتختفي الحدود بين رواية (السواد الأخضر الصافي) التي هي نص ورقي مقروء، وحكاية (دليل المرويات) التي هي حكاية مصطنعة في ضمن النّص الأصل، ليكوّنا معاً نصاً واحداً قادراً على تقديم نفسه بنفسه بعيداً عن آليات تمثيل الحكاية المعهودة، مما يتحقق معه وصف رواية نص، كونها قادرة على تأسيس واقعها بنفسها خيالاً وافتراءً، فأطراس الكتابة محيت بكتابة جديدة، وقد محيَّ معها الواقع وأطراسه القديمة، بواقع جديد اصطنعتْه المخطوطة ذاتها فكان أساساً لخيال الحكاية وسردياتها: «كنت أنصتُ إلى سواد مستور يتكلم من وراء بياض مفتوح، أحسب أنّها نبرات لأصوات محذوفة من آلة التّسجيل / آثار لخطوات ضائعة في الطريق / بصمات لأصابع مطموسة في الورق. كنت خامسهم المنظور في محضر الجلسة... قال من روى الوقائع: لم أرَ خامسهم في محضر الجلسة، والذي كان معهم أكد: كنتُ خامسهم في الحضور»[19].

إحالات ما بعد المتن:

(1) ينظر: السيرة الذاتية (الميثاق والتأريخ الأدبي): فيليب لوجون: ترجمة وتقديم عمر حلي: المركز الثقافي العربي: ط1 – 1994: ص 22. أدب السيرة الذاتية: د. عبد العزيز شرف: الشركة المصرية العالمية للنشر: 1992: ص 3 وما بعدها. معجم السرديات: ص 260 وما بعدها.

(2) ينظر: أشكال الزمان والمكان في الرواية: ص 68 – 69. النظرية الجمالية (المؤلف والبطل في الفعل الجمالي – رؤية موسوعية فلسفية جمالية سيكولوجية): ميخائيل باختين: ترجمة عقبة زيدان: دار نينوى للدراسات والنشر والتوزيع (سوريا): ط1 – 2017: ص 226.

(3) موت صغير: محمد حسن علوان: دار الساقي (بيروت): ط4 – 2017: ص 9.

(4) ينظر: الرواية العربية (المتخيّل وبنيته الفنية): يمنى العيد: دار الفارابي (بيروت): ط1 – 2011: ص 195 – 196.

(5) موت صغير: ص 192. وينظر: تحليل النص السردي (معارج ابن عربي نموذجاً): سعيد الوكيل: الهيئة المصرية العامة للكتاب: 1998: ص 15. البطل في الآداب العالمية – من الأسطورة إلى الحداثة – : نسيمة زمالي: مجلة الذاكرة: العدد (50): ص 374.

(6) للتفاصيل في شكل الرّواية السّيرية وشروطها الفنية الخاصة ينظر: النظرية الجمالية (المؤلف والبطل في الفعل الجمالي – رؤية موسوعية فلسفية جمالية سيكولوجية): ص 296 وما بعدها.

(7) موت صغير: ص 590 – 591.

(*) ستعتمد هذه المقاربة مصطلح (أدب الرّحلة) كما ظهر وتمتْ مداولته، في كتب الرّحلة العربيّة القديمة، مع أشهر الرّحلات مثل: رحلة أحمد بن فضلان

ورحلــة ابن بطوطة وغيرهما، بعيداً عــن محاولات تغيير المصطلح أو تجديده بـ (أدب الارتحال) أو (أدب التّرحال).

(8) ينظر: السيرة الذاتية (الميثاق والتأريخ الأدبي): ص 79.

(**) يجد د. ســعيد يقطين في مقاله الموســوم بــ (أدب الرحلة العربي الحديث)، بأنّ الرّواية أصبحت جنســاً متعالياً قائماً بذاته، وقد اســتطاع بسبب تفرده أنْ يحل بدلاً من السّــرد، ومن خلال ذلك اســتوعبتْ الأشكال السّردية القديمة مثل التّأريخ والسّيرة والرّحلة والجغرافيا، مما أدى إلى حالة هي أقرب إلى انتهاء هذه الأشكال القديمــة، وذلك بالاســتمرار من خلال الرّواية نفســها ممــا أدى إلى تطور نظرية السّــرد، وهو كلام دقيق جداً ولاســيما أنّ كثيرين من الرّوائيين العرب المجددين للتــراث السّــردي العربي القديم، أعادوا صوغ هذه الأشــكال علــى هيأة روايات تنتمــي لمرحلــة ما بعد الحداثة في رؤيتهــا، مع التّأكيد هنا علــى أنّ كتابة الرّحلة العربيّة بوصفها أدباً نقياً مســتقلاً، لم تأفلْ وما زالتْ مســتمرة إلى جنب الرّواية، وتوجد الكثير من الأمثلة على الرّحلات المعاصرة، التي كتبتْ مستقلة عن الرّواية وبعيدة عن أجوائها وقوانينها. ينظر: أدب الرحلة العربي الحديث: ســعيد يقطين: صحيفة القدس العربي: 19 / نوفمبر/ 2019.

(9) ينظر: النظرية الجمالية (المؤلف والبطل في الفعل الجمالي – رؤية موسوعية فلســفية جمالية ســيكولوجية): ص 287 – 288. موســوعة السرد العربي: عبد الله إبراهيم: الجزء الســابع: مؤسســة محمد بن راشــد آل مكتوم – دار قنديل للطباعة والنشر والتوزيع: ط1 – 2016: ص 271 .

(10) أدب الرحــلات: د. محمــد حســين فهيم: عالم المعرفــة (الكويت): (138) – 1989: ص 150.

(11) ينظــر: النظريــة الجماليــة (المؤلــف والبطل فــي الفعل الجمالــي – رؤية موســوعية فلسفية جمالية ســيكولوجية): ص 288 – 289. الخيال (من الكهف إلى الواقــع الافتراضي): د. شــاكر عبد الحميــد: عالم المعرفة (الكويــت): (360) – 2009: ص 209.

(12) رحلة ابن فطومة: نجيب محفوظ: دار الشروق (القاهرة): ط3 – 2008: ص 126. وينظــر أيضاً: رحلة ابن بطوطة: دار صادر (بيروت): ط3 – 2007: ص 9 وما بعدها. أدب الرحلة عند العرب: د. حسني محمود حسين: دار الأندلس للطباعة والنشر والتوزيع (بيروت): ط2 – 1983: ص 35 وما بعدها.

(13) ينظر: الكتابة والتناسخ (مفهوم المؤلف في الثقافة العربية): ص 105 – 106.

(14) عزازيل: يوسف زيدان: دار الشروق (القاهرة): ط12 – 2009: ص 9، 11.

(15) ينظر: سياسة ما بعد الحداثية: ص 152. الشك في الوثائق الرسمية (الوثائق البريطانية عن منطقة الخليج العربي نموذجاً): د. عبد المالك خلف التميمي: مجلة عالم الفكر (الكويت): مجلد خاص بالوثيقة: المجلد (36) – العدد (3): 2008: ص 27

(16) عزازيل: ص 367 – 368.

(17) السواد الأخضر الصافي (رواية نص): ص 9.

(18) ينظر: كسر النمط (عباس عبد جاسم وجماليات سرد ما بعد الحداثة): تأليف مشـترك: تقديم د. وسـن عبد المنعم ياسـين الزبيدي: دار غيداء للنشـر والتوزيع (الأردن): ط1 – 2018: ص 95.

(19) السواد الأخضر الصافي (رواية نص): ص 157.

في المنتهى

هل ماتَ الواقعُ فعلاً؟

سبق لي أنْ أكدتُ في مطلع هذه المقاربة من خلال فقرة (في البدء)، على وجود انصهار ثقافي كبير بين الأشكال الإبداعية ووسائل التكنولوجية، في التّواصل تحت مسمى (الثقافة الافتراضية)، مما غير ذائقة وأسلوب تلقي وإدراك هذه الأشكال الإبداعية، ومن هذه الأشكال الرّواية التي تأثرتْ بهذه الثّقافة بمستويين، (مستوى التأثر المباشر) بالعالم الافتراضي، باستعارتها أدواته بشكل صريح تبنى عليه الحبكة، وهو أمر لم يعنينا كثيراً هنا، و(مستوى التأثر غير المباشر) بالعالم الافتراضي، أي تحول الرّواية نحو الافتراض واصطناع العالم التخييلي، من دون الإشارة المباشرة لأدوات التّواصل في العالم الافتراضي، من خلال التّعويل في ضمن ذلك، على أثرها في معرفة الأشياء، وفهمها في التّعامل مع الواقع، ومحاولة تأسيس واقع افتراضي خاص بها، من خلال اللغة والكلمات لا من خلال الأجهزة الصناعية، وذلك عائد بالضرورة إلى الشّيوع الكبير لقنوات الميديا والنت وأنظمة البث المكبرة، والعناية الفائقة التي شهدتها السّينما وصناعة الأفلام فيها وإنتاج الدراما التلفازية، وقد حاول الكتاب الواعون من الرّوائيين تبني هذا الوعي الجديد.

لذلك عدلوا إدراكهم الفني نحو متطلبات ومقولات جديدة مغايرة،

لما اعتادتْ عليه الذّاكرة الكتابية والأدبية، بالنّزوع نحو التّحولات الهائلة بتقانات العصر ورؤية المجتمع للعالم المتحضر، لذا وبتأثير مباشر من إبداع مجتمعات ما بعد الصناعة وما بعد الحداثة، بدأ المبدع والمتلقي كلاهما بممارسة لعبة واعية في إدراك النتاج الإبداعي المغاير ليقينيات الذائقة، فبعد الاحتفاء بظاهرة الصوت والصورة في ظل الثّقافة البصرية، ثمة نزوع جديد نحو ظاهرة العوالم الافتراضية ليس على طريقة الافتراض الرّقمي، بل على طريقة افتراض كتابي استقته الرّواية من كل ما تقدم من تقانات وتأثيرات فنية، للانتقال إلى إنتاج نص ما بعد حداثي، وضرورة التّحول إلى واقع جديد مغاير بعد إخفاء الأول، لتكون فيه اللغة والرّؤية موازيتين للصوت والصورة، والافتراض الرّقمي والتكنولوجي، باستثمار مجدٍ للمحتمل والـ (لا يقيني) وما فوق الواقع، للوصول إلى نسخة مغايرة في إدراك الواقع والنّزوع نحو تكوين بنية الرّواية التي تعرف اليوم بـ (الرواية ما بعد الحداثية).

لكنني أكدتُ أيضاً على ما أسميته بـ (سمة القطيعة) بين الظروف المعرفيّة والسّوسيولوجية التي أنتجتْ السّرديات المصطنعة والنّصوص المُنْتَجة، ففي المجتمعات ما بعد الصناعية في العالم الغربي والثّقافة الغربيّة، نضجتْ المعرفة فتحولتْ بعدها إلى هذه العوالم الافتراضية المصطنعة، بوصفها نتيجة طبيعية لما بعد الحداثة، أما في الثّقافة العربيّة فلم يتحقق ذلك بعد؛ لأنّه تمَّ فعلياً على مستوى الوعي الفردي فقط – ذهنية ورؤى المبدع – ولم يرسخْ عن طريق المنظومة السّوسيولوجية المتحولة نحو الازدهار الصناعي والتكنولوجي، كونها تعيش نكوصاً معرفياً واضحاً، بمعنى أنّ

مجتمعاتنا المنتجة للمعرفة الثقافية، لم تمرْ بعد بتحولات الانتقال من حداثة الفكر، إلى ما بعد الحداثة، توافقاً مع انتقال المجتمع بعامة، من المرحلة الصناعية، إلى المرحلة ما بعد الصناعية، ومن المرحلة الرأسمالية، إلى المرحلة ما بعد الرأسمالية، وكأنّ الذي حدث من تحول رؤيوي في أعمالنا الإبداعية، في تحولها نحو مرحلة ما بعد الحداثية، حصل نتيجة لمحاكاة النّسخة الغربية فقط، من دون أي تغير معرفي حقيقي، في الحاضنة المنتجة لهذه الأعمال، أي التّمركز في (بنية الثابت)، من خلال الجمود والتقهقر، في المعرفة الصناعة والتكنولوجية، إلاّ في استثناءات بسيطة، والتّحرك في (بنية المتحول)، في الإبداع – ومنه الرّواية – ، نحو مراحل معرفية وجمالية متقدمة.

والحقيقة أنّ نماذج كثيرة من رواياتنا العربيّة التي كُتبتْ أو ما زالت تُكتب، تعمل على محاكاة الواقع الحقيقي، كما سبق للأدب الواقعي أنْ صوره ونضج معه، في عوالم مثل: يوسف إدريس ونجيب محفوظ وفؤاد التكرلي وغيرهم، وهذا النتاج هو الذي منح سؤالنا هنا – هل مات الواقع فعلاً؟ – شيئاً من المشروعية، كون القارئ يطلع على نماذج فنية، لكنّها ما زالتْ تدور في فلك المباشرة الواقعية والتأريخية، بعيداً عن أي افتراض يمكن تحققه، وهو أيضاً في الوقت ذاته، يمكن أنْ يطلع على نماذج فنية أخرى، خرقتْ هذا الواقع لتنتقل في رؤيتها نحو مرحلة مغايرة في وعيه وتمثيله، نماذج بُنيتْ برؤية فوق – واقعية تفترض الأحداث، لا تحاكيها مفارقة النّسخ السّابقة جميعاً، للوصول إلى حالة من الاصطناع الجمالي لواقع النّص، المنتج بقوانين مغايرة لتلك القوانين التي هيمنتْ بالنّسخة الأولى، التي

تمّ فيها محاكاة الحقائق، وهذا ما يحتم علينا دائماً العودة، إلى التّساؤل في ماهية الواقع، فهل هو كل ما هو موجود ومتحقق فعلاً؟ وإذا كان كذلك فما بالنا في عوالم حقيقية، لا يمكن إدراكها بصرياً على الرغم من وجودها، كيف نفهم العوالم التي أشار لها العلم، لكنّنا لم ندركْها عيانياً؟ كيف نفهم الرّوحانيات وهي ليستْ مادية ملموسة مع ثبات قوانينها فعلاً؟ كيف تجلى الواقع في تعبيره عن عالم وقوانين الإنسان القديم (النايندرتال) وصدقناه مع أننا لم نعشْ هذه القوانين؟ وماذا يمكن أن نقول في موجهات العالم الافتراضي نفسه، من موجات بث وإرسال التي لولا الأجهزة الصناعية ما كنا نكتشفها أبداً؟ أليستْ هي جزء من الواقع؟ كيف لا يمكننا إدراكها إذاً؟!!.

وهنا لا بدّ من القول إنّه، كما أسهمتْ الكشوفات العلمية والأجهزة الصناعية، في تذليل هذا الواقع الخفي عنا، ومساعدة حواسنا لاكتشاف الجزء الخفي في العالم الحقيقي (الواقع)، وتقديمه لنا على شكل قوانين أو صور أو حالات مدركة ثم مرئية، فإنّ الأدب الرّوائي العربي، أسهم في تمثيل هذا الواقع الخفي أيضاً، مذ بدأ هو الآخر بكشف ذاته واستقرار هوّيته في المرحلة ما بعد الحداثية، المرحلة التي ظهر فيها الواقع بسحره ليس كما كان معهوداً، وسواء أكان هذا الكشف ناتجاً، عن تطور معرفي طبيعي للتحولات العلمية والسوسيولوجية والثّقافية الكبرى في مجتمعنا، أو هو كشف ناتج عن محاكاة هذا التّطور في مجتمعات أخرى، فإنّ النّتيجة النّهائية واحدة، وهي أنّنا أمام نصوص متأثرة فعلياً بعوالم الافتراض الصناعي، العوالم التي عملتْ بقوة على موت حقائق الواقع، وإبدالها بأخرى مصطنعة من

قوانينها الخاصة، قوانين الكتابة والخيال والافتراء الأدبي الجميل، وهذا – ربما – ما يشكل الفرق في وعي الواقع، بين النّظرية الغربيّة المنطلقة عن جذورها نحو المعاصرة، والنّظرية العربيّة التي جمعتْ بين أصالة الجذور ومحاكاة الجديد الوافد، مما جعلها تجمع بين أصالة المنطلق وهجانة التّحول، فالفعل السّردي معني هنا بتغيير مسار العالم المتخيل عن وجوده ومعناه، معتمداً مخاطرة الانحراف والتّجديد، وهذا ما منح – برأيي – (نظرية موت الواقع) قدرتها على التّجذر والظهور، فهي لا تحلل الواقع الحقيقي أو تنتقده أو تفرض عليه حدوداً معينة، بل تعيد إنتاج نظامه الدّاخلي، مما يكسبه منطقاً خاصاً، كاشفة مدلوله المخبوء في قلب هذا النّظام، بعد تفكيك دلالته المباشرة، وبهذا يكتسب النّظام مصطلحاته الواقعية الخاصة به، مما يعني مضاعفة الرّؤية استجابة لحيثيات هذا العالم الجديد وقوانينه وتمثلاته، وهذا ليس مجرد تصور سوسيولوجي أمبريقي محض أو خيال مثالي؛ لأنّ النّص الرّوائي سيشارك حالته الواقعية في ضمن علاقته بهذا التّصور، وبهذا ستغدو (نظرية موت الواقع)، مرآة لعالم متخيل، وصل إلى حدوده القصوى، من الإدراك المغاير، مما يحقق التّبادل المشترك الذي كثيراً ما أكده جان بودريار فلسفياً، بين العالم المتخيل والنّظرية، لتكون الكتابة الرّوائية هنا مركزاً لا هامشاً، فهي التي سوف يحاكيها الواقع وليس العكس، كونها لا تخرق قوانين نظام العالم الحقيقي فقط، بل تعمل على مضاعفته بافتراضه من جديد، ليكون الغياب بديلاً للظهور، حين تكوّن الفكرة الجذرية للواقع تقاطعَها العنيف، بين المعنى والهذيان، والحقيقة والافتراء،

واستمرارية المادي والمثالي، مما يفتح الطريق أمام الوهم، لتكوين قوانينه وعالمه ونظامه للأشياء، فيرسخ بوصفه واقعاً حقيقياً مفترضاً ومصطنعاً عن طروحات العالم الفعلي.

فهل مات الواقع فعلاً في نظر الرّوائيين العرب المنتمين لحركة التّجديد والتّغيير المعرفي بالكتابة؟

وجواب ذلك نعم، ولكنْ بحسب وعي الكاتب وإدراكه للعالم، وما فيه من تحولات هائلة بالواقعين معاً الحقيقي والمصطنع، وهنا يكمن المأزق الكبير للروائي العربي المعاصر، ممَنْ لا يمكنه التّكهن بالتّحولات المعرفيّة الكبرى في الوقت الحاضر.

ثبتٌ بالمصطلحات

(المصطلحات المفاتيح التي اجترحتْها الدّراسة)

• **إبداع النّص ووعي الهوية:**

تعبير تحليلي معبر عن آلية مغايرة للرواية ومكمل للخطوة الأولـى في مسيرة اكتشاف الهوية ممثلة بـالإدراك، وقد تحددتْ بطغيان أيديولوجية الشكل وانفراد الهم الذاتي، مع تحولات مرحلة الحداثة تأثراً بالثقافة الغربية منذ منتصف الستينيات وما بعدها، التي فرضتْ نمطاً خاصاً من التّجريب المضاد لمرحلة الواقعية المباشرة، فحققتْ بذلك قدرة واضحة على الإبداع بأسلوب تعبيري كتابي دال على مفهوم السّرديات الصغرى.

• **إدراك الصنعة الكتابية:**

تعبير وصفي دال على المرحلة الأولى من تحولات الرّواية العربية في الطريق نحو نشأة حساسيتها الجديدة واكتشاف هويتها، وتتحدد بمرحلة ثقافية مبكرة تبدأ

منذ مطلع الأربعينيات وصولاً إلى منتصف السّتينيات، حيث مرحلة ما قبل الحداثة المتمثلة بالمحاكاة والتّأثر ثم ظهور فنية الأسلوب الواقعي المباشر، التي تتناسب مع أبعاد السّرديات الكبرى بمفاهيمها المعرفية جميعاً.

- **البنية التّكميليّة:**

بنية سيميائية معبرة عن نمط روائي تجريبي معاصر، يعتمد في تكوين بنيته السّردية على شكل المتن والهامش، إذ يُمثلان بمدلولات معبرة عن أطراس الكتابة وشطوبها المحذوفة، وهي مرتبطة ودالة على أطراس الواقع وأحداثه المصطنعة، لتكوين بنية افتراضية متخيلة لا أساس لها من الواقع، وهذا ما سوف يتماشى فعلياً مع نمطية الاصطناع المبتكر، من خلال العلاقة التّواصلية بين أحداث المتن وأحداث الهامش، التي تجعل من الحدث ناقصاً في المتن ما لم يكملْ في الهامش، مما يولد رؤية سيميائية خاصة في تمثيل السّرد لما وراء النّص، ومثال هذه البنية يتحقق في رواية (السواد الأخضر الصافي) للروائي العراقي عباس عبد جاسم.

- **الرّواية الهجينة:**

نمط روائـي معاصر يؤمن فنياً بدرجة من الوعي الكتابي، وينطلق من فكرة تكوين رؤية مختلفة متأثرة

بظاهرة التّهجين الجمالي للصورة السّردية، فهو متشكك إزاء فكرة التّوحد والنّقاء والتّسلسل والدّوام والإضافة، في ضمن علاقة أي جنس فني بالأجناس الأخرى، أي نبذ فكرة القطيعة التي تأسست قديماً، بحثاً عن مغايرة في درجة الكتابة، لكن هذا التشكيك لم يقتصرْ على علاقة الرّواية بالأجناس الأخرى فقط، بل تعداه ليصل لعلاقة الشكل الواحد النّقي للرواية بالأشكال الرّوائية الأخرى بحسب البنية والموضوع، بمعنى أنّ الوعي الكتابي لم يَعُد قانعاً بدرجة خطية واحدة، يتحدد منها نمط الرواية، على وفق التّقسيمات المعروفة منذ بزوغ فجر الرّواية وشيوع زمنها، بل راح يصهر هذه الأنماط جميعاً (رواية واقعية، رواية تأريخية، رواية بوليسية، رواية سيرة، رواية ما وراء السّرد...) أو أغلبها بحسب رؤية الكاتب بوعي/لاوعي، لينتج نمطاً هجيناً مغايراً من الرواية، تذوب داخله أنماط كثيرة، للوصول إلى شكل جديد يحتفي بتلك الأقانيم جميعاً، رغبة في المقاطعة والتّغيير والتّجديد، وهو ما جعل منه هجيناً خلافاً لأي نقاء نصي، ومثال هذا النّمط رواية (ظلال جسد ضفاف الرّغبة) للروائي العراقي سعد محمد رحيم.

- **الرّوحُ العَالمِيُ:**

تعبير يؤكد على الرّؤية السّردية للواقع المفترض بحثاً

عن لا مركزية في النّص ولا مركزية في تلقيه على وفق ظروف إنتاجه، ولاسيما مؤثرات الثقافة المحلية التي تصبغ النّص بأيديولوجيتها دائماً، والنّص بتأثير هذه الرّوح يفقد سمة الزمكانيّة المحليّة، ليكتسب بدلاً منها سمة العالمية، مما يجعله قابلاً للاصطناع وتغيير الواقع الحقيقي.

• السّرد المُصطِنع للكولونيالية:

نمط سردي تبنتْه الرّواية في حالة توقع حدوث فعل إمبريالي لم يقعْ بعد، يجب تخيل إرهاصاته ومآخذه المعرفيّة وتأثيرها في الثقافة والفكر والمجتمع، وهو يعتمد الافتراض والتّنبؤ والتّوقع لما سوف يحدث نتيجة غزو الثقافة المعادية للثقافة الأصلية، متوهماً من خلالها مدلولات معبرة عن الواقع لا الواقع ذاته، مع بقاء إطار ثقافي واقعي دال على مفاهيم جغرافية حقيقية، رغبة في التّمويه والانتقال، من النّسخة الأولى للواقع إلى النّسخة الثانية المتوهمة، عن مشهد كولونيالي متحقق في عالم النّص الذي سيُمَثّل حينها الواقع الجديد.

• السّرديات المُصْطَنَعة:

وهي السّرديات التي خضعتْ لمدار تنسيق المكونات المصطنعة عن النّسخة الأصل، ونقلها إلى النّسخة

المُنتَجة بحثاً عن واقع مختلف افتراضي بعد موت الواقع الحقيقي وتكوين أحداث مصطنعة، وقد حاولتْ بذلك القفز مفارقة الكثير مما سبقها من نتاج مع أنّها انطلقتْ منه؛ مؤسسة ذاكرتها الخاصة في بناء مقولاتها وتفوهاتها لتغادر الواقعية المباشرة والحدث التأريخي وأدلجة البطل المطلق بصوره الثقافية كلها، ولتبني على وفق ذلك تقاناتها الخاصة، مع وعيها بمفاهيم راسخة في أرض الرّواية الغربية، والموروث القديم والواقع المعاصر، والتّحولات الفكرية الكبرى والتّغيرات السّياسية ورمزية الحدث ودلالته، التّحولات التي صيّرتْ الفرد / برجوازي الرّواية إلى مجرد خرافة تتشكك إزاءها السّرديات الكبرى، أو ما يطلق عليه ليوتار (الميتا – حكايات).

• الفنتازيا المصطنعة:

مصطلح دال على الحكايات الخرافية المسرودة والمتحولة عن الحقيقة إلى الواقع المتخيل وصولاً إلى نمطية الفنتازيا المصطنعة، وهو ما تعتمده الرّواية في اصطناع واقعها من الخرافة الشعبية مثل استلهام الأشخاص الذين تحولوا إلى أولياء والمقابر المقدسة وغيرها، من منطلق أنّ الحكايات الخرافية بقايا لمعتقدات آفلة للشعوب، لهذا تمثل تأملاتهم الحسية وأحلامهم لإنتاج ما لم يمكنْ تحقيقه في أرض الحقيقة

المعاشة؛ لهذا برعتْ الرّواية كثيراً في تصنيع هذه التّأملات وإعادة صوغها على شكل مرويات ثقافية معبرة عن مرحلة معينة ذات مدلول يلغي رمزية الواقع، لجعل محتواه ممثلاً للفنتازيا، على شكل تضاد ما بين اللغة والواقع.

• المغالطة المصطنعة:

يمثل هذا المصطلح الوجه الثاني المكمّل لما بدأه النّاقد الفرنسي (بيير ماشيري)، تحت مسمى (المغالطة المعيارية)، عندما يحاكي الأديب نصاً سابقاً لنصه، إذ يطمح من خلال ذلك إلى تجسيد عمل قديم مشهور لمؤلف سابق من خلال عمله الجديد، لا لمحاكاته فقط بل لمحاكمة النّص الجديد، في ضوء رؤى النّص القديم بمدى اقترابه أو ابتعاده عنه، بينما تعني (المغالطة المصطنعة) محاولة فرض واقع جديد مغاير لواقع النّص الأصلي عن طريق المحاكاة، ليكون النّصُ الأصلي تمثيلاً للنسخة الثانية التي كانتْ محاكاة لنسخة الواقع الحقيقي، وبهذا يتمثل نص المغالطة بوصفه نسخة ثالثة مصطنعة، انطلقتْ من قوانين نص عملتْ على مفارقته واصطناع قوانين جديدة فوق واقعية لواقعه الحقيقي، فهي – المغالطة – بذلك تُذكِر بالنّص الأصلي لكنّها لا تنسخه كما هو بل تعيد هيكلته وإنتاجه، كونها تستعير الخيال لا الحقيقة، محاولة تأسيس قوانين

جديدة له، في ضوء الظروف السوسيوثقافية للنص الجديد، وهنا تكمن مزية وقدرة المؤلف في محاكاته لأي نص قديم، كونه ابتكر عالماً مغايراً ليقينيات القراءة التّقليدية التي يقع فيها الأدباء أحياناً.

- **النّزوع الواعي لواقع مبتكر:**

تعبير معرفي دال على تحولات الرّواية العربيّة في المرحلة المعاصرة التي تنطلق من مفاهيم ما بعد الحداثة، بتشخيص عالٍ ووعي كبير لمهمتها الجمالية، من حيث تمثيل الواقع ومحاولة إيجاد واقع جديد لها، تكون فيه الكتابة ذات مدلول معنوي مغاير، وهو – الواقع – مختلف عن الواقع المعروف، عن طريق ابتكار قوانين جديدة جمالية له، تؤدي بالضرورة إلى موت القوانين المتعارف عليها وافتراض أخرى بديلة.

- **رواية تنبؤية للحقيقة:**

نمط من الرّوايات التنبؤية بالمستقبل، تجمع الخيال العلمي بالوعي التأريخي كونها تعتمد على فكرة تحقق نبوءتها في الواقع التأريخي الفعلي، أي تعتمد بنيتها السّردية على قدرتها في صوغ تأريخ لم يقع بعد، اعتماداً على متخيل ووعي الرّوائي وحده من خلال إدراكه للمتغيرات، ليكون ذلك فيما بعد مشترطاً مجازياً لما وقع فعلاً، ولعل تحقق النّبوءة التأريخية فيها أخرجها من

فكرة كونها مجرد محاكاة فنية لروايات الخيال العلمي التي اشتهرتْ فيها الرّواية الأمريكية والأوروبية، بمعنى أنّ المهم فيها أنْ تكون تنبؤية لتأريخ مصطنع، لم يقع بعد سيتحقق فعلاً في المستقبل، بقطع النظر إنْ كانتْ مصطنعة لنبوءة التأريخ كما في رواية (الشاهدة والزنجي) للروائي العراقي مهدي عيسى الصقر، أو مصطنعة للنبوءة العلمية كما في رواية (بداية بعد نهاية) للروائي العراقي طالب ناهي الخفاجي.

• رواية تنبؤية للمتخيل:

نمط من الرّوايات التنبؤية بالمستقبل، ذات بعد شعبي منطلق من السّردية العربيّة، في قدرتها على إنتاج مروياتها المتخيلة الخاصة بتنبؤات، لحدوث نمط من نظام الأشياء فيها، على وفق متخيلنا العربي الذي استطاع التنبؤ، بأحداث تقع اعتماداً على موروث معين أو تطير أو غيره، عندما يكون التّنبؤ بوقوع حدث معين، نتيجة لتطورات أحداث الرّواية ذاتها منقطعاً عن الحقيقة، أي زمن مصطنع من خلال زمن الحكاية في نسختها المفارقة للواقع؛ لذا فإنّ قضية التّأكد من صدق وقوع هذه النّبوءة وحدوثها يتم من خلال أحداث الرّواية ذاتها، وليس من خلال حدث حقيقي، وقع تالياً لزمن كتابة الرّواية، يؤكد نبوءتها كما في (رواية تنبؤية للحقيقة)، ولعل روايتي (واحة الغروب)

للروائي المصري بهاء طاهر و(ساق الغراب) للروائي السعودي يحيى أمقاسم، من الأمثلة المهمة الدّالة على هذا النّمط الرّوائي.

• سمة القطيعة:

مصطلح وصفي معبر عن ظروف ظهور السّرديات المصطنعة في أدبنا الرّوائي، وهو يؤكد أنّ الظروف المعرفيّة والسّوسيولوجية التي أنتجتْ مثل هذه السّرديات في المجتمع العربي مخالف لما حدث في المجتمع الغربي، ففي المجتمعات ما بعد الصناعية في العالم الغربي، نضجتْ المعرفة فتحولتْ بعدها إلى هذه العوالم الافتراضية، بوصفها نتيجة طبيعية لما بعد الحداثة وما بعد (بعد الحداثة)، كونها ترسختْ في الفنون والفلسفة والتّفكير والمعرفة عموماً، أما لدينا – أعني في ثقافتنا العربيّة – فلم يتحقق ذلك؛ لأنّه تمَّ على مستوى الوعي الفردي فقط – ذهنية ورؤى المبدع – ولم يرسخْ عن طريق المنظومة السّوسيولوجية المتحولة نحو الازدهار الصناعي والرّقمي، كونها تعيش نكوصاً معرفياً واضحاً، وهذا ما ولّد بنية من القطيعة بين طبيعة النّص وظروف نشأته المعرفية والثقافية.

• صيرورة مصطنعة:

مصطلح زمني معبر عن التّحولات من الماضي

المستعاد، مروراً بحاضر مفترض عنه، وصولاً لمستقبل مصطنع منهما، وبهذا تتحقق صيرورة جديدة للزمن السّردي نتيجة التّلاعب الفني، بديمومة الزّمن السّردي للرواية؛ لأنّ الحديث عن موضوعة زمنية مهمة في السّرد مثل الذّاكرة تعني بالضرورة الحديث عن الزّمن السّردي التّأريخي مرتبطاً بصيرورته، وهذا أمر يتناسب مع تحولات لحظة السّرد بين الماضي والحاضر والمستقبل، إلاّ أنّ التّعبير عن ماضي الذّاكرة بافتراض مستقبلي، هو ما يناسب نبوءة السّرد بوصفها ذاكرة مضادة مختلفة، فهي قادرة في هذه الحالة، على وعي صيرورة الحاضر والماضي، مفترضة بذلك لحظة مستقبلية حرجة، تتناسب مع وعي المؤلف الذي استطاع الخروج بوعيه هذا، من قوانين التّأريخ الواقعي الحقيقي؛ ليصل بها إلى لحظة زمنية يمكن وقوعها أو يتوقع حصولها فعلاً وهذا مناسب لفكرة الاصطناع، التي تعمل باحترافية عالية، على موت الواقع بافتراض قوانين جديدة له، كون الزّمن أحد هذه القوانين، وأنّ ذاكرته مسوغ فعلي لأحداثه، سواء أكانتْ في ضمن صيرورتها (ماضٍ، حاضر، مستقبل)، أو في ضمن لحظة زمنية متوقعة (زمن الحدث).

• فنتازيا التّحول:

تعبير إجرائي يؤكد أنّ التّحول في علاقة الرّواية ما

بعد الحديثة بالخرافة، لا يعتمد الخيال المجرد الذي هو على خلاف الحقيقة، فالمقصود هو قدرة النّص الرّوائي على تكوين تحول مختلف لفنتازيا السّرد وتمثيله، من خلال محو الحقيقي واصطناع نسخة مغايرة له، لتكون بذلك نسخة التّحول المصطنعة بديلة عن نسختين سابقتين، النّسخة الأصل الحقيقية والنّسخة المتخيلة عنها، لتظهر نسخة ثالثة تتمتع بقوانينها الخاصة التي من خلالها تهيمن الخرافة فتبدو بديلاً للواقع، أو تتداخل معه – الخرافة والواقع – إلى الحد الذي لم يعدْ فيه مجال للتفريق بينهما.

• مدلول الاصطناع:

نسق سيميائي معبر عن حالة الاصطناع في رواية الـ (ما وراء) في ضمن سرديات ما بعد الحداثة، وهو متجاوز في عمله للنسقين اللذين أشار لهما النّاقد الفرنسي (رولان بارت)، ممثلين بنسق (دلالة الصّورة) ونسق (الأسطورة)، إذ تتحقق فيهما رؤية واحدة ويتوحدان في دلالتهما للتعبير عن معنى واقعي واحد مختلف عن ذلك الذي انطلقا منه، لكنّ هذا لا يكفي للتعبير عن نظام سيميائية الصورة في رواية الـ (ما وراء)، وهو ما سوف يحقق برأيي نظاماً مختلفاً من البنية، يمكن أنْ أسميه نسقاً سيميائياً ثالثاً هو (مدلول الاصطناع)، وهو لا يؤمن بدلالة النّسق الأول أو

المعنى الأسطوري للثاني اللذين رسخهما بارت، لأنّه في هذه الحال سيكون بنية محايدة قائمة بذاتها، تمحو ما قبلها فتتمركز في بؤرة ما وراء الحكاية المصطنعة التي تعبر عنها الصورة، مولدة دفعة هائلة من الإيهام الكفيل بنزع الفتيل من الواقع الأول، لترسيخه في الثاني المعبر الذي تنطلق منه حكاية الصورة.

• نظرية موت الواقع:

رؤية تنظيرية وإجرائية معبرة عن تحولات الواقع بل وموته في حقبة ما بعد الحداثة، التي أفرزتْها تحولات مجتمعات الميديا والتكنولوجية الإلكترونية، وهذا ما يحقق عملياً كون فكرة موت الواقع (نظرية علمية) لا بدّ للرواية من أنْ تعيها وتتعامل معها، كون النّظرية نسقاً من الأفكار التي تراعى بوصفها تأويلاً لمجموعة من الوقائع أو الظواهر، فهي فرضية يرسخها التّجريب العملي، وتُقتَرَح بوصفها تفسيراً لوقائع معروفة، وبياناً لقوانين عامة أو مبادئ أو أسباب، وهو ما وجدته هذه النّظرية من خلال رصد مؤثرات العالم الافتراضي غير المباشرة في تكوين البنية السّردية لرواية ما بعد الحداثة، مما أدى إلى موت الواقع الحقيقي الذي انطلقتْ منه، وتعويضه بثانٍ مفترض له قوانينه ومفاهيمه الخاصة.

المصادر والمراجع

- أجنحة البركوار: عباس عبد جاسم: دار الحوار (سوريا): 2014.
- آخر الملائكة: فاضل العزاوي: رياض الريس للكتب والنشر (لندن/قبرص): ط1 – 1992.
- بداية بعد نهاية: طالب ناهي الخفاجي: شركة آسيا للطبع والنشر المحدودة (بغداد): ط1 – 1989.
- بوغيز العجيب: ضياء الجبيلي: منشورات مؤسسة الدوسري للثقافة والإبداع: ط1 – 2011.
- تطريسات (مجموعة قصصية): عباس عبد جاسم: دار الشؤون الثقافية العامة (بغداد): ط1 – 2002.
- ثرثرة فوق النيل: نجيب محفوظ: دار القلم (بيروت): د.ت.
- حائط المبكى: عز الدين جلاوجي: دار المنتهى للطباعة والنشر والتوزيع (الجزائر): ط2 – 2016.
- دَمُهُ: محمد الأحمد: دار فضاءات للنشر والتوزيع (عمان): ط1 – 2018.
- رحلة ابن بطوطة: دار صادر (بيروت): ط3 – 2007.
- رحلة ابن فطومة: نجيب محفوظ: دار الشروق (القاهرة): ط3 – 2008.
- ساق الغراب (الهَرْبة): يحيى أمقاسم: منشورات الجمل (بيروت – بغداد): ط1 – 2009.
- السواد الأخضر الصافي (رواية نص): عباس عبد جاسم: منشورات الغسق (بابل): ط2 – 2002.

– سيرة بحجم الكف: محمود عبد الوهاب: دار تموز للنشر والتوزيع (دمشق): ط1 – 2015.

– الشاهدة والزنجي: مهدي عيسى الصقر: دار الشؤون الثقافية العامة (بغداد): 1988.

– شكاوى المصري الفصيح (نوم الأغنياء): يوسف القعيد: دار الموقف العربي (القاهرة): ط1 – 1981.

– الصندوق الأسود: كُليزار أنور: المؤسسة العربية للدراسات والنشر (بيروت): ط 1 – 2010.

– ظلال جسد (ضفاف الرغبة): سعد محمد رحيم: كتارا (قطر): ط1 – 2017.

– عزازيل: يوسف زيدان: دار الشروق (القاهرة): ط12 – 2009.

– فرانكشتاين في بغداد: أحمد السعداوي: منشورات الجمل (بيروت): ط 1 – 2013.

– الفيل الأزرق: أحمد مراد: دار الشروق (القاهرة): ط10 – 2014: 100 – 101.

– الكائن الظل: إسماعيل فهد إسماعيل: دار الهلال: 1999.

– كراسة كانون: محمد خضير: دار الشؤون الثقافية (بغداد): ط1 – 2001.

– متاهة أخيرهم: محمد الأحمد: المطبعة المركزية – جامعة ديالى: ط1 – 2013.

– محنة فينوس: أحمد خلف: مؤسسة ثائر العصامي للطباعة والنشر: ط3 – 2018.

– المقامة البصرية العصرية (حكاية مدينة): مهدي عيسى الصقر: دار الشؤون الثقافية (بغداد): ط1 – 2005.

– موت الأب: أحمد خلف: دار الشؤون الثقافية (بغداد): ط1 – 2002.

– موت صغير: محمد حسن علوان: دار الساقي (بيروت): ط4 – 2017.

– واحة الغروب: بهاء طاهر: دار الشروق (القاهرة): ط11 – 2013.

– أدب الرحلات: د. محمد حسين فهيم: عالم المعرفة (الكويت): (138) – 1989.

– أدب الرحلة عند العرب: د. حسني محمود حسين: دار الأندلس للطباعة والنشر والتوزيع (بيروت): ط2 – 1983.

– أدب السيرة الذاتية: د. عبد العزيز شرف: الشركة المصرية العالمية للنشر: 1992.

– الأدب المقارن: د. محمد غنيمي هلال: نهضة مصر للطباعة والنشر والتوزيع: ط3 – 2004.

– أسلوبية الرواية (مدخل نظري): د. حميد لحمداني: منشورات دراسات: سال (الدار البيضاء): ط1 – 1989.

– أنماط الرواية العربية الجديدة: د. شكري عزيز الماضي: سلسلة عالم المعرفة (الكويت): العدد (355): 2008.

– البناء الفني في الرواية العربية في العراق – ج1 / بناء السّرد: د. شجاع مسلم العاني: دار الشؤون الثقافية (بغداد): 1994.

– بنية النص السردي (من منظور النقد الأدبي): د. حميد لحمداني: المركز الثقافي العربي: ط3 – 2000.

– بنية النص السردي (من منظور النقد الأدبي): د. حميد لحمداني: المركز الثقافي العربي: ط3 – 2000.

تحليل النص السردي (معارج ابن عربي نموذجاً): سعيد الوكيل: الهيئة المصرية العامة للكتاب: 1998.

– التخيل التاريخي (السّرد والإمبراطورية والتجربة الاستعمارية): د. عبد الله إبراهيم: المؤسسة العربية للدراسات والنشر (بيروت): ط1 – 2011.

– التنبؤ العلمي ومستقبل الإنسان: د. عبد الحسن صالح: عالم المعرفة (الكويت): (48) – 1981.

– الثقافة التلفزيونية – سقوط النخبة وبروز الشعبي: د. عبد الله الغذامي: المركز الثقافي العربي: ط2 – 2005.

– الخيال (مفهوماته ووظائفه): د. عاطف جودة نصر: الهيئة المصرية العامة للكتاب: 1984.

– الخيال (من الكهف إلى الواقع الافتراضي): د. شاكر عبد الحميد: عالم المعرفة (الكويت): (360) – 2009.

– دليل الناقد الأدبي: د. ميجان الرويلي د. سعد البازعي: المركز الثقافي العربي: ط5 – 2007.

– الراوي والنص القصصي: د. عبد الرحيم الكردي: مكتبة الآداب (القاهرة): ط1 – 2006.

- الرواية العربية ما بعد الحداثية: د. ماجدة هاتو هاشم: دار الشؤون الثقافية العامة (بغداد): ط1 – 2013.

- الرّواية العربيّة ورهان التجديد: د. محمد برادة: دار الصدى للصحافة والنشر والتوزيع: دبي – ط2011:1.

- الرواية العربية (المتخيّل وبنيته الفنية): يمنى العيد: دار الفارابي (بيروت): ط1 – 2011.

- الرواية العربية (ممكنات السرد): تأليف مشترك: أعمال الندوة الرئيسة لمهرجان القرين الثقافي الحادي عشر – 2004: دولة الكويت – 2006.

- الرواية وتأويل التأريخ (نظرية الرواية والرواية العربية): د. فيصل دراج: المركز الثقافي العربي (المغرب): ط1 – 2004.

- سرد ما بعد الحداثة: عباس عبد جاسم: دار الشؤون الثقافية العامة (بغداد): ط1 – 2013.

- سوسيولوجيا الثقافة (المفاهيم والإشكاليات.. من الحداثة إلى العولمة): د. عبد الغني عماد: مركز دراسات الوحدة العربية (بيروت): ط3 – 2016.

- علم السّرد (المحتوى والخطاب والدلالة): د. الصادق بن الناعس قسومة: منشورات وزارة التعليم العالي (السعودية): سلسلة رسائل جامعية (107): 2009.

- الفن والغرابة (مقدمة في تجليات الغريب في الفن والحياة): شاكر عبد الحميد: الهيئة المصرية العامة للكتاب (القاهرة): 2010.

- القصة العربية والحداثة: د. صبري حافظ: دار الشؤون الثقافية العامة (بغداد): الموسوعة الصغيرة (347): ط1 – 1990.

- قضايا القصة العراقية المعاصرة (دراسات نقدية): عباس عبد جاسم: دار الرشيد للنشر (العراق): 1982.

- كسر النمط (عباس عبد جاسم وجماليات سرد ما بعد الحداثة): تأليف مشترك: تقديم د. وسن عبد المنعم ياسين الزبيدي: دار غيداء للنشر والتوزيع (الأردن): ط1 – 2018.

- ما تخفيه القراءة (دراسات في الرواية والقصة القصيرة): ياسين النصير: الدار العربية للعلوم ناشرون (بيروت): ط1 – 2008.

- ما وراء السرد – ما وراء الرواية: عباس عبد جاسم: دار الشؤون الثقافية العامة (بغداد): ط1 – 2005.

- مدخل إلى نظرية القصة - تحليلاً وتطبيقاً - : سمير المرزوقي وجميل شاكر: دار الشؤون الثقافية (بغداد) - الدار التونسية للنشر: 1986.

- مدخل في نظرية النّقد الثقافي المقارن: د. حفناوي بعلي: منشورات الاختلاف (الجزائر): ط1 - 2007.

- مذاهب ومفاهيم في الفلسفة والاجتماع: ترجمة وتأليف د. عبد الرزاق مسلم الماجد: منشورات المكتبة العصرية (بيروت): د.ت.

- معجم السّرديات: إشراف محمد القاضي: تأليف جماعي: دار محمد علي للنشر (تونس) - دار الفارابي (لبنان): ط1 - 2010.

- معجم السيميائيات: فيصل الأحمر: منشورات الاختلاف (الجزائر): ط1 - 2010.

- معجم الفلكلور: د. عبد الحميد يونس: مكتبة لبنان (بيروت): 1983.

- معجم المصطلحات الأدبية المعاصرة: د. سعيد علوش: دار الكتاب اللبناني (بيروت): ط1 - 1985.

- المقاومة بالكتابة (قراءة في الرواية المعاصرة): جابر عصفور: الدار المصرية اللبنانية: ط1 - 2016.

- موسوعة السرد العربي: عبد الله إبراهيم: الجزء السابع: مؤسسة محمد بن راشد آل مكتوم - دار قنديل للطباعة والنشر والتوزيع: ط1 - 2016.

- الكتب المترجمة:

- أدب الفنتازيا مدخل إلى الواقع: ت.ي.أبتر: ترجمة صبار سعدون السعدون: دار المأمون للترجمة والنشر: بغداد - 1989.

- الأدب والدلالة: تزيفتيان تودوروف: ترجمة د. محمد نديم خشفة: مركز الإنماء العربي (حلب): 1996.

- الأدب والميتافيزيقيا (دراسات في أعمال عبد الفتاح كليطو): عبد السلام بنعبد العالي: نقله إلى العربية كمال التومي: دار توبقال للنشر (المغرب): ط1 - 2009.

- أسطوريات (أساطير الحياة اليومية): رولان بارت: ترجمة د. قاسم المقداد: دار نينوى للدراسات والنشر والتوزيع (سوريا): 2012.

- أشـكال الزمـان والمكان فـي الرواية: ميخائيل باختين: ترجمة يوسـف حلاق: منشورات وزارة الثقافة (دمشق): 1990.

- أفول الأصنام: فريدريك نيتشـه: ترجمة حسـان بورقية ومحمد الناجي: أفريقيا الشرق: ط1 – 1996.

- الإنسـان ذو البعـد الواحد: هربـارت ماركوز: ترجمة جورج طرابيشـي: دار الآداب (بيروت): ط3 – 1988.

- أوهـام مـا بعد الحداثـة: تيري إيغلتون: ترجمـة ثائر ديب: دار الحوار للنشـر والتوزيع (سوريا): ط1 – 2000.

- بناء الواقع الاجتماعي (من الطبيعة إلى الثقافة): جون ر.سيريل: ترجمة وتقديم حسـنة عبد السـميع ومراجعة إسـحاق عبيد: المركز القومي للترجمة (القاهرة): العدد (1757): ط1 – 2012.

- البنيويـة التكوينيـة والنقد الأدبي: لوسـيان كولدمان وآخـرون: راجع الترجمة محمد سبيلا: مؤسسة الأبحاث العربيّة: بيروت: ط1 – 1984.

- تأريخ الكذب: جاك دريدا: ترجمة وتقديم رشـيد بازي: المركز الثقافي العربي: ط1 – 2016.

- التبـادل المسـتحيل: جان بودريـار: ترجمة د. جـلال بدلة: دار معابر للنشـر والتوزيع (دمشق): ط1 – 2013.

- تعليم ما بعد الحداثة (المتخيل والنظرية): برندا مارشـال: ترجمة وتقديم السـيد إمام: المركز القومي للترجمة (القاهرة): ط1 – 2010.

- التلفزيـون وآليـات التلاعـب بالعقول: بييـر بورديو: ترجمـة وتقديم درويش الحلوجي: دار كنعان (دمشق): ط1 – 2004.

- جدلية الزمن: غاسـتون باشـلار: ترجمة خليل أحمد خليل: المؤسسـة الجامعية للدراسات والنشر والتوزيع (بيروت): ط3 – 1992.

- الجغرافيـات الافتراضية (أجسـام وفضاء وعلاقات): تأليف مشـترك: ترجمة عدنان حسن: منشورات الهيئة العامة السورية للكتاب (دمشق): 2011.

- جماليات ما وراء القص (دراسـات في رواية ما بعد الحداثة): تأليف مشـترك: ترجمة أماني أبو رحمة: دار نينوى للدراسات والنشر والتوزيع (سوريا): 2010.

- الجمهوريـة العالمية للآداب: باسـكال كازانوفا: ترجمـة أمل الصبان: المجلس الأعلى للثقافة (مصر): 2002.

- الجمهوريـة (المحـاورات الكاملة): أفلاطون: المجلد الأول: نقلها إلى العربية شوقي داود تمراز: الأهلية للنشر والتوزيع (بيروت): 1994.

- الحداثـة ومـا بعـد الحداثة: إعداد وتقديـم بيتر بروكر: ترجمـة د. عبد الوهاب علوب ومراجعة د. جابر عصفور: منشـورات المجمع الثقافي العربي (أبوظبي): ط1 – 1995.

- حدس اللحظة: فاسـتون بشـلار: تعريب رضا عزوز وعبد العزيز زمزم: دار الشؤون الثقافية العامة (بغداد): 1986.

- حفريات المعرفة: ميشـال فوكو: ترجمة سـالم يفـوت: المركز الثقافي العربي: ط2 – 1987.

- الحكايـة الخرافية (نشـأتها. مناهج دراسـتها. فنيتها): فردريـش فون ديرلاين: ترجمة د. نبيلة إبراهيم ومراجعة د. عز الدين إسـماعيل: مكتبة النهضة – بغداد / دار القلم (بيروت): د.ت.

- حول الفوتوغراف: سـوزان سـونتاغ: ترجمة عباس المفرجي: دار المدى: ط1 – 2013.

- الخطـاب الرّوائي: ميخائيل باختين: ترجمة محمد برادة: دار الفكر للدراسـات والنشر والتوزيع (القاهرة): ط1 – 1987.

- الدراسـات الثقافية (مقدمة نقدية): سـايمون ديورنغ: ترجمة د. ممدوح يوسـف عمران: عالم المعرفة (الكويت): 2015.

- درجـة الصفر للكتابة: رولان بارت: ترجمة محمد برادة: دار الطليعة للطباعة والنشر (بيروت): ط1 – 1980.

- دروس فـي الإسـتطيقا (مج1): غ.ف.ف.هيغل: ترجمة وتقديـم ناجي العونلي: منشورات الجمل: ط1 – 2014.

- الذاكرة، التأريخ، النسيان: بول ريكور: ترجمة وتقديم وتعليق د. جورج زيناتي: دار الكتاب الجديد المتحدة (بيروت): ط1 – 2009.

- الذاكـرة في الفلسـفة والأدب: ميري ورنوك: ترجمة فـلاح رحيم: دار الكتاب الجديد المتحدة: ط1 – 2007.

- الروايـة التأريخية: جورج لوكاش: ترجمة د. صالح جواد الكاظم: منشـورات وزارة الثقافة والفنون (الجمهورية العراقية) – دار الطليعة (بيروت): 1978.

– سياسة ما بعد الحداثية: ليندا هتشيون: ترجمة د. حيدر حاج إسماعيل ومراجعة ميشال زكريا: مركز دراسات الوحدة العربية: ط1 – بيروت: 2009.

– السيرة الذاتية (الميثاق والتأريخ الأدبي): فيليب لوجون: ترجمة وتقديم عمر حلي: المركز الثقافي العربي: ط1 – 1994.

– ضد التأويل ومقالات أخرى: سوزان سونتاغ: ترجمة نهلة بيضون ومراجعة د. سعود المولى: مركز دراسات الوحدة العربية: بيروت – ط1: 2008.

– عالم الرواية: رولان بورنوف وريال اوئيليه: ترجمة نهاد التكرلي: دار الشؤون الثقافية العامة (بغداد): ط 1 – 1991.

– عصر الوصول (الثقافة الجديدة للرأسمالية المفرطة): جيرمي ريفكين: ترجمة صباح صدّيق الدملوجي ومراجعة د. حيدر حاج إسماعيل: مركز دراسات الوحدة العربية: بيروت – ط1: 2009.

– العلامة (تحليل المفهوم وتأريخه): أمبرتوإيكو: ترجمة سعيد بنكراد: مراجعة سعيد الغانمي: المركز الثقافي العربي (بيروت): ط1 – 2007.

– الفكر الجذري – أطروحة موت الواقع: جان بودريار: ترجمة منير الحجوجي: دار نشر توبقال: ط1 – 2006.

– فكرة الزمان عبر التأريخ: تأليف مشترك: ترجمة فؤاد كامل، مراجعة شوقي جلال: عالم المعرفة (الكويت): 1992.

– فلسفة السريالية: فردينان آلكية: ترجمة وجيه العمر: منشورات وزارة الثقافة والإرشاد القومي (دمشق): 1978.

– فن الشعر: أرسطو طاليس: ترجمه وحققه عبد الرحمن بدوي: مكتبة النهضة المصرية (القاهرة): 1953.

– الكتابة والتناسخ (مفهوم المؤلف في الثقافة العربية): عبد الفتاح كليطو: ترجمة عبد السلام بنعبد العالي: المركز الثقافي العربي (المغرب): ط1 – 1985.

– الكذبة الرومانسية والحقيقة الروائية: رينيه جيرار: ترجمة د. رضوان ظاظا: المنظمة العربية للترجمة – مركز دراسات الوحدة العربية: ط1 – بيروت: 2008.

– الكلمة في الرواية: ميخائيل باختين: ترجمة يوسف حلاق: منشورات وزارة الثقافة (دمشق): 1988.

– اللغة المنسية (مدخل إلى فهم الأحلام والحكايات والأساطير): اريك فروم:

ترجمة حسن قبيسي: المركز الثقافي العربي: ط1 – 1995.

– ما بعد الحداثة (تجلياتها وانتقاداتها – ج3): تأليف مشترك: إعداد وترجمة محمد سبيلا وعبد السلام بن عبد العالي: دار توبقال للنشر (الدار البيضاء): ط1 – 2007.

– محتوى الشكل (الخطاب السردي والتمثيل التأريخي): هايدن وايت: ترجمة د. نايف الياسين، مراجعة د. فتحي المسكني: هيئة البحرين للثقافة والآثار (المنامة): ط1 – 2017.

– مدخل إلى الأدب العجائبي: تزفتان تودوروف: ترجمة الصديق بوعلام – تقديم محمد برادة: دار الكلام (الرباط): ط1 – 1993.

– مدخل إلى سيمياء الإعلام: جوناثان بيغنل: ترجمة د. محمد شيّا: مجد للدراسات والنشر والتوزيع (بيروت): ط1 – 2011.

– مدخل لدراسة الرواية: جيرمي هوثورن: ترجمة غازي درويش عطية ومراجعة د. سلمان داود الواسطي: دار الشؤون الثقافية العامة (بغداد): 1996.

– المرآة والخارطة – دراسات في نظرية الأدب والنقد الأدبي: تأليف مشترك: ترجمة سهيل نجم: دار نينوى للدراسات والنشر والتوزيع (سوريا): ط1 – 2001.

– المصطلح السّردي: جيرالد برنس: ترجمة عابد خزندار ومراجعة وتقديم محمد بريري: المجلس الأعلى للثقافة (القاهرة): ط1 – 2003.

– المصطنع والاصطناع: جان بودريار: ترجمة د. جوزيف عبد الله ومراجعة د. سعود المولى: مركز دراسات الوحدة العربية: ط1 – بيروت: 2008.

– مفاتيح اصطلاحية جديدة (معجم مصطلحات الثقافة والمجتمع): طوني بينيت وآخرون: ترجمة سعيد الغانمي: مركز دراسات الوحدة العربية: ط1 – بيروت: 2010.

– المنتسخة – الطريق إلى دولّي واستشراف المستقبل: جينا كولاتا: ترجمة نجيب الحصادي وأبو القاسم الشتيوي: الإدارة العامة للمعهد والمراكز المهنية العليا: د.ت.

– مورفولوجية الخرافة: فلاديمير بروب: ترجمة وتقديم إبراهيم الخطيب: الشركة المغربية للناشرين المتحدين (الرباط): ط1 – 1986.

– نظام الخطاب: ميشيل فوكو: ترجمة د. محمد سبيلا: دار التنوير للطباعة والنشر والتوزيع (بيروت): 2007.

– نظريـات السـرد الحديثة: والآس مارتـن: ترجمة حياة جاسـم محمد: المجلس الأعلى للثقافة: 1998.

– النظرية الجمالية (المؤلف والبطل في الفعل الجمالي – رؤية موسـوعية فلسفية جمالية سـيكولوجية): ميخائيل باختين: ترجمة عقبة زيدان: دار نينوى للدراسات والنشر والتوزيع (سوريا): ط1 – 2017.

– نظرية لا نقدية (ما بعد الحداثة، المثقفون، حرب الخليج): كريسـتوفر نوريس: ترجمة د. عابد إسماعيل: دار الكنوز الأدبية (بيروت): ط1 – 1999.

– واقعيـة بـلا ضفاف: روجيـه غارودي: ترجمة حليم طوسـون: اتحـاد الكتاب العرب: سلسلة الكتاب الشهري – نيسان (83).

– الوضع ما بعد الحداثي: جان فرانسوا ليوتار: ترجمة أحمد حسان: دار شرقيات للنشر والتوزيع (القاهرة): ط1 – 1994.

– الكتب باللغة الأجنبية:

– A Theory of Literary Production: Pierre Macherey: Translated from French by Geoffrey Wall: London, Routledge& kagan paul: 1978.

– Way Marx Was Right: Terry Eagleton: Yala University Press – New Haven and London: 2011.

– الدّوريات:

– أدب الرحلة العربي الحديث: سعيد يقطين: صحيفة القدس العربي: 19 / نوفمبر / 2019.

– البطل في الآداب العالمية – من الأسطورة إلى الحداثة – : نسيمة زمالي: مجلة الذاكرة: العدد (50) .

– الحساسـية الجديـدة: إدوار الخـراط: مجلـة الكرمل: ملف خـاص عن الأدب المصري: 1985.

– الرّواية الهجينة: خالد علي ياس: صحيفة القدس العربي: 26 – يونيو: 2019.

– السّـرديات المصطنعة: خالد علي ياس: صحيفة القدس العربي: العدد (8261): 19 أكتوبر – 2015.

- الشـك في الوثائـق الرسـمية (الوثائق البريطانيـة عن منطقة الخليـج العربي نموذجـاً): د. عبد المالك خلف التميمي: مجلـة عالم الفكر (الكويت): مجلد خاص بالوثيقة: المجلد (36) - العدد (3): 2008.

- العمـل الفنـي في عصر إعادة إنتاجه تقنياً: والتـر بنيامين: مجلة نزوى: 2012: الصفحة (htt://www.nizwa.com).

- المواقع الإلكترونية:

- (www.wikipedia.com)

الفهرس